知の先達29人が選ぶ

名著探訪108

藤原書店編集部編

藤原書店

はしがき

本書は、藤原書店の学芸総合誌・季刊『環――歴史・環境・文明』三三号（二〇〇八年四月）から六〇号（二〇一五年一月）まで、書評企画「書物の時空」の中で展開された連載「名著探訪」の書籍化である。「書物の時空」では、本という存在をあらためて問いながら、幅広い分野の書を取り上げて書評し、読者と本との出会いの場を提供してきた。「時空」と名付けたのは、書物は時間と空間の中で作られるものである、という考えからである。中には、時空を超えて、何十年、何百年、何千年と、又空間的にも地球上の片隅から広く全世界的に拡がって読み継がれる書物もある。

書物は、人間の歴史と切り離すことができない。地球上で文字が発明され、後世に残したい事柄が文字で書かれたのが書物の始まりである。それを読むことで、先人の智恵や知識を受け継ぐという意味では、書を読むという営みの本質は古代より変わっていない。

しかし、現代社会では、人々の生き方は多様で、その職業や趣味嗜好により、多様な読書がある。多くの人に読まれ感銘を与える古典中の古典もある一方で、個人個人にとっての名著もまた存在するはずだ。そこで、さまざまな分野ですぐれたお仕事をのこされ、しかも齢を重ねてこられた長老の方々二九人に、ご自身にとっての名著を、複数冊紹介していただくことにした。それがここに挙げられた一〇八冊である。その人ご自身の専門分野から選ばれることも、専門外の分野の本が選ばれていることもある。それぞれが豊かな読書体験を披瀝してくださっている。

現在の日本では、特に若者の本離れ、活字離れが言われて久しい。情報はインターネットで簡単に得られるが、思考力や想像力は、文字を通して本を読むことで鍛えられる。また、一冊の自分にとってよい本にめぐり会うことができれば、それはその人自身のかけがえのない人生の糧となる。日本の新刊書は、一年で八万点前後出版され、書店には本があふれている。何を読んだらよいかわからないという方も多数いるだろう。本書を一つの指針として、参考にしていただけるなら望外の喜びである。

二〇一七年九月

藤原書店編集部

名著探訪108　目次

名著探訪108

知の先達29人が選ぶ

装丁・作間順子

市村真一

一九二五年生。京都大学名誉教授。経済学。著書に『経済学の基礎——経済循環の構造と計測』『皇室典範を改正しなければ、宮家が無くなる』。

A・サハロフ／上甲太郎・大塚寿一訳『進歩・平和共存および知的自由』

二十世紀の世界を変えた書物

いまの世界地図には、二十世紀の世界を衝動した大英帝国もソ連邦ももはや無い。二大帝国は消滅した。そんな大変動を一冊や二冊の書物が惹き起せる筈はないが、少なくともソ連崩壊に影響した一書がある。それが、元は地下出版の一論文にすぎなかった核物理学者サハロフ博士（一九二一〜八九）のこの小著（邦訳で一三八頁）である。

ソ連崩壊劇は、一九八五年頃ゴルバチョフ共産党書記長が主導したペレストロイカ（構造改革）に始まり、八九年のベルリンの壁の崩壊で頂点に達した。その端緒は八五年米国に提言した核兵器削減の軍縮交渉であり、次は、各民族各国家に進路を選択する自由を認め、衛星国に軍事介入せぬとの宣言であった。それは直ちに中東欧共産圏の瓦解、ソ連内全共和国の独立を誘発した。彼のこの大決断に影響したのが、サハロフ博士の一論であった。それは、ゴルバチョフがその著『ペレストロイカ』（英訳本 Harper & Row, 1985）で改革の本旨を「この地球の安全を守ること」と約言したことと、博士の著書『地球衛生学』の重要性の指摘とが全く符節を合すごとく明白である。

水爆製造から核実験反対へ

サハロフ博士が、若くしてソ連の原爆水爆製造に不可欠な貢献をして、労働者功労賞三回（五三、五五、六二年）、五三年スターリン賞、五六年レーニン賞と続々栄誉に輝いたことは周知であろう。だが六〇年頃、フルシチョフがアメリカと対決して原爆実験を大気中で行おうとした時、博士は敢然とその中止を諌言した。放射能による大気の汚染を恐れたのである。その結果六三年、米ソ間に部分的核実験禁止条約が締結された。だが大気汚染や食糧不足等への博士の憂慮は深く、遂にこの書の地下出版となった。

それが『ニューヨーク・タイムズ』にスクープされて英語で出版されるに及んで、当局と正面衝突し、博士は軍事研究から絶縁された。以後の博士は、人権活動家としてソ連政府の言論弾圧や少数民族圧迫に厳しく抗議した。それ等の活動に対しノーベル賞委員会は七五年に平和賞を与えたが、政府は彼に授賞式への出席を認めなかった。さらに八〇年、ソ連軍がアフガニスタンに侵攻した時、これに抗議した博士に対し、政府はゴリキー市への流刑に処した。その博士に電話をかけて解放したのは、ゴルバチョフ書記長だったが、それは八六年のことであった。爾来、博士はゴルバチョフの構造改革を支持し、ソ連国民は彼を「ペレストロイカの父」と呼んで敬意を表している。

サハロフ博士と日本の反応

私は、この書を六九年にみすず書房が翻訳出版した直後、購入一読して非常な感銘を受け、同感した。同感とはおこがましいが、当時日本は大学紛争の最中ながら私は環境問題に関心を持ち、気象庁の専門家と共に世界気象機関ＷＭＯの会議に出席したり、地球温暖化や二酸化炭素増加や大気汚染の問題につき論文を発表していた。大学では全共闘各派の連中が、社会主義革命が現下の難問を解決すると錯覚した旧態依然たる急進左翼の教授に操られゲバ棒を振るっていた。彼等の蒙をひらくべく執筆した『現代をどうとらえるか』(講談社現代新書)で、私は現代の課題の第一は環境問題だと指摘し、サハロフ博士の言う「地球衛生学」こそ、現代の課題と取組む視点だと論じた。しかし当時、進歩的知識人でそれを言った人は皆無に近かった。

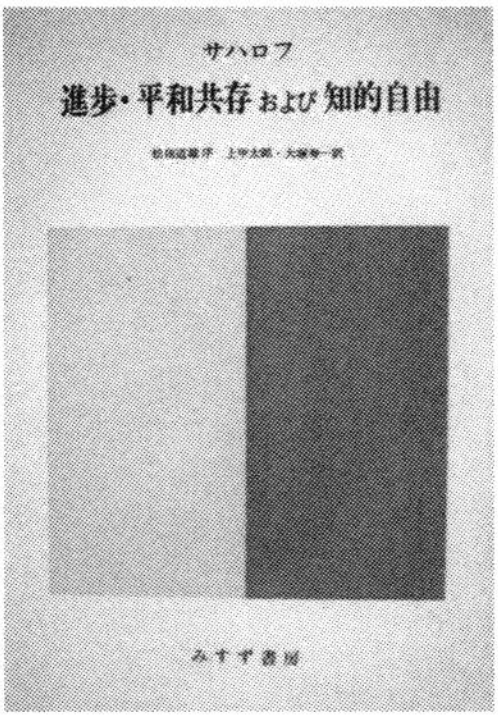

七〇年代中頃の欧米や中国での国際会議には、ソ連中国北朝鮮の学者も出ていて、みな環境問題が体制の違いに関係なく深刻だ

と認識していた。ただ日本のマルキストや進歩的学者の姿はなかった。

そうであるのに、冷戦が終るや、岩波書店は北朝鮮をも礼賛していた『世界』誌の編集者を更迭し、都留重人教授を担いで、環境問題の新雑誌の創刊を発表、教授は私にまで執筆を依頼された。私は断った。理由は、教授のようにそれまで一度もソ連や中国の環境無視や言論弾圧を非難しなかった人が、一言の釈明も無く、環境問題にお馬の乗換えは許されない、と考えたからである。

ソ連が崩壊すると、丸山真男教授やその類の進歩的文化人は「もっと良い社会主義国の運営があり得た筈だ」と書いた。サハロフ博士を見られよ。社会主義国のただ中で、その改善に懸命の努力をして流刑された。彼等は、サハロフを礼賛したり、弁護されたことがあるのか。

また博士の小著は、言論や行動をとがめられてシベリヤや中央アジアのラーゲリ送りとなった何万の人の悲惨を書いている。その翻訳書の出版は六九年。しかしソ連崩壊までの二〇年間、ソ連の社会主義運営の不当を、丸山教授や都留教授が批判された文章を私は見たことがない。このサハロフ博士の小著やソルジェニーツィンの『収容所列島』を読まれなかったのであるか。私は、一群の日本の学者の非良心とサハロフ博士等の良心を対比して、良心が歴史を動かす力を見る。

Z・ブレジンスキー／山岡洋一訳『地政学で世界を読む——21世紀のユーラシア覇権ゲーム』

ユーラシア大陸対アメリカ

大航海時代以後の世界史は、大局的に見れば、欧州の数カ国が他地域を侵攻した歴史である。本書は、その中心舞台であるユーラシア大陸での諸国家民族の角逐と、それに対する米国の二一世紀の戦略を「地政学」を応用して論じる。なかなか面白い。前世紀を回顧し、今世紀の世界情勢を分析するための「地政学」の入門講義を一流の国際戦略家から聴く感がある。名著と言ってよい。

ブレジンスキーの反全体主義

著者は一九二八年ポーランドの名門外交官の子として生まれ、カナダ育ち、ハーバード大学で博士号を得て、しばらく教えた後にコロンビア大学教授に転じ、カーター政権の国家安全保障担当の大統領補佐官となった。キッシンジャーと並ぶ米国屈指の国際政治学者である。その所見の影響はオバマ政権にまで及ぶ。キッシンジャーは共和党だが、彼は根っから民主党。政府を離れて後も、ジョンスホプキンス大学の戦略国際問題研究所教授として多方面で活動した。特にロシア東欧問題に詳しいが、半年在日して『ひよわな花・日本』（邦訳サイマル出版会、一九七二年）を書いた。そんな世界を飛び回った経験が本書ににじんでいる。

私は、一九七〇年に豪州からの帰途の彼と京都で歓談して以来、三極委員会等で討論していろいろ学んだ。彼が絶えず新知見を提示するのには感心するが、アメリカ中心の視点には違和感を持つ。また彼は、他の学者や過去の業績を殆ど引用せず、異見との違いを論じないのは傲慢な教祖に似て、学者らしくなく感心しない。本書でも地政学者の素晴らしい業績の引用が少なすぎる。読者のために、それを補っておく。

地政学の創始から米国への移植まで

地政学は、戦時中に独日で人気があった反動で、誤解が多いが、大切な学問分野である。その開拓者スウェーデンのルドルフ・チューレン（一八六四—一九二二）が、『生活形態としての国家』（一九一六年。邦訳叢文閣、一九三六年）の中で、国家の存立条件を五面、即ち Geo-politik（地政）・Demo-politik（民政）・Krato-politik（法政）・Socio-politik（社会政）・Ekono-politik（経済政）より論じ、その一環で Geopolitics を創始した。

地政学理論の鍵は、中核国家（Heart-land）と周辺国家（Rimland）ないし海洋国家の区別だが、それによってヨーロッパ地理の政治的含意を読み解いたのは、英国の地理学者ハルフォード・マッキンダーの「歴史の地理的枢軸」（一九〇四）であった。

この概念を活用して地政学を、良くも悪くも、問題の学問にしたのはドイツのカール・ハウスホーファー（一八六九―一九四六）だが、彼はマッキンダーの弟子として終始一貫ヒトラーのソ連侵攻に反対だったと聞く。彼は来日もし親日的で、名著『太平洋地政学』（邦訳岩波書店、一九四二年）を残した。戦後、地政学は海を渡った。それによって米国の戦略を論じたニコラス・J・スパイクマンの「世界政治におけるアメリカの戦略」（一九四六）は有名である。正に、それこそが本書の先蹤で、引用はないが、実はブレジンスキーの主張の多くは既にマッキンダーの見識のなかにある。

ブレジンスキー版　米国の世界戦略

彼は書く。大舞台ユーラシア大陸の中核国は、ロシア・中国・インド・ドイツ・フランスで、この五カ国・五民族がそこでの主役である。イギリスも日本もインドネシアも、周辺国家であり、海洋国家で、この舞台上の主役にはなれない。五大民族の角逐の歴史的経過の概略と仏独同盟の重大性を論じ、西欧の権益を守り、それと結ぶことに米国の死活的権益のあることとは、つとにマッキンダーの主張したことであったが、その現代版については、本書の二章「ユーラシアというチェス盤」、三章「民族主義の橋頭堡」、四章「ブラックホール」（ロシアのことである）、五章「ユーラシア・バルカン」（中

央アジアと中近東のこと）を見られたい。

我等の関心事のアジア情勢は、六章「アジアの錨」が論じる。端的に示す一図は、大陸国家＝中核国家の中国の影響圏と日米同盟の勢力圏とが、東アジアで重なり衝突することを示す。危険点は、朝鮮半島、台湾海峡、南シナ海、インドシナ半島部だという。

アメリカの覇権は長くは続かない

本書の末尾で、著者は言う。米国は世界史上初めて唯一の覇権国になったが、恐らく最後の覇者でもあろう。二〇二〇年頃になると、アメリカの経済力と並ぶ国や地域として、ヨーロッパ連合・日本・中国が後を追って来る。そして米国の総生産の比重は、世界の十数パーセントに下がり、それが政治や軍事に影響しよう。

また大中華圏は台湾問題の解決をせまるであろうが、他方、国際的な力関係の多様化と中国の国内事情から、違った国際環境を受け入れるようになるであろう。著者は、そうした事情が、やがてこの問題を解決することを示唆している。

＊本書は *The Grand Chessboard*, 1997 の翻訳、『世界はこう動く——21世紀の地政戦略ゲーム』（日本経済新聞社、一九九八年初版）が、文庫本として再版された。

Ａ・Ｊ・トインビー／深瀬基寛訳『試練に立つ文明』

トインビーの大東亜戦争論

　私がトインビー（一八八九―一九七四）に低頭したのは、一九五六年十月二十八日付の「オブザーバー」紙上に「華僑」と題する旅行記の一節を読んでからである。「第二次大戦において、日本人は自国よりもむしろ、戦争によって利益を得た国々のために偉大なる歴史を残した。その国々は日本が掲げた短命な理想「大東亜共栄圏」に含まれていた。その意義は、非西洋人の面前で、アジア・アフリカを支配してきた西洋人が、過去二〇〇年間信じられて来たような不敗の半神でないと証明した点にある。」

　近年、中韓の政治家が、恐れ気もなく、日本に歴史認識の問題を提起するが、彼等や日本の青年に味読を薦めたいのは、こういう一言を含むトインビーの著書である。古来「歴史の審判に待つ」とは、謙虚に且つ己の責任を痛感して発する言葉なのだが、彼等はそれを知らぬらしい。第二次大戦と日本の問題を論じるアジアの政治家は、二十世紀の最も偉大な史家トインビーのこの一言を知らねばならぬ。

トインビーの歴史観——文明の興亡

しかし、彼は、歴史の主対象をこうした一国や民族の興亡でなく「文明」の隆替に取った。彼の主著は有名な『歴史の研究』十二巻であるが、その最初の六巻を纏めたD・C・ソマビルの縮約版は洛陽の紙価を高めベストセラーになった。

数ある著作は殆ど邦訳されたが、まず読者に薦めたい一書が本書である。第二次大戦直後の四八年刊の本書を選んだ理由は、六十五年後の今、彼がよく歴史書でやる予想や予言を読者が冷静に評価できると思ったからである。

いつ彼が文明史観を着想したか。オックスフォード大学で古典学を学び、外務省でパリ講和会議の専門委員、王立国際問題研究所で部長も経験したトインビーだが、第一次大戦が勃発した時、オックスフォード大学でツキディデスの『戦史』を講義していた。その時、大戦に直面する西欧文明がペロポネソス戦争に直面した古代ギリシアと類似すると気づき、その視点から世界史を見る構想が浮んだという。だが本書の第一章「我が歴史観」の中で、一九二〇年に一同僚に、シュペングラーの『西洋の没落』(一九一八)を手渡された時、「自分の構想の結論が既に出たのか」と衝撃を受けたと告白し、影響の大きいことを否定しない。

やがてトインビーは、シュペングラーが、余りに決定論的に文明の発生成長衰微滅亡を論じるのに気づき批判した。

文明の隆替の歴史

彼は、厳しく西欧文明優位の見方を斥ける。その優位は、高々産業革命以後の数百年にすぎないからである。彼が見た古代以来の各種の文明の隆替の跡は、こうである。第一代文明は、シュメール・エジプト・ミノス・インダス・殷・マヤ・アンデス、第二代文明は、ヘレニック（ギリシア・ローマ）・シリア・ヒッタイト・バビロニア・インド・シナ・メキシコ・ユカタン、第三代文明は、ヨーロッパ・ギリシア正教・ロシア・イラン・アラブ・ヒンドゥ・極東・日本・朝鮮である（難しい原語には訳者の適切な注あり）。以上二十一の文明の比較が彼の歴史である。

各世代の諸文明は、歴史的には殆どが親子関係にある。文明は、発生、成長、接触、挑戦、応戦、勝敗、衰退、解体を繰返しつつ、滅亡しなければ、次世代の文明に移行すると、彼は考える。

トインビーは説く。文明は、外に自然環境と人的条件が整い、内に創造的な指導者が出現するという二条件により出現し、気候や環境の変化、戦争、民族移動、人口増減等の挑戦に応戦して成長する。しかし応戦に失敗すれば弱体化し、衰退に向かう。もし指導者が新事態への対応能力を失い、大衆が指導者に従わないと、社会の統一が損なわれ、最後は内部分裂する。指導者は保身から権力を強化し、その結果大衆プロレタリアートの反抗で文明は解体する（トインビーの定式）。

本書の概要

本書は、トインビーの五十歳代初期の著作で、彼の分析と主張のエッセンスが詰まっている。目次から興味ある章を掲げると、

2 歴史における現代の位置
5 世界の合一化とその歴史的展望の変化
8 試練に立つ文明
10 回教世界と西欧、及びその将来
12 キリスト教と文明
13 歴史は人間の魂にとって何を意味するか

全章多くの示唆に満ちているが、一九四八年の時点で、ソ連邦との対決、現代文明の危機、回教徒との関係の三点に、どんな言及をしているかを紹介しよう。

トインビーは、ソ連邦の軍事力を全く恐れず、ただマルクス主義というキリスト教の鬼子が、西欧社会の欠陥の暴露宣伝に成功すると考えていた。それには、自らの弱点除去が大切と書いている。

「試練に立つ文明」の章では、米ソの原爆競争の結果、指導者の誤判断で文明社会が破滅する危険への恐れが基調にある。その力を恃む思考の誤りと、結末評価のできぬ理知と心情の弱さを批判する。

トインビーは中東の専門家として、回教徒への見方と判断は、その後の彼等の分裂や内紛とよく合致していて敬服する。だが回教徒との妥協の成立には極めて悲観的である。他は読者の発見に委ねたい。

P・ケネディ／鈴木主税訳『大国の興亡——一五〇〇年から二〇〇〇年までの経済の変遷と軍事闘争』

アメリカの衰退（一九八七年と二〇一四年）

この大著——原著六七七頁、邦訳九六〇頁（鈴木主税訳、草思社）——を私が読んだ一九八七年には、訪問中のコロンビア大学でも新聞雑誌上でも、本書は大評判でベストセラーであった。その最大の理由は、一九七五年のベトナムで六万人の戦死者と未曾有の敗退の衝撃からの立ち直りに苦悶する知識人の参考書だったからである。いま私が本書を日本の読者に推薦するのは、米国が中近東での戦費と人命の負担に苦しむ状況は当時と同様だが、今回は日本も、米国という大国の衰退をくい止め、日米同盟の力を挽回することに一役かう必要があり、本書を読んで歴史の教訓を学ぶべきだからである。

大国興亡の哲理

本書は、一五〇〇年頃のルネッサンス期から一九八〇年の冷戦終結直前までの約五百年間にわたる世界の指導的国家、即ち大国の興隆と衰退の過程をたどり、その原因や政策の成功失敗を論じる。大国として取り上げるのは、欧州（独仏）・英・露・日・シナの五国家（群）で、その盛衰を左右した経済力・人口・軍事力を比較し、それ等を活用する指導者の智恵と戦略を、五百年間の経済発展競争、植民地・資源の獲得争い、軍事戦略の三面から、考察する。本書の特色は、主要国の勝負どころでの対立衝突にからむ力関係を、統計表と図表に整理して読者に示す点にある。私は、経済角逐史と軍事史を一望できるこれほど便利な本を他に知らない。

著者は、一九四五年生れ、英国のニューキャッスル大学とオックスフォード大学で歴史学を学び、一九八三年以後は、米国エール大学教授だが、その前にイギリスの王立国際問題研究所の研究員や、有名な『戦略論』（市川良一訳、原書房、二〇一〇）のリデル＝ハート氏の研究助手を長年にわたってつとめたユニークな研究経歴が、こうした経済史と軍事史の綜合に着目させたのであろう。

視点を示す統計表と図表

著者の大国興亡史を視る観点は、上下二巻に掲げられた四九の表と十五の図から看取できる。その一覧表を三〇一頁に示す。賢明なる読者は、この表を注意深くたどるだけで、著者が五百年のつわもの共の夢のあとを眺める観点を推察できよう。

明らかにケネディは、第一次大戦以後、戦争が総力戦となり、大国にとってすら国運を左右することに注意し、たとえ一時的に軍事戦に勝利しても、多額の軍事費負担—財政赤字—累積債務—金利支払の重圧が国力を疲弊させ、大量の人命喪失は過度の反戦意識を育て、第一次大戦後の英国の轍を踏むとして、それを国家衰退の重大原因と判断する。そしてその危険を米国にもソ連にも指摘する。それは一九八七年に正しく、今も正しい。

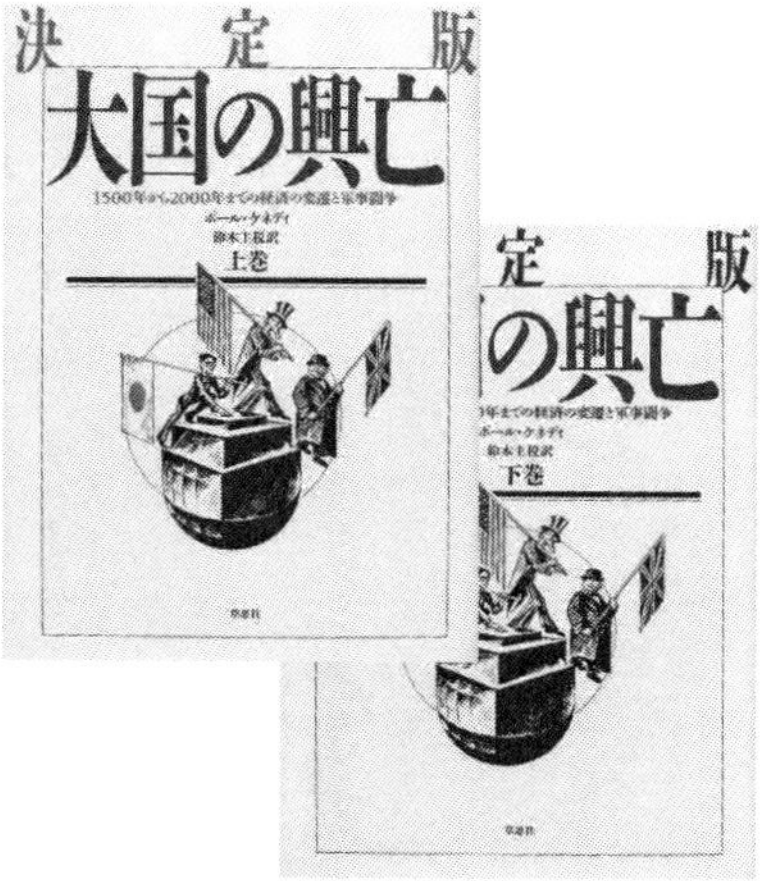

ケネディ教授の見落したもの

しかし本書には、重大な弱点がある。末尾の章「二十一世紀に向って」は、米ソ両国の困難を論じ、ソ連のゴルバチョフのグラスノスチやペレストロイカの主張を正しいと認めるが、ソ連崩壊までは予想できなかった。そもそも国の興亡は、古来東洋の先哲が痛論してきた。その最たる孟子は、梁恵王下篇第三章で史上の例をあげて詳論したが、亡国の大原因は自伐——内部崩壊——と断言した。それに注した吉田松陰は、「夷狄ノ陵侮ヲ受ケ、生民ノ塗炭トナ

表の一覧

地図 及び 図表 の一覧

ルハ、多クハ国内相争フニヨル」と述べている。著者はソ連の経済や政治体制の欠陥を論じているが、それを致命的とは考えなかった。

第二点は、人口である。著者は随所で人口を取り上げるが、現在の先進諸国の人口減は国の盛衰を左右すると考えるべきである。しかも内政の自壊と人口減の二つは、著者も心配する中国の台頭への最大の障碍なのであるから、もっと注意深く扱わねばならない。こうした瑕疵にもかかわらず、本書のごとく戦争と国の存亡を正面から扱った本は少ない。名著に推す所以である。

一海知義

一九二九―二〇一五。神戸大学名誉教授。中国文学。著書『一海知義著作集』全一一巻・別巻一（藤原書店、刊行中）。

加藤周一『高原好日――20世紀の思い出から』

今から十年ほど前、信州松本で小児科医を開業している友人山村康彦君から、手紙が届いた。「君のことが地元の新聞『信濃毎日』に載っているよ」、というのである。

同封されていた新聞の切り抜きを見ると、加藤周一さんの連載随筆だった。随筆はその後まとめられ、『高原好日――20世紀の思い出から』と題して、信濃毎日新聞社から刊行された（二〇〇四年七月）。さらに加藤さんの没後、成田龍一氏の解説を付して、「ちくま文庫」に収められる（二〇〇九年二月）。

加藤さんの文章や著書のタイトルには、たとえば「山中人間話」、あるいは「夕陽妄語」のごとく、中国や日本の古典をふまえたものがあり、「好日」もまた例外ではない。この語、中国宋代の仏典『碧巌録』に見える。「日日是好日（日々これ好日）」。

「高原」の方は典拠のある語ではないが、何処のことをさすのか。本書の「はしがき」に当る「前口上」にいう。

昔少年の頃から私は信州浅間山麓の追分村（現在北佐久郡軽井沢町追分）で夏を過ごした。そして多くの人々に出会い、彼らとの交わりを愉《たの》しんだ。今その事を回想し、随筆「高原好日」を作る。回想は必ずしも年代の順序に従わない。また特定の主題を追って展開するのでもない。連想によって人から人へ移り、気分によって風景から風景へ彷《さま》よ うだろう。これは「心にうかぶよしなし事」の記録、すなわち「随筆」である。

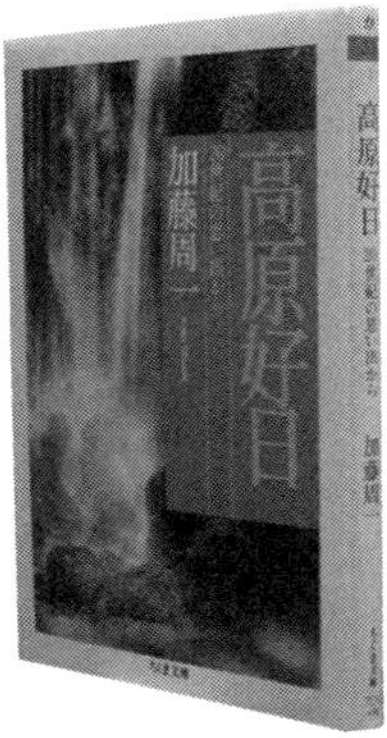

ここにいう「多くの人々」の一人として、私が登場するわけではない。回想される人々の一人、日本中世文学の専家小山弘志《こやまひろし》氏（東大名誉教授）について語った文章に、チラと姿を見せるだけである。七十名を超える登場人物のうち、よく知られた人々の一部を挙げれば、堀辰雄、立原道造、中野好夫、福永武彦、中村真一郎、野上弥生子、そして岩波茂雄。これらの名前を見ただけで、食指を動かす人がすくなくないだろうが、その上、加藤さんの人物をとらえる視点がユニークで、文章がいい。

登場人物は日本人だけではない。たとえば、朝吹登水子の夫君アルベール・アルゴオ、またイタリアの日本文学研究家アドリアーナ・ボスカロなど、八人の外国人が登場して、加藤さんの交友の国際的な広がりを示す。アルベール・アルゴオについて、加藤さんはいう。

われわれが共有しているのは料理とぶどう酒の好みばかりでなく、会話における「良識」のはたらきである。そのはたらきの一つは、いうまでもなく、批判精神であろう。

この言葉は、軽井沢での交友録であるこの書の内実を、きわめて適確に表している。高原での交流の対象は、幽明界《さかい》を異にする歴史上の人物にも及ぶ。たとえば、俳人一茶、そして佐久間象山、太宰春台、さらに巴御前《ともえごぜん》。

『平家物語』に見える、美人で力持ちの巴御前が、なぜ信州の交友録に現れるのか。加藤さんはいう。

私は信州を旅し、信州に逗留する度に、（信州で木曽義仲に従って戦った）巴伝説を思い出すことがある。……おそらく力女《りきじょ》とは、男女差別を超える身体的天才の集中的表現にほかならない。

差別の著しい社会に潜在した平等願望こそが力女伝説を生みだしたのであろう。

加藤さんの好奇心と空想力は、天馬空を行くがごとく、時空を超えて駆けめぐり、読者を楽しませ、厭きさせない。

なお本書のサブタイトルに、「20世紀の思い出から」というのは、これらの随筆が二十世紀の終ろうとしている時期に書かれたからであろう。しかし、それだけではあるまい。

二十世紀の前半は、日本にとって戦争の季節であった。そして後半は、ようやく迎え得た平和を根底から脅かそうとする力との、闘いの半世紀であった。加藤さんの「思い出」は、人々との交流を通じて、時に戦争と連なり、反戦・非戦の闘いとつながる。

本書が刊行されたのは、加藤さんたちを中心とする「九条の会」結成の年、二〇〇四年だった。随筆の末尾に、憲法学者樋口陽一氏が登場するのは、きわめて象徴的である。それは、その後の加藤さんの行動、「九条の会」での熱心で持続的な活動とつながる。

二〇〇八年十二月五日、加藤さんはわれわれの前から姿を消した。厖大な著作を遺して。著作の中心は、『日本文学史序説』をはじめとする理論的な労作である。しかし『高原好日』のごとき「小品」も、私たちのこれからの生き方に、鋭く深い示唆を与える。

また本書は、加藤さんの知性と趣好を知る上で、肩ひじ張らぬ好個の読み物でもある。

本田創造『アメリカ黒人の歴史』

「この日（一九六三年八月二十八日）、アメリカ合衆国の首都ワシントンには、おびただしい人の波が、全国各地から、うしおのようにおしよせた。大部分は黒人だったが、白人も少なくなかった。二人、三人、十人、二十人……、なかには数百人ものグループをつくって、かれらは、自家用車で、貸切バスで、特別列車で、また飛行機で、この日のために、ここにやってきた。老いも若きも、男も女も、職にあるものも失業中のものも、一般市民も有名人も、あらゆる階層のあらゆる職業のひとびとが、胸に円形バッジをつけ、手にはプラカードをもって、色とりどりの服装に身をつつんで、「仕事と自由のために」ここにやってきた。」

本書の冒頭、「ワシントン大行進」を描写した文章である。

私は「アメリカ」も「黒人」も、そして「歴史」学についても、全くの門外漢である。しかしいわゆる「黒人問題」については関心があり、本屋の店頭でこの書物を見つけ、冒頭の文章に惹かれて、購入した。

のちに当時のことを、次のようにしるしている。

「本田創造という名をはじめて知ったのは、今から三十七年前、一九六四年のことだった。岩波新書『アメリカ黒人の歴史』が出版された年である。本田さん四十歳、私は三十五歳だった。

専門外の本だが、テーマに惹かれて買い、一気に読んだ。当時まだ若くて生意気だった私は（今でも生意気だが）、この人は社会科学者のくせに文章の書ける人だな、と思った。

この小さな本から、私は多くの知見を得た。アメリカについて、アメリカの黒人について、ほとんど無知だった私は、この本から多くの知識を得た。いや知識だけでなく、学問や思想の「方法」についても、深く納得する所があった。そして何よりも、文章がよかった。」（「本田さんと岩波新書と私」、二〇〇一年本田創造追悼文集編集委員会刊『毅然として』所収）

本書『アメリカ黒人の歴史』は、前述のごとく一九六四年に初版が刊行されたが、そのご多くの版を重ね、二十七年後（一九九一年）、新版が出た。新版の「はしがき」で、著者はいう。

「旧版のときには歴史研究としてはまだ叙述し得なかった公民権運動を中心にした黒人解放運動と、その後の黒人の状態の変化にかんする三つの章を書き加えるとともに、プロローグもこんにちの視点から新たに書き改めた。」

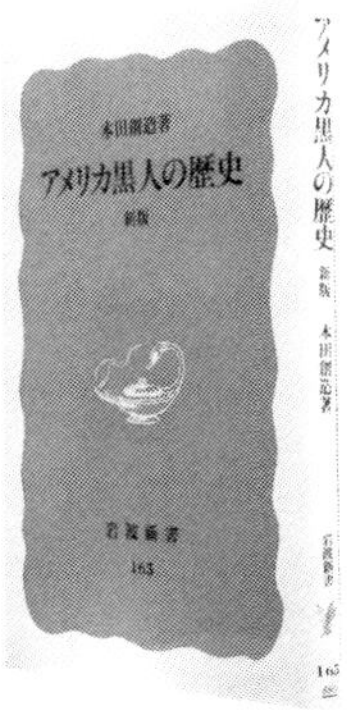

目次をもってこれを示せば、旧版は次のごとき内容であった。

I　プロローグ（1、ワシントン大行進）

II　アメリカ社会の発展と黒人奴隷制度（2、植民地時代の奴隷制度　3、独立革命　4、南部の綿花王国　5、奴隷制廃止運動　6、南北戦争）

Ⅲ　アメリカ資本主義の確立と黒人差別制度（7、再建の挫折と黒人差別法　8、近代黒人解放運動　9、こんにちの黒人問題）

新版はこれら旧版の叙述について、「その後の内外の研究史を踏まえて、適宜、補筆・削除して訂正を行なったものの、その内容については、私の立場＝歴史認識に基本的な変更がないため、主として文体と形式の統一を図ることに重点をおいた」、という。

そして新版には、次の三章が補足された。

公民権闘争の開幕

黒人革命

アメリカ黒人の現在

また巻末に、「アメリカ黒人史略年表」が加えられた。

門外漢である私には、緻密に構成された本書の内容を、要約・紹介する能力も資格もない。ただ本書を一読、再読、三読し、そのたびに深い感銘を受けた。

本書の原点には、黒人の貧困と差別、偏見に対する、深い憤りがある。しかし現状およびその原因を究明する著者の叙述は、激情に流されず、平静かつ緻密、きわめて実証的な方法が貫かれている。そして黒人のこれに対する闘いも、同様の方法で解明される。

本書のもう一つの原点は、黒人に対する深い愛情である。愛情の深さは、初版と新版の中間、一九八七年に書かれた『私は黒人奴隷だった――フレデリック・ダグラスの物語』（岩波ジュニア新書）をあわせ読むことによって、一層よく伝わって来る。

二〇〇八年、アメリカで初めての黒人大統領が誕生したとき、私が真っ先に聞きたかったのは、本書の著者本田さんの意見・感想だった。しかし本田さんは、すでに二〇〇一年、急病のため亡くなっていた。本田さんは私にとって、文字通り畏友とよぶべき人だった。

大山定一・吉川幸次郎『洛中書問』

京に住む二人の教授の往復書簡集である。

一人はドイツ文学者大山定一、もう一人は中国文学者吉川幸次郎。二人は同年（一九〇四年）生まれの京大教授で、書簡を交換したのは、ともに四十歳の年であった。書簡往復のきっかけとなったのは、ゲーテの詩の翻訳である。

太平洋戦争が始まって三年目、昭和十九（一九四四）年の早春、旧知の二人はたまたま大学近辺で出逢い、吉川教授の研究室で、ゲーテの詩「旅びとの夜の歌（Wanderes Nachtlied）」について、何時間か話し合った。

対話は往復書簡に発展し、雑誌『学海』（新村出主宰、秋田屋刊）に連載された。単行本として同じ秋田屋から刊行されるのは、戦争が終った翌年（一九四六年）、その八年後（一九五四年）、創元社『現代随想全集』に収録され、さらに十五年後（一九六九年）、筑摩書房『吉川幸次郎全集』に採録、また五年後（一九七四年）、「筑摩叢書」の一冊となった。活字になって三十年、両教授の文学談義を好む人は、あとを絶たなかったのである。

私は大学二年生の時（一九五〇年）、本書を読んで衝撃を受けた。両教授の豊かな感性と鋭い理論による文学論に、深い感銘を受けたのはもちろんだが、まず第一書簡に示された、吉川教授のゲーテの詩の即興的漢訳に、強いショックを受けた。

書簡は、冒頭にゲーテの詩と大山訳をかかげる。

Über allen Gipfeln
Ist Ruh,
In allen Wipfeln
Spürest du
Kaum einen Hauch;
Die Vögelein Schweigen im Walde.

Warte nur, balde
Ruhest du auch.

山々は
はるかに暮れて
梢吹く
ひとすじの
そよぎも見えず
夕鳥のこえ木立にきえぬ
あわれ　はや
わが身も憩わむ

そして、吉川教授による漢訳、五言絶句が示される。

諸峰夕照在
樹杪無隻籟
投林帰鳥尽
物我亦相待

この五絶、仮に読み下し文を添えれば、

諸峰　夕照《せきしょう》在り
樹杪《じゅびょう》　隻籟《せきらい》無し
林に投ずる帰鳥尽《つ》き
物我《ぶつが》　亦《ま》た相待《あいま》たむ

往復書簡は、これら原詩、和訳、漢訳をめぐって、まず翻訳論をたたかわす。

吉川「翻訳というものは、要するに方便であり、童蒙に示す為のものであると、小生は考えます。外国文学研究の正道は、あくまでも原語についてなされるものでなければなりません」

大山「翻訳が真実な外国文学研究と何の深い関係もないという点では、僕も貴説に賛成ですが、翻訳が童蒙に示すための方便であり、……とする所は、ついていくことが出来ません」

翻訳についてのこの見解の相異が、外国文学研究の方法、広くは文学論についての異見をたたかわす方向に発展、展開されていくのだが、その全容を伝える紙幅が、今はない。

両教授の討論のおもしろさを示すのは、その内容だけではない。それぞれの個性的な文章、そして個性そのものの対照の妙にもある。

コントラストの妙は、大山教授の短躯、吉川教授の長身、という象徴的な外貌にあるだけではない。書簡執筆の往時を回顧して、三十年後の吉川教授はいう。「彼はいよいよ悠然とし、私は依然としてせかせかしている」(『筑摩叢書』あとがき)。

二人の同僚だったフランス文学者桑原武夫教授の両人比較論は、単なる「性格」の相異でないとし、文学研究の「方法」についても深く掘り下げているが(前掲「現代随想全集」解説)、若い頃から直接身近に知っている私から見れば、両先生、「春風駘蕩」と「秋風洌洌」、とでも評すべきか。

私はもともと医者になるつもりで、旧制高校と大学学部の前半、ドイツ語を学んでいた。ドイツの音楽、バッハからブラームスまで、ドイツの文学、マン、ヘッセ、カロッサなどを好んでいた私は、ドイツ文学を専攻するつもりでいた。

その私を中国文学の世界に誘い込んだきっかけの一つは、本書だった。「秋風洌洌」のもとで、学ぶことになったのである。

『河上肇詩集　旅人』

マルクス経済学者河上肇（一八七九―一九四六）の自選詩歌集である。もと「雑草集」と題した手書きの草稿を、河上の没後、門下生小林輝次が改題して、東京・興風館から出版した（一九四六年）。

書名は、河上が五年の刑期を終えて出獄したあと、一九四四年に作った詩「旅人賦」から採られた。

ああ旅人よ旅人よ／道をし急ぐことなかれ／つとめ果せし御身なり／こころのどかに老いらくの／残りの旅をたのしめと

春ともなれば鳥の声／秋ともなれば虫の声／山路を行けば山路のやどに／海辺を行けば海辺のやどに／夏は涼風を漂はし／冬は炉火を燃して

一甌の茶／一架の書

河上肇は自らの一生を旅になぞらえ、わが身を旅人に擬した。そのことは、人生の節目ごとに作った詩歌によっても、知られる。

一、旅の塵はらひもあへぬ我ながらまた新たなる旅に立つかな　（一九二四年）

二、荷をおろし峠の茶屋に告天子《ひばり》きく　（一九二八年）

三、たどりつきふりかへりみれば山川を越えては越えて来つるものかな　（一九三三年）

四、ながらへてまた帰らむと思ひきやいのちをかけし旅にさすらひ　（一九三七年）

五、いづこにて死なむもよしとあきらめて行末定めぬ旅に立たばや　（一九四四年）

一は、マルクス研究への新たな「出直し」を決意した時、二は、京都大学に辞表を提出した年、三は、日本共産党の党員に推挙された時、四は、出獄の日、五は、辞世の一つ。

三は、本書『旅人』にも収められ、万葉仮名でしるされている。

多度利津伎布理加弊利美礼婆山川遠越而波越而来都留毛野香那

題して、「或党の党員となりし折の歌」という。戦時下、「共産党」という呼称は、タブーだったのである。本書が収める作品は、ほぼすべてが晩年（一九四三―四四年）の作だが、この一首は例外で、作者の特別の愛着と感慨がこめられていると言えよう。

本書が収録する作品は、

日本語の詩一五　短歌二〇　漢詩九　俳句一　六十二文字四

合計四十九首、「あとがき」を含めて八六頁、文字通りの小詩集である。おおむねは前述のごとく晩年の作で、「旅人賦」にいう「つとめ果せし御身なり／こころのどかに老いらくの／残りの旅をたのし」む詩歌である。

しかし河上肇は、権力が強要した休息の身、特高警察の監視下にありながら、抵抗の精神を失ってはいない。それは諷諭の手法によって示される。たとえば、本書が収める漢詩「間臥《かんが》」。

欲耕無土
有土力疲
不作米藷
不弁農時
万骨枯処
一事無為
惟抱微倦
間臥作詩

作者自身による読み下し文を添えれば、

耕さんとするも土なく
土あるも力疲る
米藷《べいしょ》を作らず
農時を弁ぜず
万骨枯るる処

一事為すなく
惟《た》だ微倦《びけん》を抱《いだ》き
間臥詩を作る

「米と藷《いも》とを作らず」は、事実であるとともに、諷意を込める。戦争末期、極度の食糧難で、国民は電車道まで掘り返して、南瓜《かぼちゃ》や甘藷《いも》を作らされていた。「しかしわしは、芋は作らぬ」。「君に憑《たの》む話《かた》るなかれ封侯《ほうこう》のこと、一将功成って万骨枯る」。

「万骨枯る処」、これは唐の詩人曹松《そうしょう》の七絶「己亥《きがい》の歳」の転結二句を踏まえる。そんなご時世に、わしは寝転んで詩を作っておる。この末句、「詩を作るより田を作れ」というご時世むきの俗諺を揶揄《やゆ》する。

「本土決戦」「一億玉砕」と叫ばされていた時、河上肇は本書所収の詩「甲申正月述懐」の中でうたう。「曠古《こうこ》の大戦／世は狂へるがごと／……／ひとはかかるさかひを哀《かな》しめど／われ敢て黎明《れいめい》の近きを疑はず」。

黎明（夜明け）の近きを信じていた河上は、翌年八月、日本敗戦の日を迎え、日記に一首の短歌をしるす。

あなうれしとにもかくにも生きのびて戦やめるけふの日にあふ

詩集『旅人』には名作「味噌」のほか、六十二文字（短歌二首を組み合わせた独特の詩）など、実験精神と好奇心にあふれた作品も収められ、小冊子ながら味わい深い。
なお本書とともに、『杉原四郎著作集 Ⅲ』(二〇〇六年藤原書店刊)の第Ⅲ章「旅人 河上肇」を併読、参看されたい。

一海知義

猪木武徳

一九四五年生。大阪大学名誉教授、国際日本文化研究センター名誉教授。経済思想、経済史、労働経済学。著書『自由と秩序』（中央公論新社）『学校と工場』（筑摩書房）。

J・オルテガ・イ・ガセット／神吉敬三訳『大衆の反逆』

スペインの哲学者オルテガ・イ・ガセット（一八八三―一九五五）の『大衆の反逆』は、学生時代のわたしに「自由主義的デモクラシーとは何か」を生き生きと語ってくれた忘れがたい作品だ。すでにトクヴィルの『アメリカのデモクラシー』（第一編一八三五年、第二編一八四〇年）にかなり類似の記述と分析があるにもかかわらず、一般にこのオルテガの名著は「大衆社会論の先駆」として紹介されることが多い。たしかに、一九三〇年に刊行された『大衆の反逆』は、選ばれた少数者に対する大衆の不従順が、現代社会の「高貴さの喪失」や「不安定さ」、ひいてはその「没落」と深く関わっていることを指摘している。実際、その部分だけを取り出して強調するがゆえに、オルテガの「貴族主義」は時に強い批判に曝されてきた。しかし、本書のメッセージをこの点だけに限定すれば、この傑作の新鮮味を十分理解したことにはならないのではないか。本書には、自由主義的デモクラシーの持つ美点、そして可能性と問題点が見事に浮き彫りにされているからだ。

冒頭で、著者は人間をふたつのタイプに分類している。ひとつは、自らに多くを求め、進んで困難と義務を負わんとする人々、もうひとつは、自分に対してなんらの特別な要求をもたない人々、「生きるということが自分の既存の姿の瞬間的連続以外の何ものでもなく、したがって自己完成への努力をしない人々、つまり風のまにまに漂う浮標のような人々である」(一一、以下一九六七年に出た神吉敬三訳角川文庫版の頁数を記す)。後者こそ、「大衆」であり、この「大衆」が「いっさいの非凡なるもの、傑出せるもの、個性的なるもの、特殊な才能を持った選ばれたものを席巻しつつある」(一五)のが現代のいつわりない実相だとオルテガは見る。この平均人は「文明の多くの利器を使うことは学んだが、文明の起源そのものをまったく知らない」(七一)。平均人は思想も教養も持たないのだ。

大衆は、何らかの理由で社会的な生に介入するときには常に「直接行動」をとる。したがって、手続き、規則、礼儀、調停、正義、道理、といった人間の共存の形式の煩雑さには意をもちいない。これらの煩雑さこそ、すべて「文明」という言葉に要約されるものであり、「共存への意志」を示すものであるにもかかわらず。

政治において、最も高度の「共存への意志」を示したのが自由主義的デモクラシーだとオルテガは指摘する。それは、隣人を尊重する決意を極端にまで発揮したものであり、「間接行動」の典型なのである。言い換えれば至上の寛容さ、多数者が少数者に与える権利なのである。そして次のように言う。「自由主義は、敵との共存、そればかりか弱い敵との共存の決意を表明する。人類がかくも美しく、かくも矛盾に満ち、かくも優雅で、かくも曲芸的で、かくも自然に反することに到着したということは信じがたいことである」と(八一―二)。

こうして強い自由主義への共感を示しながら、当時のヨーロッパの「ナショナリズム」的な爆発と「全体主義」を、オルテガは「消滅寸前にあって国境――軍事的国境と経済的国境――は、極端に過敏になっている」とし、「最後の炎は最も長く、最後の溜息は、最も深いものである」と強い憂慮を示した。オルテガにとって、ナショナリズムは一種の袋小路であり、その道はどこにも通じてはいない。「ナショナリズムとはつねに国民国家形成の原理に逆行する衝動である。ナショナリズムは排他的であるのに対して国民国家主義は包含的なのである」(二〇七―八)。ナショナリズムが基礎固めとして積極的な価値を持つ時期はあるが、ヨーロッパにおいてはすでに基礎固めは十分であり、ナショナリズムは単なるマニアが、創意の義務と大事業への義務を免れるための口実に過ぎないと喝破している。

「真の問題は何か」、を論じた本書の最終章の冒頭で、現代のわれわれに突きつけられた問いをはっきりと次のように執りだしている。

「問題は今やヨーロッパにモラルが存在しないということである。それは、大衆人が、新しく登場したモラルを尊重し、旧来のモラルを軽視しているというのではなく、大衆人の生の中心的な願望がいかなるモラルにも束縛されずに生きることにあるということなのである。」(二一二)

オルテガにとってのモラルの問題は「私とは私と私の環境である」という彼のよく知られた命題にも集約される。この命題が生物学者J・ユクスキュル(一八六四—一九四四)の環境世界(Umwelt)における「共存」の理論と共鳴し合っていることは偶然ではあるまい。

オルテガはマドリード大学卒業後、二十代で二度、ドイツのマールブルク大学に留学し、H・コーエンなどの新カント派哲学研究の仕上げを行っている。わたしは一九九〇年代末、同じマールブルク大学に三ヶ月ずつ二度滞在したことがあった。そのおり、「ここで若きオルテガが思索したのか」と想像しただけで、言いようのないうれしさがこみ上げてきたことを思い出す。これは知的憧れが生みだす「ファン心理」と同じものだろう。実際、わたしはオルテガの熱狂的なファンとして、その著作のほとんどを収集してきたのである。もちろんまだその半分も読破していないのであるが。

福澤諭吉『文明論之概略』

西洋の学問と漢学の素養、日本歴史への独自の理解を併せ持った福澤諭吉は、西洋文明を正確に理解し、それをバランスを取りつつ受け止めることが、新しい日本を方向付けると強く信じていた。日本の自主独立のために西洋の文明を取り入れることが何故喫緊の課題なのか、そのビジョンと方法を、明晰な文章で説いたのが『文明論之概略』（一八七五）である。

福澤が下士の生まれであったことは、彼の考え方に強い影響を与えたと思われる。下士は武士階級とはいえ、いかに知的力量があっても栄達が望めないほど、門閥制度の壁は厚かったからだ。彼の思想形成にとってもうひとつ重要な要因は、彼が外国に接する機会に多く恵まれたことであろう。一八六〇年に日米修好条約の調印の幕府使節団を護衛する咸臨丸の一員として米国へ、一八六一―六二年には開市開港の延期とロシアとの樺太国境線確定の交渉のため、香港、インドを経てスエズからヨーロッパ六カ国を歴訪、さらに六七年、軍艦購入の任をおびて幕府使節団の随員として再度米国へと、福澤は明治維新前に三度にわたり海外へ渡航している。この経験によって、西洋文明の先進性と力強さに直接ふれる機会を得、西洋の植民地と化したアジア諸国の悲惨な現状、ひいては日本の将来の危機的なシナリオを感じ取ることができたのである。文明の進歩のためには知性と道徳を涵養することが必要だと説いた『文明論之概略』には、福澤の歴史観と人間観が、彼独特のユーモアと毒舌をまじえつつ示されている。その語り口を少し紹介しておこう。

福澤は文明の進歩の程度を「野蛮」「半開」「文明」の三段階に区分し、それを「文明の齢」と呼び、日本はその中間、「半開」の段階にあると規定した。そして文明は、天地の法則を知るが、その中で積極的に活動し、「気風活発にして旧慣に惑溺せず」、自主独立で他人の恩威に依存せず、自ら徳と智を磨き、「古を慕わず今を足れりとせず、小安に安んぜずして未来の大成を謀」ることが必要だと述べている。福澤は『文明論之概略』において、この「惑溺」という言葉を使って国体論の批判を行っている。

福澤にとって「惑溺」は、まさに「迷信」とも置き換えられうる精神の停滞を意味した。習慣として常に用いてきた事物の効用を忘れ、ただそのもののみを重んじ、装い、飾り、愛し、ひたすら保護しようとするような姿勢をさす。この「惑溺」の精神が、文明の進歩を阻むことを福澤は熱心に説いたのである。例えば、武士が戦国の世に双刀を帯したのは、法律もない時代に一身を保護するためであった。しかしその後、太平の世にあっても、この帯刀を止めなかったばかりか、それを重んじ、飾り、剣術を知らないものまでが双刀をぶら下げ続けたのは、「惑溺」の典型例だと福澤はユーモラスに語っている。

また、事物の働きの原因としての「近因」と「遠因」の区別も、きわめて科学的に、そして巧みな例をもって示される。酔っ払いが馬から落ちて半身不随の大怪我をしたとする。治療はどうすればよいのか。落馬が大怪我の原因だとして、腰に膏薬を張るのは、この大怪我の「近因」だけを見ているヤブ医者のすることだ。実は多年の飲酒の不養生が脊髄を衰弱させ、たまたま落馬で全身が激動して半身の付随を起こしたのであるから、飲酒を禁じて脊髄の衰弱と言う「遠因」に対処するのが医学を知るものの処方だと言うのである。つまり簡単に耳目に訴えかけるような事柄に「惑溺」して、事物の遠因を探らないのは、「恣に大事を行わんとし、寸前暗黒、暗夜に棒を振るう」ようなものだと福澤は言う。

福澤のユーモアと天邪鬼ぶりは、ときに読者に「拝金主義」、「洋学かぶれ」、あるいは「矛盾のカタマリ」といった誤解を与えることがある。しかし本書を読めば、彼の思想の中心部分が、人の身を安楽にして心を高尚にする文明は、その外形ではなく、精神が重要であるとする点にあることは明らかだ。そしてその精神の中でも、徳より智、私徳より公徳、私智より公智が文明社会にとって重要だと強調しているのである。

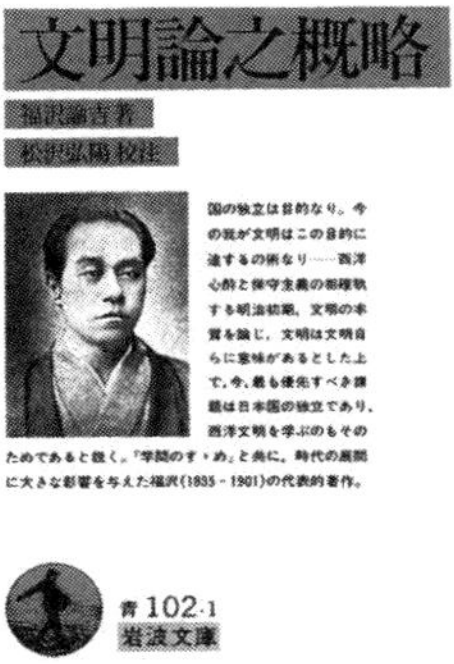
文明論之概略
福沢諭吉 著
松沢弘陽 校注
国の独立は目的なり。今の我が文明はこの目的に達するの術なり……西洋心酔と保守主義の相確執する明治初期、文明の本質を論じ、文明は文明自らに意味があるとした上で、今、最も優先すべき課題は日本国の独立であり、西洋文明を学ぶのもそのためであると説く。『学問のすゝめ』と共に、時代の展開に大きな影響を与えた福沢(1835-1901)の代表的著作。
青102-1
岩波文庫

さらに、本書から読み取れる「中庸の思想」も見逃せない。「唯一方に偏せざるを緊要とする」という考えは、権力についても、宗教についても、バランスというものがいかに重要であるのかを、福澤は強調している。「権力の偏重」や「惑溺」ではなく、多元性と内発的な独立心の尊重ということである。どの政治制度にも長所と短所がある、どの宗教にもみるべき点、愚かな点がある。こうした「惑溺」から自由な福澤の鑑識眼には今も学ぶところは多い。そして何よりも、「外国交際」の拙さが日本の宿痾であるという最終章の指摘は、「利を争うは即ち理を争うことなり。今我日本は外国人と利を争うて理を闘するの時なり」という叱咤の言葉とも重なってくる。本書が書かれて百三十年以上経った現在でも、外交が日本にとっての最大の課題のひとつであることには変わりがない。その点でも福澤の投げかけた問題を日本人は未だ克服してはいないことになる。

A・de トクヴィル／松本礼二訳『アメリカのデモクラシー』

四〇年近く前のことになる。大学紛争で荒廃したキャンパスを離れて、わたしはアメリカの大学院で経済学の勉強を続ける決意をした。紛争にどうコミットするのか、あるいはしないのか、十分考えた末の主体的な選択であった。まわりの動向を気にしつつ行動するのではなく、自分自身で「選び取る」という意識がないとだめだと痛感したのである。当時、医学部の友人と一緒に読み続けていた『旧約聖書』のなかの「エレミア書」の「人の心は何にもまして、とらえ難く病んでいる。誰がそれを知りえようか。心を探り、そのはらわたを究めるのは主なる私である」（一七―九）という一節を痛いほど実感したのもこのときであった。このキャンパスにはもう戻らない、ということを確認した上での行動であった。ハーシュマン風に言えば、発言（Voice）ではなく、退出（Exit）をわたしは選んだのである。

アメリカでの大学院生活は楽ではなかった。経済学の基礎的な訓練を、優れた研究者から直接に徹底して受けられたことは有り難かった。幾人かのアメリカの友人、日本からの貧乏留学生数人と知り合いになれたのも、この留学で得た宝であった。実はトクヴィル『アメリカのデモクラシー』は、その友人のひとりで、私の下宿から歩いていけるような距離に住んでいた同級生のC・ピゴット君から教えてもらった本である。ある夜、ビールを飲みながら下手な英語で読書の話をしていると、「とにかくデモクラシーの理解には不可欠だから、トクヴィルを推奨する」というのである。多くを読むというタイプの読書家ではないが、選んだものを深く読んでいるピゴット君の言葉には説得力があった。

大学の生協で入手したのはR.D.Heffnerが編集したMentor Bookの抄訳版であった。トクヴィルの友人Henry Reeveの英訳に、Frances Bowenが手を加えたものである。一九六九年一一月三日購入との書き込みがあるから、大学院での厳しい授業が始まってまだ二

カ月も経っていないときである。そんな大事なときに、わき道にそれた読書をしていたのだから大学院の成績がそれほど芳しくはなかったのも不思議ではない。Heffner が編集した版は、第一巻からも、かなりの章が集められている。第一巻の初めの部分は、アメリカの連邦の政治を検討する準備として、州の行政と政治がかなり詳しく論じられている。しかし残念ながらこの部分が、社会的関心の薄い、政治を知らない未熟な学徒にとっては驚くほど退屈に思えた。必死で語彙力の不足を辞書と想像力(?)でカバーしながら、どうにかこうにか最後までたどり着いた。

第一巻はアメリカの法と政治そして憲法を論じている。当時自分が住んでいるマサチューセッツ州の事例であっても、政治と行政の関係を十分理解していないものにとって、なぜトクヴィルが政治的な中央集権と行政における中央集権の区別に注目しているのか、ピンと来ないのである。まさに馬の耳に念仏のようなものである。アメリカのデモクラシーは、ヨーロッパの旧貴族社会では観察されなかったような人間感情と意見を生み出している点を、具体的かつ鋭い観察と推理力でもって論じたのが第二巻であるが、この部分は、最も良質な社会評論、文明論であり、わたしにも理解できるところが多かったことを覚えている。

その後、米国から帰国してしばらく経って一九七〇年代末にガリマール版でトクヴィルを読み始めた。無謀だと分かってはいたが、井伊玄太郎訳を脇に置きながら、読みすすめた。ところが次第に、邦訳を読み仏文をチェックする、というような形になり、いつの間にか、邦訳だけを読んでいる、という格好になってしまった。どちらを読んでも理解できないときは、Vintage Classics の二巻本（Daniel Boorstin の解題つき）の頁をめくった。モラリストと呼ばれるモンテーニュやパスカル、あるいはモンテスキューの伝統の中で培われたトクヴィルの文章、論理、表現には、独特の味わいと魅力があるが、明晰さと同時にレトリックの綾も隠されている。そのあたりが訳者を苦しめるのだろう。

三回目のトクヴィル攻略計画は、読書会で「一緒に読む」ことで達成された。その経緯は紙幅の都合で割愛する。ただ友人たちと一緒に読んだためか、心のゆとりもあり、トクヴィルの叙述のディテール（セヴィニェ夫人の引用や、アダム・スミスへの言及を思わせる書き方）、エピソードの用い方なども十分楽しむことができたように思う。

最近、本書が、岩波文庫から松本礼二氏の訳で、第一巻、第二巻、それぞれ上下、全四冊本として刊行されたことは喜ばしい。これまでセミナーなどでトクヴィルを扱うときは、岩永健吉郎・松本礼二訳『アメリカにおけるデモクラシー』（研究者叢書、一九七二年）を用いることが多かった。ごく短い抄訳本であるが、「なるほど」と思わせる優れた訳文に感心することが多く、全訳の出版を心待ちにしていたからだ。これで、岩波文庫も、品揃えの大きな空隙を埋めることができたというものだろう。

A・スミス／米林富男訳『道徳情操論』

アダム・スミスが生存中に公刊したのは、『道徳情操論』（一七五九）と『国富論』（正確には『諸国民の富の本質と原因に関する論究』）（一七七六）のわずか二書にすぎない。有名な『国富論』と違って『道徳情操論』は一般に馴染みが薄いかもしれないが、ここにはスミスの深い人間観と社会哲学が明瞭に示されている。したがって『国富論』だけでスミスを論ずることは一面的に過ぎるおそれがある。

スミスは、人間を、所得や富の増大という目的のためだけに行動するような「合理的」な存在だとは考えていなかった。また後にJ・ベンサムが主張したように、人間は安楽と快楽のために行動するとも見ていなかった。スミスは現代の多くの経済学者が、「スミスも言ったように」と言及するような「功利主義者」ではなかったのである。むしろ、虚栄とそれが生み出す野心に突き動かされるのが人間の一面であると考えていた。彼は極端なレセ・フェール（自由放任）を唱えるような「政治的アナーキスト」とは無縁な思想家であった点を確認することは重要だ。

人間の野心と虚栄がその人の社会的な上昇志向を生み、この「気概」が経済の進歩につながるとスミスは『道徳感情論』で述べている。しかし同時に、人間の野心をコントロールすることが、多くの場合きわめて難しいということも知悉していた。野心をうまく方向付けるためにも、教育は社会にとって不可欠だと見ていたのである。正義は社会に不可欠な徳義であるが、普通の人間はこの徳目を貫徹するほど強くはない。正義の実現を目指すためには、どうしても正義の管理者としての政府が必要だと強調するのである。

彼の道徳感情の分析において鍵となる概念は「同感（sympathy）」である。ただし、スミスは、人が他人に同感することによって他人と結びつくから「社会が成立する」とは単純に考えなかった。社会の中の人々の行為が、第三者としての他人の同感を得る程度に統御されることによって、社会としての秩序が保たれると見ていたのである。

スミスの道徳感情の分析の最大の特徴は、ひとつの the sentiment に限定されたものではなく、さまざまな感情が作用しあうことによって社会秩序が形成されるとする点にその特質がある。スミス以降、人間像を単純化することによって長足の進歩を遂げた経済学が、ともすれば等閑にしてきた重要なポイントである。

筆者はスミスの「人間学」は、ギリシア悲劇やドストエフスキーに優るとも劣らない奥深さを秘めていると感じてきた。特に、『道徳感情論』の随所で、スミスが人間の崇高さと賢明さだけでなく、弱さ、醜さ、滑稽さ、愚かさについて平然と言及しているのを読み、「これは人間社会の明と暗を厳しく観察した人のみが書きうる文章

だ」と想像してきたのである。

その一つの例を挙げよう。第三部第三章「良心の作用と権威について」において、次のような記述がある。「人間の弱さに対して極度に寛大な現代の礼儀作法は、非常に大きな家庭的不幸に悩んでいる人を赤の他人が訪問することを、しばらくの間禁じており、最も近い親戚とか最も親しい友達だけの訪問を許している」とし、それは「隠密の敵がしばしば最も親しい友達と同様に逸早く見舞いに訪問することを好む」からだという。こうした人間観察は、ドストエフスキーの小説の一場面を思い起こさせる。スミスは友人ヒュームの死に際してこのことを実感したのであろう。

同じ章（第三部第三章）の最後のあたりのわたしの好きな箇所を取り出しておきたい。「諸君はもしや逆境に陥っているのではないだろうか。もしそうだったら、孤独の暗闇の中で独りで悲しんでいてはいけないし、また諸君の親友たちの寛大な同情にしたがって自分の悲しみを調節してもいけない。すなわち、できるだけ早く世間の日向、社会の白日の下に帰らなければならない。赤の他人、すなわち諸君の不幸に関して何事も知らず、あるいは何らの心配もしない人々といっしょに生活せよ。……諸君はもしや順境に立っているのではないだろうか。もしもそうだったら諸君は自分の幸運の悦楽を自分自身の家庭の中だけ、あるいは諸君の友人仲間の間だけ、ないしは諸君の幸運に対して、それにすがってかれら自信の幸運をとりつくらおうという期待をかけている諸君の取り巻き連中の間だけに閉じ込めておいてはいけない。すなわち、諸君と何の関係もない人、諸君の価値を諸君の運でもって判断せず、諸君の性格や行為だけで判断できる人のところを常に訪問しなければならない。……」(以上、米林富男訳(未來社、一九七〇年)を用いた)

ちなみに、二〇〇八年に公刊された堂目卓生『アダム・スミス』(中公新書)は、一緒に料理するのが難しいスミスの二つの著書に正面から取り組み、最終的に「人間にとっての幸福とはなにか」という問題にまで言及している。これまでの経済学より考察の対象の範囲を広げ、富と幸福の関係、野心や虚栄心と経済発展の関係を念頭に置きながら、スミスの二つの書物の連続性を明らかにしている好著であることを付記したい。

上田　敏

一九三三年生。リハビリテーション医学。著書『リハビリテーションの歩み』（医学書院）『患者学のすすめ』（共著、藤原書店）。

マダーチ・I／今岡十一郎訳『人間の悲劇』

十九世紀半ばのハンガリー詩人マダーチ（ハンガリーでは日本同様姓・名の順）による古典劇詩だが、筆者にとっては、『ファウスト』にも『失楽園』にも優るとも劣らない深い思想を湛え、戦後の荒廃した社会に生きる十代の少年（であった筆者）に「人生の価値」と「生きる意味」を教えてくれた忘れがたい本である。

アダムとエヴァの時空の旅

舞台は天国とこの地上、流れる時間は天地創造から人類が滅亡に瀕するまでという壮大な規模である。そこに人類の代表としてのアダムとエヴァが、エデンの園、エジプト、ギリシャ、ローマから、十字軍時代を経て現代へ、さらに未来社会にまで、各時代を転生しながら生きていく。彼らに時には仕え、時には嘲り笑いながら一緒に時空の旅をして行くのは堕天使ルシファーである。

実はこの旅は、創造主に反逆して「人間の創造など無意味だ」と言い放ち、天国を追放されて悪魔となった大天使ルシファーが、人間にその運命を（一場の夢として）体験させることで、人間自身にその存在の無意味さを痛感させようとする「神への挑戦」であった。アダムは時代時代に理想に燃え、人類愛を、信仰を、科学を、あるいは平等を求めて闘うが、各時代はそれぞれ違った形で理想を裏切り、アダムは追いつめられ、打ちのめされ、敗れる。そのアダムに再び立ち上がり、（次の時代に転生して）生きる気力を与えるのはエヴァとの愛である。

言い換えれば徹頭徹尾ペシミズムに貫かれた物語であり、「人間の作る社会がいかに愚劣であり、理想をかかげる高貴な精神がいかに敗北に運命づけられているか」という「人間の悲劇」をいやというほど見せてくれる。それがどうして十代の筆者に「生きる意味」を教えてくれたのか？　まず物語を見てみよう。

カロチャイ訳エスペラント版『人間の悲劇』（絵は身を投げようとするアダム）

序幕とエデンの園からエジプト、そして中世へ

序幕は天地創造が終わった天上界。天使の群れが主を讃える頌歌を歌い、三人の大天使がこもごも創造主を讃えるが、

ルシファーは傲然と「人間など無意味だ。蛆虫のくせに神の真似をして失敗し、天地をメチャメチャにするだけだ」と言い放ち、追放される。

第二場はエデンの園。ルシファーはアダムとエヴァをそそのかして「知恵の木」の実を食べさせ、彼らは楽園を追放される。次はエデンの外。知恵を手にしたアダムは人間の力の限りを知りたいと願う。ルシファーは二人を眠らせ時空の旅にいざなう。

第四場はエジプト。ファラオ（王）となったアダムは奴隷の過酷な運命に心を痛め、奴隷を解放しようとするが、ルシファー（大臣）に冷笑され果たさず、死んだ奴隷の妻のエヴァに僅かに慰めを得る。次はアテネ。マラトンの戦いの英雄ミルティアデス（アダム）が傷を負って帰還するが、デマゴーグの宣伝にのった民衆は「裏切り者に死を！」と叫び、衆愚政に失望した彼は妻（エヴァ）の見守る前で、首切り人（ルシファー）の刃の前に首を差し伸べる。

舞台は一転して退廃した享楽的なローマ。若い貴族のアダムは仲間と娼婦のエヴァと戯れているが、疫病が間近まで押し寄せ、人々が死んでいく。そこに使徒ペテロが現れ、キリストへの帰依を説く。

さらに一転して、中世のビザンチン。十字軍をひきいて聖地を回復してきたタンクレード（アダム）が凱旋するが、同じキリスト教の中での異端（アリウス派）の弾圧に夢中の正統派に幻滅し、修道尼のエヴァへの恋も稔らない。

ケプラー、ダントン、終末の未来、そして救いは

舞台は近代への夜明けに移り、プラハの宮廷でケプラーは科学と占星術の矛盾に悩む。彼は夢の中でフランス革命時のダントンとなり、「自由！　平等！　友愛！」を叫ぶが、裏切りを疑われ、ギロチンにかけられる。続く場は現代（十九世紀だが）のロンドンの資本主義の退廃。ついで未来社会に移って、フーリエ風の空想社会主義のファランステールという悪平等・個性無視の世界。さらに地球最後の日々である、太陽の光が弱り、赤道でさえ雪に埋もれる終末期に至る。

終幕、夢から醒めたアダムは人類の未来に絶望し、「喜劇は終わった」と叫び、断崖から身を投げて死のうとする。そこにエヴァが駈けより、「わたし赤ちゃんができたの」とささやく。アダムは地に跪き、「主よ、あなたが勝ちました！」と叫ぶ。創造主が現れ、「人間よ、つとめよ！　そして固く信ぜよ！」の言葉でこの長編劇詩は締めくくられる。

エスペラントで読んだ

私はこの本を戦後の混乱期の一九四九年、十七歳の時にエスペラント訳で読んだ。エスペラントは「人工語」というイメージに反し、意外に音韻面でも表現面でも韻文に適している。特にこの本は名訳として名高く、「この一冊を読めただけでもこの言葉を学んだ甲斐があった」といまだに思っている。

短い要約からは「あまりに便宜的な結末では？」と思われるかもしれないが、全編を通して読めば、

「理想のために闘うこと自体が、たとえ敗れても意味があり、個人は敗れても、人類はそれによって一歩前進する」というメッセージを読みとることができる。十代にそのメッセージに触れることができたのは幸いであった。

なお英訳も多く、ネットで無料でダウンロードすることもできる。ぜひ御一読をお勧めする。

Imre Madach（Translated by Otto Tomshey）: Tragedy of the Man;http://mek.oszk.hu/00800/00876/00876.htm

花田清輝『復興期の精神』

第二次大戦中の一九四一―四三年という「言論圧殺」の時代に、みずから創刊した『文化組織』誌に発表した連作エッセイ「ルネッサンス的人間の探求」を中心に、戦後執筆のものを加えた二一篇を、一九四六年に上梓し、著者を一躍戦後論壇の雄として注目させた古典的名著である（一九五九年版からは二二篇）。

花田が考えていた書名は『転形期の精神』だったそうで、「転形期をいかに生きるか」が基本テーマであり、ルネッサンスに限らず、古代ギリシャからポーやゴッホまでの広い範囲を論じている。

筆者が本書と出会ったのは一九五四年、二十二歳の医学生の時である。一九五〇年の朝鮮戦争以来の「逆コース」によって、筆者の世代に骨肉化した「戦後民主主義」がおびやかされ、特にこの年はビキニ環礁の水爆実験、第五福竜丸の被爆、久保山愛吉氏の死、そしてそれに対抗しての原水爆禁止署名運動という、騒然たる「もうひとつの転形期」であった。

青年期初めの筆者にとって本書との出会いはまことに新鮮で、ただちに心酔し、その後の生き方に大きな影響を受けた。特に後に述べる「あれもこれも」原則は、今に至るまでの私の生き方を決定している。

華麗なレトリックの魅力と罠

本書の魅力の一つが、華麗な、時としては難解なレトリックであることは有名である。しかしこれは同時に「逆説」「韜晦」「詭弁」という反発の種ともなった。

この点、花田は周到にも巻頭の「女の論理――ダンテ」で、「男の論理」(ロジック)に対照させて「女の論理」(レトリック)について語っている。前者が頭脳に、後者は感情に働きかけるといったところまでは、いかにも古い、差別的な意見のようにも響くが、花田はそこで一転し、「イエス・キリストもまた、あなた(女性)と共通の性質をもっていた」と断言する。「イエスはレトリックの達人で

あった。そうして、ロジックのみをあやつるパリサイの徒を、いかにあざやかに論破したことであろう」と続け、イエスは「あくまで修辞（レトリック）をもって武器とみなし、これをふるって、現実の変革のために果敢な闘争を試みた……」と結ぶのである。これこそ本書の基本的な「方法論」を冒頭に宣言したものであった。

大きな誤解──「時論」ではなく「原論」なのに

花田清輝には多くの心酔者がいる反面、誤解や曲解、そして反発もまた少なくない。中でも大きな誤解は「レトリックで隠した時論」説である。すなわち本当のテーマは当面する現実の問題なのだが、思想史・文学史の議論を装い、しかも華麗なレトリックにまぎらすことで、戦時下の検閲や監視の目をかいくぐり、現実に対する批判（時論）を、「わかる人にはわかる」かたちで届けたのだ、というものである。

このような誤読から起こるのは「深読み」競争、すなわち、「このコペルニクス（あるいはマキャベリ、ジョット、レオナルド、等々）に託して論じているのは、実は当時のどういう事態だったのか」という、「時論探し」である。

しかし筆者にはこのような「深読み」は、実はまだ「浅読み」でしかなく、花田の述べている豊富な内容のごく一部しか読み取っていないように思われる。

たとえば有名な「二つの焦点をもつ楕円」が一つの焦点しかもたない円よりも優れているという話（「楕円幻想──ヴィヨン」）はどうだろうか。また「ブリダンの驢馬──スピノザ」の、水槽と秣桶《まぐさおけ》の間におかれた驢馬が、どちらから先に手をつけていいかと迷って、立往生して餓死してしまう、というスピノザが好んだ比喩に対しての、「一瞬の躊躇もなく、かれ（驢馬）は猛然と水をのみ、秣を食うであろう。あるいは秣を食い、水をのむであろう。私は確信する、断じてかれは立往生することはないであろうと」という花田の断言はどうか。これらは単なる時論を突き抜けて、「原論」にまで達しているのではないのか。

つまり、最初は現実の何らかの事態に触発されて出発したとしても、その事態の根本的な解決のためには理論的に深く深く追究するほかはなく、やがて到達するのは個々の状況を超えた普遍的な「原論」であり、一旦そこに到達すれば、出発点となった現実の状況の解決に役立つのはもちろん、その他の、そしてその後のさまざまな状況・問題の解決に役立つ、ということである。人真似でない、強靭な思想とはそういうものであろう。

レトリック再論──「対立のままの統一」の好例として

上記の「ブリダンの驢馬」は「あれもこれも」のすすめであり、これは「二つの焦点をもつ楕円」論とともに、「二つの対立するものの対立のままの統一」という、本書の「天体図──コペルニクス」

にラフなスケッチが描かれ、後年に明確に定式化される花田独自の弁証法論に結びついている（石井伸男『転形期における知識人の闘い方』窓社、一九九六年、一三六―一四六頁）。これは「止揚によって矛盾・対立がなくなり調和が生まれる」とする俗流弁証法よりもはるかに深い弁証法理解である。

最初に触れたレトリックとロジックについても同じことが言える。つまり本書で駆使されるレトリックは決してロジックに取って代わるものではなく、この二者が対立することで両者がともに深まるのであり、従って本書はまた「偉大なロジックの書」でもあるということである。

本書の魅力は語り尽くしがたい。ぜひご一読あるいは再読をお勧めする。

加藤周一『日本文学史序説』

「戦後最大の知識人」とも「最後の知識人」とも呼ばれる加藤周一（一九一九―二〇〇八年）の主著の一つであり、もっとも体系的な労作である。筆者は上巻が出た一九七五年、四十三歳の時に読み、「文学を通して日本文化全体を捉える鋭い視角」に接し、中年にしてはじめて、「自分の生きているこの国の姿をはっきりと見ることができた」という感を深くした。下巻（一九八〇）も出てすぐ読んだ。

医学と文学の二筋道、そして「雑種文化論」

加藤周一は東京大学医学部に学び、内科医として血液学を専攻する一方、文学部仏文学科の研究生ともなり、ラブレー研究で名高い渡辺一夫に師事し、多くの友人を得た。一九四七年には中村真一郎、福永武彦と共著の評論集『１９４６・文学的考察』で戦後の論壇に鮮烈なデビューを飾る。五一年十月、血液学研究のためパリに留学。五五年二月の帰国までの三年余に、フランス各地と西欧七か国を歩き、五五年暮に『ある旅行者の思想――西洋見物始末記』を発表する。

この西欧体験の一番の理論的成果が「雑種文化論」であった。それは帰国後すぐの「日本文化の雑種性」（『思想』六月号）にはじまる一連の論考で、早くも五六年には論文集『雑種文化――日本の小さな希望』に結実する。

加藤はいう。日本の文化は雑種的であり、それは「今の日本の文化の根本がぬきさしならぬ形で伝統的な文化と外来の文化との双方から養われていること」である。そして「英仏の文化は純粋種」であり「日本の文化は雑種」であり、それらは共に「結構である」とする。「現在結構でないとしても、これから結構なものにしていこう」というのである。この論は私をはじめ多くの人に「小さからぬ希望」を与えた。

『日本文学史序説』――「土着の世界観」の発見

この雑種文化論が半ば直観的な「総論」であったとすれば、二十年後の『日本文学史序説』はそれを事実・史実で肉付けしようとする「各論」であった。前者なくして後者はなく、後者による実証なくして前者は「仮説」にとどまる。加藤自身も後者は前者の「延長線上にある」と述べている（加藤『最終講義』二〇一三）。

「序説」の構図は明快である。序論である「日本文学の特徴について」で、加藤は「日本人の世界観の歴史的な変遷は、多くの外来思想の浸透によってよりも、むしろ土着の世界観の執拗な持続と（中略）外来の体系の『日本化』によって特徴づけられる」とする（傍点は筆者）。

外来の世界観の代表的なものは、㈠大乗仏教とその哲学、㈡儒学、殊に朱子学、㈢キリスト教、㈣マルクス主義である。これらはすべて自然・人間・社会・歴史の全体を説明しようとする包括的な体系であった。いずれも抽象的な理論を備え、仏教とキリスト教は彼岸的であり、儒教とマルクス主義は此岸的である。

これに対する「土着の世界観」は、四、五世紀頃には成立していた非超越的な世界観であり、その背景には祖先崇拝・シャーマニズム・アニミズム・多神教がある（更にその基礎には集団主義的・ムラ的な社会がある）。その特徴は、㈠抽象的・理論的ではなく、具体的・実際的な思考への傾向、㈡包括的な体系にではなく、個別的なものの特殊性への着目、㈢超越的・普遍的な原理がなく、唯一の絶対者はなく、多数の権威が併存しうることであり、この㈢は㈣の（決定的な価値観の対立がないため）新旧の文学形式が交代せずに「旧に新を加え」、それが各時代を通しての一貫性と、時代とともに増す多様性を生むという特徴につながる。

異質の世界観が出会うとき

このような土着の世界観が、外来の高度に組織され、知的に洗練された超越的世界観に出会ったときに起こったのは、㈠外部の世界観のそのままの受け入れと、㈡拒絶反応であったが、むしろ多かったのは、㈢外来の思想の「日本化」であり、それは抽象的・理論的な面の切り捨て、包括的な体系の解体と実際的な個別領域への還元、彼岸的な体系の此岸化、体系の排他性の緩和などの特徴をもっていた。

この「序論」につづいて、全十二章からなる本論は、四つの「転換期」、すなわち第一（八世紀）、第二（十三世紀）、第三（十六・七世紀）、第四（十九世紀）と、それらで区切られた五つの時代に分けて詳しく論じられる。

「雑種文化」再考

加藤は明言していないが、私は「雑種文化」とは、前記の㈢（「日本化」）だけをいうのではなく、

㈠と㈡を含む日本文化全体をいうものだと考えたい。なぜなら㈠、㈡の分野にもすぐれた業績があることを加藤自身が随所に指摘しているからである。

㈠の「受け入れ」でいえば、空海の「十住心論」は仏教全体を論じて、「日本人の作った観念的建築のもっとも美しいものの一つ」であり、内村鑑三の『羅馬書の研究』は、簡素で明快・緊密で、「明治以後の文学的散文の傑作の一つ」である。

㈡の「反発・拒否」が大きな成果を挙げた最大の例は本居宣長であり、『古事記伝』などを通して、「儒佛の影響以前の土着世界観の原型を見出し」た。

㈢の「日本化」の例は枚挙にいとまない。『源氏物語』も「日本化された仏教が生み出した作品」であったし、日本文化・文学のほとんどがこの類型に入る。

本書について限られた紙数で語るのは難しい。ご自身でこの芳醇な知的世界に遊ばれることをお勧めしたい。

M・ドラブル『海のレディー』

イギリスの女流作家・英文学者ドラブル（Margaret Drabble, 一九三九〜）の十七冊目の長編小説（二〇〇六）

で、"The Sea Lady"と題され、"A Late Romance"（「時代遅れの伝奇物語」？）の副題がある。

筆者はこの本を五年前、七十七歳の時に読み、すっかり魅了され、さかのぼって一九六三年以来の彼女の小説の残り十六冊を全部（英語で）読んだ。しかし結局は本書が最大の傑作であった。

本書の構成はジグソーパズルさながらで、はじめはバラバラな断片が、読み進めるうちに次第に形をなし、最後にぴったりと素晴らしい絵を見せてくれるのである。

序章――北へと向かう二人

まず二人の主役が紹介される。女性（アイルサ・ケルマン、美術評論家、フェミニズムの闘士、ＴＶタレント）は、自然科学に関する賞の審査委員長として、ロンドンでの授賞式に銀色の衣装で登壇し、受賞者を発表し業績を紹介し、その後のパーティで色々な立場の人々とウィットに満ちた会話を交わす。一方男性（ハンフリー・クラーク、海洋生物学者、大学教授）は、ロンドンから特急列車で北の海辺の町の新設大学に名誉博士号を受けに向うところである。

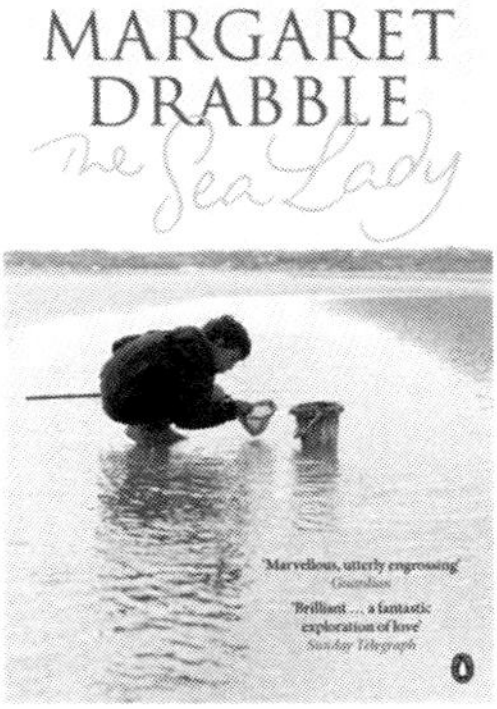

いずれも、いかにもイギリスの小説らしい、皮肉でユーモラスな、時に詩的な、突き放すようで実は真摯な表現を通じて人物が描かれ、過去が暗示される。たとえば女性はたえず賢く闘ってき

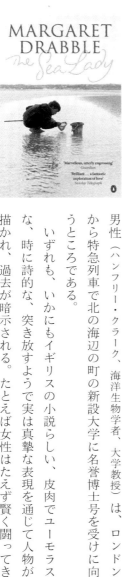

た「クレバー・クレバー・ガール」であるし、男性はこの旅が「過去と向き合う旅」になることを予感し、ウジウジと逃げ出したいと思いつつ、次第に期待が満ちてくるのを感じている。

実はアイルサも「これからの予定は？」と訊かれて「北の大学に名誉博士号をいただきに行くの」と答えていたのであった。

実は二人は幼な馴染み、そして

ここでこの二人が共に六十代でありながら、女性は今こそ自分の最良の時だと感じているのに、男性は自分の盛りは過ぎたと思っていることが明かされる。そしてハンフリーが小学生だった戦中・戦直後に、疎開で北東の海辺の母の実家に身を寄せていた時、親友のサンディを通じて、一家で避暑に来たアイルサに会ったことがわかる。付き合いのいい兄トミーと違って、アイルサは「神経質で頑固で凶暴な女の子」であった。ハンフリーには彼女は近づきがたかったが、ある朝早くトミーとサンディは二人を置いて遠くに遊びに行ってしまい、置き去りにされた二人は意外に仲良く海辺で遊ぶ。

月日が流れ、成人した彼らはまた別の海辺で出会う。二十代のハンフリーは新進の学者として西の海に調査に行き、たまたま訪れた巡業劇団の公演で「もぎり」のアイルサに出会う。彼女の第一印象は「不満で一杯で、怒り狂った女優の卵」で、どこかで見たことがあったが思い出せなかった。が、プログラムの片隅に劇団員アイルサ・ケルマンの名を見出したことで、遠い過去が一気に戻ってくる。

彼はいかにも彼らしく迷うが、結局同行のガールフレンドをまじえた三人はバーで語りあう。アイルサは雄弁に「女優なんてつまらない。私の本業は大学院での研究で、誘われたから劇団に付き合っているだけだ」と語る。

その二年後にアイルサは、彼女の主演する「ショウ」への招待状を送ってくる。ロンドンの劇場街のヒッピー風の地下小劇場で彼はゴージャスな、しかしほとんどストリップのような彼女の踊りと歌に魅了され、同時に恐れる。劇の後の夕食で、二人は見つめ合い、ハンフリーは思わずテーブル越しに手を差しのべ、彼女もそれを固く握る。

そこから情熱的な、燃え尽くすような恋が始まる。それは数か月続き、彼のエーゲ海への調査旅行に同行した彼女は、キオス島沖のボートの上で幸福感に満たされつつ、終りが近いことを予感する。同じ予感にさいなまれた彼は、キオス空港に向かうバスが故障し炎熱の中に立往生した車内で、突然「結婚しよう」という。彼女もそれが破局に抗する唯一の策と感じ、受け入れる。

そして再会は

彼らはロンドンで結婚するが、結局、破局は避けられず、間もなく離婚する。二人ともやがて二度目の結婚をし、二度目の離婚をし、共に有名人への道を歩む。二人とも遠くから相手の人生行路を見守りつつ、後悔と罪の意識を禁じえない。

いよいよ北の大学の名誉学位授与式の前夜である。晩餐会で再会した彼らは、二人の同時受与は、今や大学の重要人物となった旧友サンディの計らいだったと知る。三人の、過去と現在、喜びと後悔を行き来する語りあいは深夜に及ぶ。

次の日、授与式は滞りなく終わり、サンディは二人を海辺の小さな入江に案内する。満潮と共に、それまで浅い小さな池だった入江に海水が押し寄せ、滝のように流れ落ち、池はたちまち深く、広くなる。子どもたちは歓声をあげて飛び込み、泳ぎ回る。海が好きで、いつも水着を持ち歩いている「海のレディー」アイルサは、こらえきれずに手早く水着に着かえ、飛び込み、生き返ったように泳ぎ回り、岸辺の二人に大きく手を振る。それを見てハンフリーは、「許し」が、あたかも「恩寵」のように一瞬にやってきたことを感じ、二人の「救済」を知る……。

私にとって

この物語は、老年にこそ達成される「生きてきた多様な道筋との幸福な和解」の可能性を示し、老年の読書の醍醐味を味わわせてくれるものであった。早く翻訳が出てほしいものである。

上田正昭

一九二七―二〇一六。京都大学名誉教授。古代日本・東アジア史。著書『歴史と人間の再発見』『森と神と日本人』『「大和魂」の再発見』（ともに藤原書店）。

折口信夫『古代研究』

折口信夫はすぐれた国文学者であり民俗学者であった。日本民俗学の創設者である柳田國男の第一の高弟であったが、歌人釋迢空としても高名であり、小説『死者の書』をはじめとする作家でもあった。

その多彩な著作は『折口信夫全集』（三十一巻、別巻一巻、中央公論社）に収録されているが、折口古代学の輪郭とその特色を反映しているのが『古代研究』である。『古代研究』国文学篇、『同』民俗学篇第一冊、『同』民俗学篇第二冊が東京大岡山書店から刊行されたのは、昭和四年（一九二九）から五年にかけてであった。

私は昭和十九年の四月から、國學院大學で三年間、熱心に折口教授の講義を受講したが、当時は古書店でも『古代研究』を入手することは難しく、コピー機などの全くない時代で、大学の図書館へでかけて、重要と思うところを大学ノートに書き写した。『古代研究』は私にとっては思い出の深い名著である。

「古代学」という用語とその内容に言及した最初の研究者は、折口教授であった。昭和三年の『氷川学報』に「上代文化研究」という論文を発表し、はじめて「古代学」とおのれのめざす方向を提示した。

折口信夫における「古代」は時代区分としての「古代」ではない。中世や近世などにもうけつがれる、古代的要素に重点をおいた古代であった。折口名彙には「貴種流離譚」・「天皇靈」などさまざまあるが、もっとも有名なのは「まれびと」である。そのまれびと論は『古代研究』国文学篇冒頭の「国文学の発生」(第三稿)に具体化する。「異郷から来訪する神」がまれびとにほかならない。人間が神に仮装して稀に来訪する民俗のなかから古代信仰の核心に迫った。

折口の「異郷」への思索は、大正五年(一九一六)の「異郷意識の進展」(『アララギ』十一月号)、大正九年の「妣《はは》が國へ・常世《とこよ》へ」(『國學院雑誌』五月号)などに内在していたが、大正十一年そして大正十三年の沖縄調査によって決定的となり、前述の『古代研究』国文学篇の「国文学の発生」(第三稿)の「まれびとの意義」に結実する。そして「同」(第四稿)の「呪言から壽詞へ」と展開した。

『古代研究』民俗学篇1のはじめに「妣が國へ・常世へ」の論文を設定し、「古代生活の研究」そして「琉球の宗教」などが収録されているのも、まれびとと常世の国への折口の深くて重い考究が背景になっている。

まつり（祭）の語源については、本居宣長が「マツリゴト」すなわち「神につかへる（奉仕する）こと」にあると説いたのが有名だが（『古事記伝』巻十八）、折口の恩師三矢重松博士の「祭りは献《まつ》りだ」とする説を高く評価した。今日ではまつりは「神に供物を献供すること」に由来したとみなす説がもっとも有力で、折口のまつり語源説はいまや学界の定説となっている。

折口の考えはそれだけにはとどまらない。「まつると言ふ語が正確に訣《わか》らないのは、古代人の考へ癖が呑みこめないからだ」として、天子を「みこともち」とよび、「宰の字をみこともちと訓《よ》む」のは、みこと（命令）のもち（伝達者）であるからだと強調した。

『古代研究』民俗学篇2は「鬼の話」から「琉球の宗教の中の一つの正誤」までの二十九の論文で構成されているが、そのなかの「大嘗祭の本義」は折口古代学の面目を躍如たらしめる考察である。持統天皇は天武天皇についで即位の翌年（六九一）に大嘗祭を執行したが、この祭は皇位継承の祭儀として重要な意味をもつようになった。

「すめみまの命《みこと》」とは天照大神の御孫ということであり、眞床襲衾《まどこおふすま》(折口は布団という)で日嗣《ひつぎ》の皇子《みこ》が日の皇子(天子)になるというあらたな見解を述べた。

折口は『古代研究』で古代人の生活を実感的に体得することが必須の条件であると力説した。たとえば真の『万葉集』の読みが可能となるためには、万葉びとの生活を実感し、体得しなければならない。「古代人の生活を全体として体験した見地に立って」古代を見直す探究が、折口の『古代研究』であった。

『古代研究』民俗学篇2には七十頁にもおよぶ「追ひ書き」が付けられている。この「追ひ書き」は『古代研究』の解説であり、おのれの学問のプロセスとその性格を詳細に語っている。折口信夫における「古代」とは何か。折口古代学はいったい何をめざした学問なのかを知るためにも、「追ひ書き」をまず読むべきであろう。

「私の誤った論理を正し、よい方に育ててくれる学徒が、何時になったら出てくれるか」。この文は「追ひ書き」の一節である。折口古代学の追随者は多い。しかしその「誤った論理を正し、よい方に育てる」、折口古代学の批判的な発展的継承こそ不可欠である。

司馬遼太郎『故郷忘じがたく候』

昭和五十一年（一九七六）の七月に文春文庫として出版された『故郷忘じがたく候』には、『オール讀物』の昭和四十三年八月号の「斬殺」と、『小説新潮』の同年十月号の「胡桃に酒」とがあわせて収録されているが、本書の冒頭の「故郷忘じがたく候」は、司馬さんの数多くの作品のなかでも、特筆すべき小説である。

この著作は『別冊文藝春秋』の昭和四十三年六月号に発表されたが、小説のたぐいはあまり読まない私でも、すでに司馬さんの『国盗り物語』や『最後の将軍』は読んでいて、その鋭い史眼と史料の読みの広さは知っていた。「故郷忘じがたく候」という作品名にこころを惹かれて発売の直後に購入して熟読した。

豊臣秀吉らの朝鮮侵略は、壬辰（文禄元年・一五九二）の役よりも丁酉（慶長二年・一五九七）の役の方がはるかにすさまじかった。朝鮮王朝の将兵の鼻を斬り裂いて、塩漬けにし、秀吉のもとへ届けさせているのをみても、その暴虐ぶりがわかる。

その慶長の役のおりに南原城で捕えられ、薩摩に強制的につれて来られて、陶磁器の製作をなりわいとしてきた人びとの心、苗代川のたたずまい、そしてその村びとの驚嘆すべき頑固さに作者のこころがゆれる。

はじめて苗代川を訪れて、薩摩焼十四代の沈寿官氏と会った司馬は「その後、日が経つにつれて私の脳裏に沈寿官氏と苗代川の一種神寂《かみさ》びた村のたたずまいと、それにまだ見ぬ韓神玉山宮のことなどがひろがりはじめ、それが日ごとに幻燈のように動き、どうにも日常の仕事にさしつかえるようにまでなった。このことをまがりなりにも整理するには小説に書いてしずめてしまうよりほかはないが、しかしいま小説に書くには気持の酵熟《こうじゅく》が足らず、気持のなかから沸き立ってくるあわつぶがすこし多すぎるようにもおもわれる」と書いている。

そこで作者は再び無名峠をこえて苗代川へおもむく。そして「故郷忘じがたく候」が結実する。沈寿官氏が鹿児島市の旧制二中に入学したさいの体験談を記した文には、沈少年の想いに司馬の思いが重なってずしりと重い。

「このクラスに朝鮮人が居《お》っとじゃろ。手をあげい」

入学早々のできごとであった。上級の者十人ほどに、名乗らなかったので、精神を注入してやると寄ってたかってわけもなくなぐられた沈少年。

中学入学の時から三年生ぐらいまでの間、毎日たった一つの主題を書きつづけた日記。日本人とはなにかをその課題として問いつめてきた沈少年の探究は、中学三年生のころに少年なりに完成をみた。

「――血というのはうそだ。
という、世界のどの真理よりもすばらしい真理を、この少年はつかんだように思った」。

作者の筆を媒体にして、日本人の朝鮮観の歪みが見事にえぐりだされている。

司馬は天明（一七八一―一七八九年）のころの医者橘南谿《なんけい》が、「外界人はいっさい入れなかったというこの苗代川の窯場の村に入っている」話を紹介している。苗代川の仲老人が、「故郷のことはうちわすれられず、折りにふれては夢のなかなどにも出《いで》、昼間、窯場にいてもふとふるさと床《ゆか》しきように想い出されて」と語り――「故郷忘《ぼう》じがたしとは誰人の言い置きけることにや」と語りおさめたことを書きとどめる。

そして慶長の役の日本軍は十万で、島津義弘が第一軍に参加して、全羅道の要塞南原城を囲み、ついに陥落するさまを、史料と沈寿官氏の語りで描く。「十四代沈寿官氏はかれの先祖たちの鈍さと不運について愛嬌《あいきょう》を籠めて語ってくれた。とにかくも逃げおくれた沈姓以下七十人ほどの男女が島津勢につかまった」。

彼らはどのようにして薩摩の苗代川に定住するようになったのか。薩摩に伝わっている伝説的な説では「東シナ海の外洋を南下

しつつ直接薩摩半島の浜辺に漂着」したことになっている。苦労に苦労を重ねて、「――コノアタリ、故山ニ似タリ」という南原のふるさとへの想いで苗代川に住みつくことになる。

沈氏はソウル・釜山・高麗の三大学の研究者に招かれて訪韓し、講演などを了えて、沈家の祖先の墓へ四世紀を経て墓参した。

昭和四十三年の秋であった。東大阪市に住む司馬さんと散歩の仲間であった鄭貴文さんと弟の鄭詔文さんが、司馬さんの紹介でわが家をたずねてきた。司馬さんとは出会ったことはなかったが、『故郷忘じがたく候』を読んでいたので、かねて在日の人たちとも親しいことは察しがついた。翌年の三月に創刊する『日本のなかの朝鮮文化』の顧問に司馬さんと共に就任してほしいとの話であった。

この季刊雑誌は五十号までつづいたが、司馬さんとの親しい交わりは『故郷忘じがたく候』が機縁である。作者の朝鮮への思いのたけはきわめて深かった。

岡部伊都子『朝鮮母像』

すぐれたエッセイストであり思想家でもあった岡部伊都子さんの朝鮮半島や沖縄本島・先島《さきしま》に対す

る想いは、きわめて深くかつ重い。「北緯三十八度線はまだ消えない。その現実は苦しいけれども、それを超える太陽をもちたい。つくりたい」。「わたしたち日本人も、人間でありたい。まともな人間でありたい。自分もそうありたい」。

この文は、二〇〇四年の五月に藤原書店から出版された『朝鮮母像』巻頭の、ソウル延世大学での講演の一節である。在日の韓国・朝鮮人に対する差別を直視し、まず内なる差別と闘い、南北分断のきびしい現実を克服したいとする願いが、本書のすみずみまで充溢する。

沖縄には沖縄の心がある。その心を必死になって追いつづけた『二十七度線――沖縄に照らされて』(講談社現代新書)とならぶ名著である。

本書には一九五八年から半世紀におよぶ朝鮮半島と在日の人びとへの熱いまなざしと、日本人のみにくい差別の実相を、おりにふれて書きつづったエッセイが収録されている。「差別と美感覚」のつぎの文章は、日本人の朝鮮に対する歪曲された姿勢と心を的確に問いただす。

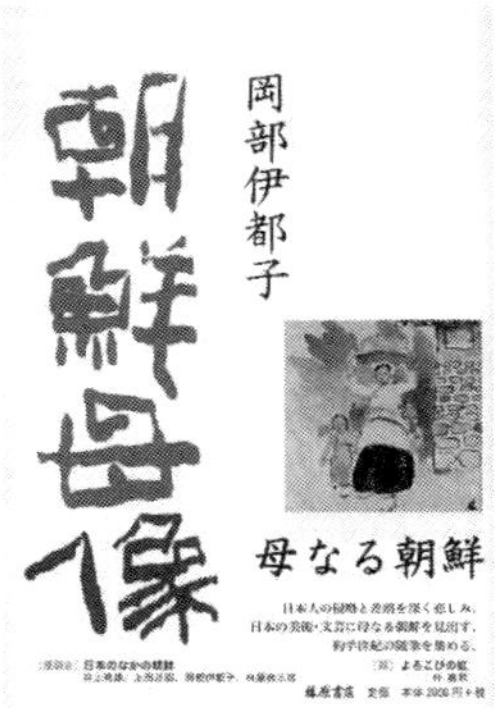

「高麗青磁や李朝白磁、井戸茶碗などに垂涎《すいぜん》の好事家《こうずか》が、現実の朝鮮人を蔑視迫害する例はよくある。日本人は、朝鮮人自身よりも深い愛着だといわれるほどに、これらの作品を熱愛しつつも、その作品にこもる朝鮮の魂や力や美感覚をみようとしない。生産

者としての朝鮮人をふみにじって、そのうるわしき作品を何でも奪おうとする侵略者でしかない。どうして、美しき仕事への愛着が、その仕事をする人への敬意とならないのか。人間を大切にして、より幸福になってもらおうと思わないのか。美感覚が人間観（人格）と分裂しているわれわれ日本人。これはおそろしい。美感覚は人格そのものでなくてはならない」。

柳宗悦《むねよし》や浅川伯教《のりたか》・巧《たくみ》兄弟に代表されるように、朝鮮の工芸品をこよなく愛し、そこに朝鮮民族の美意識を実感した日本人もいたが、多くの好事家の美感覚がいかにゆがんだものであったかは、著者が鋭く指摘したとおりである。

ある好事家に「見事な高麗青磁が手に入ったので、ご覧になりませんか」と招かれたことがある。すばらしい高麗青磁であったが、食事のおりに、朝鮮の人びとを愚弄する言葉を聞いて呆れたことがある。ものは所詮文物であって文化でもなければ芸術品でもない。あの高麗青磁を創作した作陶者を抜きにその美を実感することはできない。当然のことながら、朝鮮文化の美を生みだした創作者への畏敬の念がともなうはずである。私は即座にその美意識のゆがみを叱責した。

岡部伊都子さんは、華麗で「はんなり」という言葉がそのままあてはまる方であったが、たえず自らを問いただし、しかも他の人には優しい強靭な女人であった。とぎ澄まされた英知と感覚が一体化してのエッセイである。

本書のなかの「鳳仙花咲く」はその好例といってよい。大阪市生野区の李順子《イスンジャ》さんは、画家李景《イキョン》朝《ジョ》さんのよき妻であり、ブティックをいとなむ店主である。声調きわめて豊かでその歌才はなかなかのものである。大阪や神戸で「李順子、望郷を歌う」会が催され、さらに京都でも開催された。私も参加したが、岡部伊都子さんも聴衆のひとりであった。

著者はつぎのように名曲「鳳仙花」をうけとめる。「黙って聞いていると、何気なく可憐な鳳仙花の咲き移りを歌っているだけの歌だと思う。しかし、その真意は、数えきれない外圧にしいたげられつつ、自国の文化を守って生きてきた朝鮮民族が、花に寄せて無量の願いを歌った抵抗の歌なのだ」と。

さすがである。朝鮮民族の側に立って――どんなにつらい日々が流れようと、かならず芽をだし、花を咲かせる日があることを信じよう、熱く自由を求める魂は、この民族の冬もひそかに強靭に生きている。かならず、かならず、よみがえる春がくるのだ。――

なにげなく聞きすごしてしまう名曲「鳳仙花」を、『ふたたびよみがえる自立の日』を祈りこめた歌の重さ、日本人の想像もできない苦悩の歴史が映された歌」と著者は聞くのである。

京都市東山区大黒町正面に、古くは鼻塚とよばれた墳丘がある。本書のなかの「耳塚墳丘」でも、「相手かまわず殺させた秀吉への深怨が、朝鮮民族の心に沈んでいる。それは明治以来、朝鮮民族を苦しめた数かずの非道とともに、忘れてはならない日本の加害の歴史である」と断じてやまない。

慶長二年（一五九七）の丁酉《ひのととり》の倭乱（いわゆる慶長の役）はすさまじい侵略であった。敵の将兵の鼻を削いで塩漬けにして秀吉に送ったのである。相国寺の高僧西笑承兌《せいしょうじょうたい》の進言にもとづいて「鼻塚」を築くが、高名な儒学者林羅山が耳塚とよんで現在に及ぶ。対馬の藩儒雨森芳洲が名言したとおり、その侵略は大義名分のない「無名の師《いくさ》」であった。

井上光貞『日本古代国家の研究』

本書は東京大学教授であった井上光貞さんが『日本古代史の諸問題』（思索社、一九四九年）についで、岩波書店から一九六五年に出版された第二論文集である。井上教授の研究は日本古代政治史にとどまらず、たとえば『日本浄土教成立史の研究』（山川出版社、一九五六年）をはじめとする日本古代仏教史の考察においても、注目すべき業績を構築された。

学界にあっては井上さんと私は見解を異にするところがあって、『史学雑誌』の六十編十一号に発表された井上教授の「国造制の成立」に対して、私は『歴史学研究』二百三十号に「国県制の実態とその本質」を発表し、井上説の国造の下級組織としてのみ県主を位置づける「大化の改新」以前の地域行政説を批判したり、また日本古代の四～五世紀を、日本の「英雄時代」とみなす井上説（『日本国家の起源』岩波新書）についても反対を表明したり（「戦闘歌舞の伝統」、『芸能史研究』三号など）、互いに論争しあった仲であった。しかしそれは相互が畏敬していたからであって、反対のための反対ではなかった。秋田大学の学長であった新野直吉さんが『国造と県主』（至文堂）で、「単なる批判という性格のものではなく、すぐれた「創論」であった」と批評してくださったのを想起する。

『日本古代国家の研究』は第Ⅰ部「古代国家と氏族」、第Ⅱ部「七世紀の国制」、第Ⅲ部「古代国家形成の諸段階」で構成されており、一九五一年から六五年までに書かれた十七篇がその内容となっている。とくに第Ⅰ部の「帝紀からみた葛城氏」は井上さんならではの鋭い指摘であり、天皇家の系譜を中心とする「帝紀」研究に貢献した論文である。

さらに第Ⅰ部の「カモ県主の研究」は、京都の賀茂御祖《みおや》神社（下鴨神社）に伝えられている下鴨系図（下鴨社の社家系図）の精密な考察であって、カモ神社とカモ県主の関係を見事に論証した考察であり、古代の史料をいかに検討し活用するかを学ぶことのできる、今日もなおきわめて有意義な示唆にとむ論究であった。

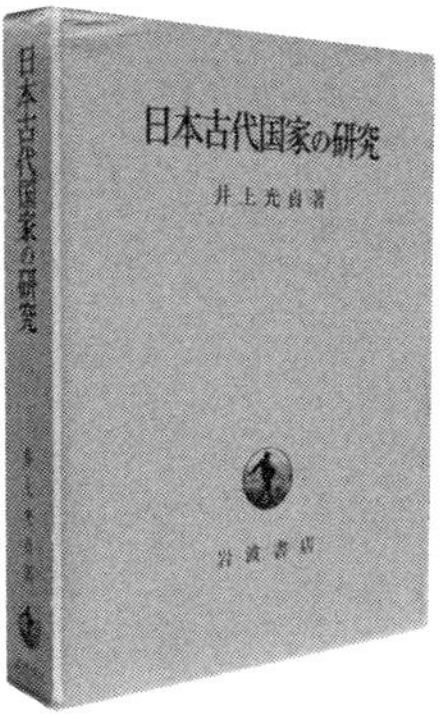

第Ⅱ部の「推古朝の国制とその発展」は、いわゆる冠位十二階の特質を明らかにして、大化の冠位の特質との対比があざやかに提示されている。

第Ⅱ部の「国県制の存否について」は、主として上田の批判に対する反論となっているが、お茶の水女子大学の青木和夫教授が

「解説」のなかで、「第三者の眼からみればやはり決定打ではないと思われた」として、「拳闘でも判定勝ちというのは判定者次第である」と書かれているのが興味深い。

第Ⅱ部の「日本における仏教統制機関の確立過程」は、日本古代仏教史に詳しい著者ならではの力作である。中国や新羅の仏教統制と日本古代の仏教統制の比較は新鮮であり、推古期の仏教統制から大化の仏教統制・日本律令の仏教統制までの発展のプロセスが東アジアの歴史過程との関連において明確にされており、今後の研究に寄与するところは多大であった。

第Ⅲ部は三論文を内容とするが、そこには著者自らの研究構想にもとづく古代国家の発展段階説を述べて、序章の「問題の所在」に対する解答になっているともいえよう。

本書は『井上光貞全集』(岩波書店)第一巻に収録されて入手しやすいが、初版のおりから好評で、かなり早く増刷となった。全集本で六五三頁におよぶ大著だが、現在でも日本古代史の名著のひとつである。

論敵でもあった井上光貞教授が、私の第一論文集である『日本古代国家成立史の研究』(青木書店、一九五九年)を、高く評価していただいたことを改めて想起する。その書評は『日本史の名著——書評にみる戦後の日本史学』(吉川弘文館)に掲載されているが、「上田氏の風土記における天皇巡幸伝説の研究は」、「地方伝承が宮廷に、宮廷伝承が地方に及んでゆく過程を歴史的に掘りおこした」ものとして注目し、私が井上さんの「国造制の成立」を批判した点に反論しながらも、第三部「律令天皇制の形成」にふくまれる「大化改新論」と「天智朝と天武朝」という私の論文を、「宮廷内の政権争いと、その背後に進みつつあった体制的変貌（官司制の展開）を巧妙に織りまぜながら、生き生きとえがきあげている」と評価すべきものはきちんと評価しての書評であった。

第四部の「古代豪貴族の系譜と思想」は、『万葉集』を〝ますらをぶり〟の文学とする見解を批判することに重点をおいた究明であったが、井上さんは「ますらをが多くの場合に四位・五位の官人たる『大夫』の文字であらわされる」とみなした私の見解を支持された。

現在の学界の動向は、個別的な研究が多く、かつてのような本格的論争は少ないが、『日本古代国家の研究』にはグローバルな論争の成果が反映されている。

大沢文夫

一九二二年生。名古屋大学名誉教授、大阪大学名誉教授。生物物理学。朝日賞。学士院会員。『飄々楽学』(白日社)『講座 生物物理』(丸善)『「生きものらしさ」をもとめて』(藤原書店)。

加藤一雄『蘆刈』

加藤一雄という人は一九〇五年の生まれで、生涯に二つだけ小説を書いた。富士正晴がその小説を読んで、こんなうまい小説に出会ったことがない、とどこかに書いていた。

それを見て何年かして、私は名古屋の古本屋で偶然、二つの中の一つ『蘆刈』を見つけた。読んだらはじめから終わりまでおもしろくてたまらなかった。その後の私の愛読書となり、ねどこの横の本立てにある。本を開いて、どこを何回読んでもおもしろい。

著者が生まれ育った大阪での少年時代から、京都で暮らして終戦を迎えるまでの約四十年間の身のまわりのできごと、多くの人々との交わりの物語である。著者より少し年上の遠縁の女性、幼いときのけががもとで頭が弱いが、おっとりしたお志乃ちゃんというひとといっしょに暮らしていて、この女性が主人公のようでもあるが、どうも架空のひとのような気がする。

物語の一コマ一コマがおもしろく悲しい。一コマそれぞれのどこまでが本当の話でどこからが作り話なのか私にはわからない。

その中の一つ、著者が大学を出て、京都の美術工芸学校の英語の先生になったときのこと。この学校は中学校に当たり、京菓子屋の子や茶碗屋の子らが来る。別に美術工芸の専門家になるのではなく、家業を継ぐので基本的な技術と必要な教養?を身につけるために来る。英語なんか好きなはずがない。京菓子屋は母一人子一人である。母が見ているとこれまでいやいや学校へ行っていたのが近頃は楽しそうにでかける。どうしてかときいたら、英語の先生が代って助かったのだそうである。秀才のきつい先生がやめて新しいゆっくりした先生になった。それはよかったというので母親は自家製の京菓子をもって、わざわざ東山の先生の家までお礼にやってきた。

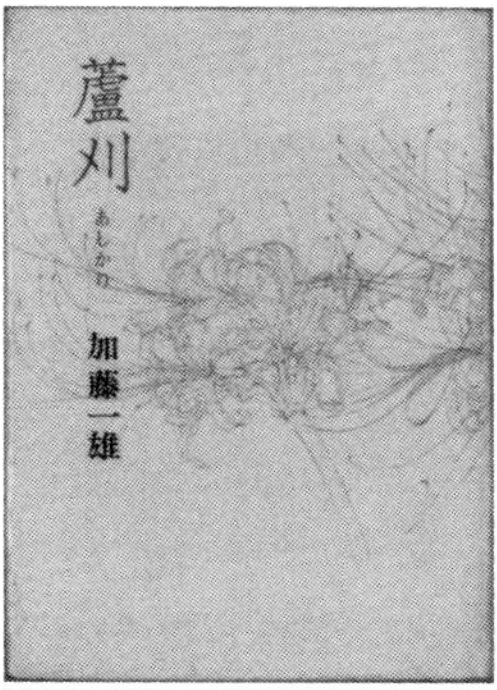

それにしても英語の授業はたまらん。茶碗屋の子は先生が何か質問をすると目を閉じてうんともすんともいわなくなる。春になって校庭の写生用のぼたんの花が咲いている。それを先生がぼんやり眺めていた。すると後ろから袖をひく子がいる。茶碗屋の子が何か丸いものを新聞紙に包んで、これ先生にあげるといって走っていった。へやに戻って新聞紙を広げるとそれは小さな急須

であった。形、大きさ、色、何ともいえず美しい、それにお茶をいれて飲むと気分がいい。先生の愛好品となった。どうせ茶碗屋の棚にならんでいるものの中から勝手にもち出したのだろうと思っていたが、よく見ると〝道八〟の作であった。

私は大阪の阪急宝塚線沿線の池田の生まれである。池田に阪急電車を作った小林逸翁の美術館がある。池田のとなりが豊中で、後年私が研究と講義に毎週三日通っていた大阪大学がある。私は池田をときどき散歩し、年に一回は逸翁美術館を訪ねた。たまたまあるとき、道八の作品が展示されていた。おまけに二階に京都美術工芸学校の生徒達の画集がおかれていて、一番上には木村重一という生徒の名前があった。逸翁はこういうものも蒐集していたんだとうれしかった。

そのころの美術工芸学校の生徒たちはちょうど戦争のはげしくなるころ徴兵され、出征した。京都師団はビルマ（現ミャンマー）へ送られ、多くは帰らなかった。京菓子屋は一人息子を失い、消えてしまった。

この小説に出てくるいろいろの風景、楽しく美しい、そして悲しくなる風景には今は出会うことがない。

終戦まではこの国の若者たちは戦争のために、そして病気、主に結核のために次々に亡くなっていった。終戦後は若者たちは死ななくなった。そのうち何か別の異変がおこるのではないか、という一文がある。

話は戻るが著者の小学校時代、よみ書き、算数がいかに楽しいものかを教えてくれたいい先生がいた。お志乃ちゃんはうちのクラスにもいい先生がいたし、よくできる正ちゃんなんかがいたという。正ちゃんは後年理論物理学の泰斗になられたとある。私はこれは私の学生時代の卒研ゼミのK先生のことだとわかった。そこでK先生にここに先生のことが出てますから読みませんかといって私の『蘆刈』を貸してあげた。ところが先生全く関心がなく何の反応もないうちに、亡くなってしまい、私の本は行方不明となった。物理の大先生にはこんな小説なんか何の興味もないらしい。

私は、名古屋大学のわれわれの研究室の大学院を出て今は東京近くの理研で働いている武藤悦子さんに、東京の古本屋で『蘆刈』を探してほしいと頼んだ。どうしても見つかりませんでしたという答えであったが、彼女は図書館へ行って全文の写しをとり、それを和綴じの上巻下巻二冊の本に仕上げ、それぞれ美しい表紙をつけて私に贈ってくれた。今私のねどこの横にあるのはその本である。

羽生善治『挑戦する勇気』

これは将棋の羽生さんが二〇〇二年夏、朝日ジュニアサマースクールで小中学生を相手に行った三部からなる講演に、そのあとの親も加わっての問答の記録を加えた本である。このとき彼は三十二歳であった。

第一部「棋士になるまで」によると、彼は小学三年でアマ初段となり、五年のときプロへの道を歩きはじめ、中学三年でプロ四段となった。異例の速さである。アマ初段になったとき父親が立派な脚のついた将棋盤と駒台、駒一揃いを買い与えた。その後約六年を経て、その将棋盤の裏に父親が墨で「善治四段おめでとう。昇段を記念すると同時に、善治、百合子兄妹の健やかな成長を祈願する、何年何月吉日、父……母……」と書いた。そこに兄妹二人の名が記されていることに感心した。

羽生さんの講演の後「現在小四でプロ棋士をめざしている息子の母です。親として子どもにどう声をかけてやったらいいのか見当がつきません」という問いがあった。答えは「それはもう温かく見守るしかないんです。親としてはつらいと思います。……心配はつきないですよね。」この答えがすらっとでてくる羽生さん、そこには自身に沁みこんだ想いがにじみ出ている。

もう一つの質問「野球が好きでプロになりたいと夢を見ている割にはがむしゃらに練習することがありません。どうしたらやる気をおこさせることができるでしょうか。」への答えは「本人がその気になるまで待つしかないと思います。その日は来ないかもしれませんが。一日七、八時間将棋を指していても平気な子がたくさんいます。……好きこそものの上手なれなんです。」

羽生さんには血のにじむような努力という様子は全く見えない。すべては〝好き、おもしろい〟の中に吸いこまれてしまった。

第二部「将棋は日本で面白くなった」は平安時代にその原型が伝来して江戸時代の初めに現在の形の将棋が完成する過程に日本人らしさが色濃く反映されているという話である。何といっても最高の発明は「敵の駒を取った後、それを自分の駒として再利用できる」である。これは特定の偉い人によって決められたのではなくて、みんながあれこれ考案試行しているうちに広く採用されたもののようである。このやり方のおかげで一局の勝負は短時間のうちに明快にいいわけのできない形で決まり、将棋はスピードとスリルのある遊びになった。それが日本人の性格に合っていた。日本人は実は引き分けを好まない、いいわけも好まない、よくいえば潔いのであった。

二十年前にはわが家の近くの長屋の中の一軒は週末には将棋の席となり、大ぜいがたくさんの将棋盤をはさんで対局しているのが外から見えた。まさにスピードとスリルを楽しんでいたのである。マンションだらけになった今、あちこちにあったああいう場所はどうなってしまったのか。

歴史の最後のところのおもしろい話を一つ。江戸時代には将棋に家元制度があった。それは明治に入って消滅した。白黒のはっきりする将棋の性格は家元制度と相性が悪い、とある。なるほどと思った。逆にいうと白黒のはっきりしないところには〝家元〟が生まれやすい。いろいろ連想したくなる。

第三部「知識から知恵へ」では将棋の研究を進める手順が話さ

れている。安易に勝ちを求めていては進歩はない。いつも新しい指し方に勇気をもって挑戦したい。標準的には①新しい指し方を考え、②それに関連する過去の史料を調べ、検討した上で、③実戦に適用し、④その結果を解析し、反省を加えて次の段階へ進むのである。ここではどうしても自分の学問（生物物理学）の場合と重ね合わせて考えたくなることばかりである。

その例を一つだけあげるとすれば羽生さんの話に〝まず結末を設定してそこに至る道筋を考える〟という方法がでてくる。思えば私もそういう方法を何度か採った。〝物理はイマジネーションだね〟という言葉がある。その想像が正しい方向に向かっていれば現実は想像をはるかにこえて先へ進むことを経験する。今も私は結末を想定してそこへ至る道筋を摸索している。

工学・医学ではそういう方法をしばしば採用しているであろう。人文科学ではどうか？

羽生さんは将棋はこの二十年の間に格段の進歩をしたという。将棋は今後さらに大きく進歩すると確信している。あんなせまい空間でそれぞれ決められた動きしかできない少数の駒を使う将棋である。その自信に感服する。自然を相手に、生きものとは？と問う私たちに行きづまりなどあるはずがない。

講演会での質問の最後は小六男子からの「次の目標はなんですか。」で、羽生さんの答えは「長く第一線で活躍することです。」であった。

三木成夫『胎児の世界――人類の生命記憶』

著者三木成夫氏は医学解剖学の研究者で、東京芸術大学の教授となり、そこで「胎児の世界」の講義を行なった。講義を始めて十年近くを経て、本書の制作にとりかかったとのことである。ここには著者自身の研究の経過と成果、そして胎児に再現する太古のおもかげが熱情をもって語られている。ヘッケル（一八三四―一九一九）は有名な言葉「個体発生は系統発生の短い反復である」を残した。研究を進める著者の背後には常にこの言葉があったようである。

本書のハイライトはヒトの受胎後三十日をすぎてから四十日目に至る間の胎児の顔を写した画である。胎児は中絶の手術のときにえられ、固定し保存されている。しかし丸まっていて顔は見えない。著者はそれを正面から顔が見えるようにして顕微鏡下で写生した。

受胎後三十二日目体長は小豆粒大である。目に当たる構造は横にあって正面からは見えない。鼻に当たる構造は二つ正面から見えるが横を向いている。えらと口に当たる横の切れこみが顔から首にかけてある。三十四日目になると眼は相変わらず横にあるがかすかにレンズが現われ、鼻は正面中央に寄ってくる。ここまでが魚類から両生類にかけての顔で、三十六日目には爬虫類の顔となり、三十八日目には哺乳類の顔となる。四十日目には体長は約二十ミリでもうヒトの顔に近く、既に頭は大きい。

本書には現存する古代魚ラブカ、古代爬虫類ハッテリア、古代哺乳類ミツユビナマケモノの顔の写真が掲載されていて、それらがそれぞれ対応する胎児の顔とよく似ている。

胎児は一週間の間に生物進化一億年以上のときをすごす。ヘッケルのいう通りである。

著者はヒトの胎児の研究に入る前、ニワトリの卵で孵化の過程をしらべていた。受精卵を暖めて何日目かニワトリの胎児は魚類としてのときをすごすはずである。著者は墨汁を注入して血流をしらべ、ある内臓（脾）の位置の移動が四日目におこることを見つけた。これが〝上陸〟のときであった。

著者はあとで著名な動物発生学者ニーダムがすでに一九三〇年に同様の発見をしていたことを知った。彼はニワトリの胚の乾燥粉末で窒素化合物を分析した。はじめアンモニアが増えて、四日目にはピークに達し、それが減少するとともに尿素が急激に増加する。これは排泄物が魚類型から両生類型に変わったことを意味する。ヘッケルはいつも正しい。

ここで余談を一つ。私はニーダム夫人と研究上の縁があった。夫ニーダム博士がケンブリッジのカレッジの一つの長であったので彼女は私をそのカレッジの彼の住居へつれて行った。彼はカレッジの全学生達と一緒のいささかフォーマルな食事に誘ってくれた。彼は発生学研究後、中国科学史の研究に没頭し、ちょうど何巻にも及ぶ大著を完成したところで彼の書斎の机の上に分厚い本が積まれていた。動物発生学と中国科学史、彼の心の奥ではこの一見かけはなれた二つの研究に重なり合うところがあったような気がする。

この『胎児の世界』には「人間の生命記憶」という副題がつけてある。われわれヒト一人一人は生物の数億年の歴史の跡を内蔵する。（脳ははじめに作られた中核の上に新しい層が次々にタマネギの皮のように重なってできるものらしい。過去のすべての要約が保持されているかもしれない。）

われわれは何かに出会ったとき、突然、同じことにいつかどこかで確かに出会った、それがどこかは思い出せないし、生まれる前のことかも知れないと感じることがある。著者はそれを「生命記憶」のせいであるという。そして生命記憶の回想の例として折口信夫の「妣《はは》が國へ・常世《とこよ》へ」と題する文章を引用し、著者自身のいくつかの経験を語っている。また欧米人は生物闘争の姿を、日本人は生物共存の姿を生命記憶としてもっているのではないか。それが両者の生命観のちがいにつながったのであろうという。

生命記憶の根源に生物のリズムがある。海に生まれた生物は月のリズムを体得し、次いで日のリズム、そして四季のリズムに自らのリズムを重ねた。「花鳥風月のこころ」という言葉がある。風月は自然であり、花鳥は生物であるが自然の一部でもある。このこころをリズムと置きかえると大自然と小自然のリズムは共鳴する。生物はこころの中で自然との共感を意識する。（本書にはヒトだけがこの共感を〝意識〟できるとある。私はこの「ヒトだけが」を「すべての生物が」と思い

たい。）

胎児は早くから母親の血流のリズムをきき、あるときから母親のもつ日々のリズムを感じるであろう。いつかテレビで若い妊娠中の女優さんが、「おなかをポンポンと二回たたくと、中の子が返事をしてとんとんと二回手足を動かすんです。三回は無理みたいですが、」と話していた。胎児の日々をさかのぼっていくと、いつごろ意識が生まれ、こころが生まれるのか。そんなことを知りたくなる。

中川芳子『故地想う心涯なし』

（一）「滅悪山脈」

著者は京城で育ち、天津で結婚、夫の出征のため幼子二人と京城に戻り、北朝鮮瑞興に母子で疎開した。間もなく敗戦と知ったときにはソ連軍が入り、朝鮮人民委員会の支配下に日本人は移動禁止となった。京城の父に頼まれ母子救出のため三人の朝鮮人が来た。京城への危険を覚悟の旅が始まる。

なんとそのとき彼女は母子連れで人民委員会委員長に脱出を見逃がしてくれと直接交渉した。相手のいくらかの善意に賭けた。朝から夕暮れまで粘って遂に相手は〝黙認する〟といった。ほっとして帰ると京城からの三人はそんな言葉は信用できないと無視した。

暗くなるとともに出発し、街道から外れて瑞興江の流れを渉り、父の会社が開墾植樹した広大なリンゴ畑を走り抜け、山路にかかって更に駆けた。背中の子が泣くと、ソ連軍の監視所から銃弾が飛んでくる。山へ向かって走り続ける。雨の中精根尽き果て倒れ眠った。

夜が明けると六人は岩山の途中にひっかかったようにねていた。一軒の家を見つけた。温突《オンドル》のある広い一間だけの老夫婦の住居であった。そこでまた眠った。老婆がかまどで御飯をたいた。緑と赤の豆のたくさん入った混ぜ御飯であった。大きな鉢に一ぱい盛って一人一人に渡した。食べ終わると鉢にお湯を入れる。いい香りの重湯となる。それを飲んで食事は終わる。

老人は長いキセルでゆったりとタバコを吸いながら、若い母親に話しかけてきた。

「女のタバコのみはつまらない
　ひげがないから……

このばあさんの煙を見なさい
ただ真っすぐでそっけない
しかしわしのタバコの煙はどうじゃ
この白いひげにからみもつれ
実にさまざまの形になるじゃないか
それは龍のようにも見えるし

荒野の中に立つ
石人のようにも見える……」
母親は解ったと何度もうなずいた。涙があふれた。この老人にとって母子がどこの国の人か、客人はどこからどこへ行くのか、どうでもよかった。縁あって泊っていく。老人は優しい顔をしている。幼子は老人に甘えて、戸外にころころと落ちてくる栗の実を焼いてくれとせがむのであった。
風が吹いて雨は上がった。明日はあの山を越えねばならない。先にはつらく長い野宿の旅がある。ここでこの物語は終わっている。

(二)「蜘蛛が顔を顰める時と私」

日本に帰った彼女は幸い京都郊外の一乗寺に住むことになった。そこには自然が一ぱいあった。近くの谷は季節になるとコアジサイの花が一面に咲き、それが終わると生まれ変りのようにルリシジミ蝶が舞う。

友達と里山を歩きまわった。花や鳥の名が次々に限りなく出てくる。鳥の声がそれぞれ見事に表現される。彼女が自然の中に溶けこんでいるからであろう。

彼女は庭に巣をかける蜘蛛《くも》が好きであった。誘われて茸《きのこ》研究グループに加わって京大演習林へ行った。夜、一年中留守番をしている男の人の部屋を訪ねた。話しの途中、彼は立ち上がり、手に蜘蛛をのせて来た。本体は豆粒よりも小さく、八本の脚は掌一ぱいに拡がっている。冬、雪が深くなる年はこの蜘蛛の脚が長いのです。必ず当たるから不思議です。話しが終わると蜘蛛はどこかへ消えた。

やがて宅地開発の波がおしよせ、コアジサイの谷は荒れはて、蜘蛛の巣は汚くなった。

新聞に毒蜘蛛上陸の記事が出た。蜘蛛は人を襲うとき顔を顰《しか》めるとあった。彼女はその顰め面を見たいと思った。折から伊藤若冲の展覧会が開かれた。若冲なら蜘蛛も描いているにちがいない。展覧会を見てまわり、重い画集を買って帰った。蜘蛛はいたが顰め面はなかった。ところが画集の終わりに、針の先に糸を通そうと難渋している羅漢の顔があった。彼女はこれこそ蜘蛛の顰め面だと感じた。羅漢といえども衣がほころびれば針に糸通して縫わなければならない。蜘蛛も食足りなければ一日に五回も巣をかけ直さなければならないこともある。自然にまかせて生きるとき、羅漢も蜘蛛もいく度も難儀なときをすごす。人も同じである。

ここで私は「滅悪山脈」の老人を思う。あの安らかな暮らしをし、美しい風貌となるまでに、難儀なことがいっぱいあったであろう。あれから、いつかあの温突の家に嵐が来たかもしれない。

著者は若いとき、大陸へ、その奥へという憧れをもっていた。後になって現実の国としての行為との乖離に気づかされて以来、溶け難い何かを心に抱いてきたようである。

それはそれとして、私は、著者の自然への愛着の想いに惹かれ、この文を書きたかったのである。

岡田英弘

一九三一―二〇一七。歴史学。著書『世界史の誕生』『日本史の誕生』（以上、筑摩書房）『モンゴル帝国から大清帝国へ』『岡田英弘著作集』（全八巻）（以上、藤原書店）。

ヘーロドトス『ヒストリアイ』

私にとっての名著四冊を選ぶとしたら、何よりもまず、紀元前五世紀にギリシア語で書かれた世界最古の歴史書、ヘーロドトス著『ヒストリアイ』を挙げなければならない。

私は、二十七年間奉職した東京外国語大学アジア・アフリカ言語文化研究所を定年退職する前年、一九九二年に六十一歳で『世界史の誕生』（筑摩書房）を刊行した。この本では、ヘーロドトスの歴史観と、司馬遷著『史記』の歴史観を比較して、これが歴史だ、と考えられるものは、文明によって異なることを論じた。つまり、ヘーロドトスは、定めなき運命の変転を記述するのが歴史である、と考えたのに対して、司馬遷に始まるシナ文明の歴史は、皇帝の権力の起源とその継承を語るものなのである。

ヘーロドトスは、歴史家としての私の人生と学問に多大な影響を与えた、いわば恩人の一人だが、私がヘーロドトスにはじめて接したのは、昭和二十五年（一九五〇年）に旧制東京大学の文学部東洋史学科に入学した直後で、青木巌の翻訳によると思う。当時は書物を購入する金がまったくなかったので、おそらく図書館ででも借りて読んだのだろう。

昭和三十四年（一九五九年）、二十八歳になった私は、フルブライト奨学金を得て、アメリカ合衆国シアトル市のワシントン大学極東ロシア研究所に留学した。ようやく買えた英語版の『ヒストリアイ』、Herodotus, *The Persian Wars*, translated by George Rawlinson, The Modern Library, New York. は、何度も読み返し、今も大切にしている。

帰国後しばらくして刊行された、松平千秋訳『歴史』上・中・下（岩波書店、一九七一、七二年）は正確な全訳で、つねに手元にあり、拙著の引用にはこれを使った。

とにかく書かれている内容がじつに多彩で、想像力をかきたてられる。ヘーロドトスが書き残さなかったら、人類に知られなかっただろうことばかりである。彼は序で、「人間界の出来事が時の移ろうとともに忘れ去られ、やがて世の人に知られなくなるのを恐れて、自ら調査研究したところを書き述べた」と言い、自著に「研究」という題名をつけた。こうして、それまで「研究」とい

う意味しかなかった「ヒストリア」というギリシア語に、「歴史」の意味が加わった。まことに「歴史の父」と呼ぶにふさわしい人物である。

ヘーロドトスは、紀元前四八五年頃、アナトリア半島の西南端のエーゲ海に臨む町ハリカルナッソスに生まれた。父は土着の名門のカリア人、母はギリシア人であった。僭主（テュランノス）によって町を追放されたヘーロドトスは、ギリシアのサモス島に移ったという。その辺が確かでないのだが、彼の大旅行はこれから始まったらしい。本書によれば、ヘーロドトスは、当時のギリシア世界の端から端まで、北は黒海北岸のスキュティア人の国から、東はバビュローンの町まで、南はエジプトのナイル渓谷まで行っている。この旅行の経験が、『ヒストリアイ』の叙述の基礎をなしているのである。

その後、ヘーロドトスは、アテーナイに滞在した。当時のアテーナイはペリクレースの盛時で、その文化サークルに所属したヘーロドトスは、特に悲劇詩人ソポクレースに親しんだという。ペリクレースが前四四四年に発案して推進した、南イタリアのトゥーリオイ植民にヘーロドトスも参加して、やがて同地で死んだ。

『ヒストリアイ』は、今の本では九巻に分かれているが、これは原本の姿ではない。しかも、『ヒストリアイ』は、ギリシア人がギリシア語で書いた最初の歴史なのに、書いてあるのはペルシア帝国の歴史だけで、リューディア王国やメーディア王国も、エジプトの歴史も、リビュア（アフリカ）の事情も、すべてペルシアとの関係で語られるのである。

中央アジアの遊牧騎馬民である、マッサゲタイ人やスキュティア人やイッセドネス人の習俗も、キューロス王やダーレイオス王の遠征にともなって叙述される。

本題は、ペルシア帝国のギリシア遠征である。前四八〇年、クセルクセース大王は百七十万の大軍を自ら率いてギリシア遠征に出発、ペルシア軍はギリシア本土に侵入し、テルモピュライの戦いでギリシア同盟軍を破って、アテーナイの町を占領した。ギリシア人の運命も窮まったかと見えたとき、サラーミスの海戦でペルシア艦隊は敗れて、クセルクセース王はアジアに引き揚げる。これをもって『ヒストリアイ』は終わる。

ヘーロドトスが叙述したかったのは、強大なペルシアに対して、統一国家ですらない弱小のギリシア人たちが、いかにして奇跡の勝利を収めたか、ということだった。本書が地中海文明最初の歴史書だったために、アジアとヨーロッパの対立こそが歴史の主題であるという歴史観が生まれた、と私が気づいたのは、ずいぶん年を重ねたあとである。

「ヨハネの黙示録」

世界中の人々の歴史認識にもっとも影響を与えた書物といえば、なんといっても「ヨハネの黙示《もくし》録《ろく》」である。「ヨハネの黙示録」は、今は『新約聖書』の一番最後に入っているが、その文章はきわめて難解であるので、これがどういう意味をもつものなのか、歴史をふり返って跡づけてみたい。

『聖書』はもともとユダヤ教徒の聖典で、原文はセム語系のヘブル語で書かれていたが、ローマ時代になって、ヘブル語よりもギリシア語のほうが得意なユダヤ人が増えてきたので、『新約聖書』も、ローマ帝国の東方領の公用語であるコイネー・ギリシア語で書かれている。

ユダヤ教は、紀元前七世紀に誕生した。このころパレスティナには二つのイスラエル人の王国が共存していた。北部のイスラエル王国は、前七二〇年になって、アッシリア帝国に攻め滅ぼされ、その十部族の人々は、帝国の各地に移住させられて消滅した。パレスティナには、南部のユダ王国だけが残った。

アッシリア帝国は、前六二七年に滅亡した。これを好機として、ユダのヨシヤ王は、アッシリア領であったパレスティナ北部を奪い返し、前六二一年、イェルサレムのヤハヴェ神殿の修復を行なった。このとき、神殿から「申命記」の写本が発見された。その内容によると、イスラエルの民は、ヤハヴェ神と契約を結び、他の神々を信仰しないと誓ったのに、契約に背いたので、ヤハヴェはイスラエルに怒っており、罰としてイスラエルを滅ぼそうとしている、というのである。これはじつは同盟契約の新解釈で、滅ぼそうというイスラエルは、百年も前に滅びたイスラエル王国のことであったが、ヨシヤ王は「申命記」の預言をまじめに受け取った。全国で神々の神像や祭壇が破壊され、祭司たちは追放された。こうして一神教王国が誕生した。

しかしそのかいもなく、それからわずか三十五年でユダ王国は滅亡する。前五八六年、新バビロニア帝国のネブカドネザル王がイェルサレムを攻め落とし、ヤハヴェの神殿を破壊し、ユダ王国の民をバビロニアに連れ去った。バビロニアに移されたユダ王国の遺民は、それから半世紀のあいだ、捕囚の生活のなかで、種族の独自性を持ちこたえた。

前五三八年、新バビロニア帝国がペルシア帝国に倒されると、パレスティナにもどることを許されたユダ王国の遺民は、イェルサレムにヤハヴェの神殿を再建した。

それからいろいろあったが、紀元四四年、ユダ王国は最終的に廃止され、ユダヤはローマ帝国の属州になった。しかし、ローマ帝国の国教である皇帝崇拝と、ユダヤ人の、ヤハヴェだけを信仰する者がユダヤ人であるという教義は両立しなかった。ユダヤ人は何度もローマに反乱を起こし、ついに紀元七〇年、イェルサレムは攻略されてヤハヴェ神殿は破壊された。

この直後の紀元九六年ごろに「ヨハネの黙示録」が書かれている。
つまり、「ヨハネの黙示録」は、ローマに対するユダヤ人の憎悪が最高潮に達したときに書かれた文献であるので、ローマを呪い、ローマに屈服したユダヤ人仲間を糾弾する語調が激しいのは当然である。

「ヨハネの黙示録」には、善の原理である「主なる神」と、悪の原理である「サタン」という、二柱の偉大なる神が現れ、世界はこの二神の戦場であるということになっている。これはペルシアのゾロアスター教の思想そのままで、ユダ王国に対するペルシア統治の深い影響がしのばれる。

「ヨハネの黙示録」では、十字架にかけられて死んだイエスが復活し、白馬に乗って天の軍勢を率いて登場すると、サタンは打倒され、千年の間閉じこめられる。イエスが統治する至福の千年ののち、第二の復活があり、サタンは最終的に打倒され、あらゆる死人は神の御座の前に裁かれ、イエスをメシヤ（キリスト）と認めないユダヤ人は第二の死をもって罰せられる。古い天地は消え去り、新しいイェルサレムが天から下って、神の僕たちが世々限りなく支配する。つまりこの世界の歴史は終わる、ということになっている。

三九二年、キリスト教がローマ帝国の国教と定められると、ユダヤ教イエス派はそのままキリスト教になり、その聖典の『新約聖書』はキリスト教の聖典になった。「ヨハネの黙示録」もローマ帝国の運命を預言したものと受け取られ、ヘーロドトスの歴史の、ヨーロッパ対アジアの対立抗争の構想と重なって、ヨーロッパは主なる神の軍勢でありアジアはサタンの軍勢である。アジアを打倒するのがヨーロッパの神聖なる義務である、ということになってしまった。この思想は、現在にいたるまで強固に存在している。

今でもトルコがEUに加入を拒否され、ギリシアがユーロ圏に留まることが希望されるのは、この思想のあらわれである。そして日本が露骨に警戒されるのも、日本がアジアの国であり、サタンの僕であるという、明白な論拠に基づいているのである。

司馬遷『史記』

司馬遷は、紀元前一三五年、陝西《せんせい》省の韓城《かんじょう》県の龍門山《りゅうもんざん》に生まれた。前一二四年、十歳で漢字の古《こ》文《ぶん》（秦《しん》の始皇帝《しこうてい》が文字を改革して秦篆《しんてん》をつくる前の古い文字で書かれた書物）を読み習った。前一一四年、二十歳になると、司馬遷はこのころには珍しく、長途の旅行に出る。南方の長江《ちょうこう》・淮河《わいが》を周遊し、会稽《かいけい》山《ざん》（浙江《せっこう》省の紹興《しょうこう》市の東南）に登って、禹《う》（夏《か》の始祖という神）が入ったという洞穴を探検し、九疑山《きゅうぎさん》（湖《こ》南《なん》省の寧遠《ねいえん》県の南。帝舜《ていしゅん》を葬ったという伝説がある）を眺め、沅江《げんこう》（湖南省）・湘江《しょうこう》（湖南省）を航行し、北方にもどって、汶河《ぶんが》（山東《さんとう》省）・泗河《しが》（山東省）を渡り、斉《せい》の都（山東省の臨淄《りんし》）・魯《ろ》の都（山東省の曲阜《きょくふ》）で学問をして、孔丘《こうきゅう》（孔子）の残した学風を偲び、鄒《すう》県の嶧山《えきざん》で郷射《きょうしゃ》の礼（地方官が民を集めて弓矢を射させること）に参加し、蕃《はん》県（山東省の滕《とう》県）・薛《せつ》県（滕県の東南）・彭城《ほうじょう》県（江蘇《こうそ》省の銅山《どうざん》県）で困窮し、梁《りょう》（河南《かなん》省の商丘《しょうきゅう》県）・楚《そ》（河南省の淮陽《わいよう》県）を経て、故郷に帰った。

司馬遷はそこではじめて漢《かん》の武帝《ぶてい》に仕えて郎中《ろうちゅう》（近侍の官）になった。

前一一一年、武帝は西南夷《せいなんい》（雲南省・四川省南部・貴州省西南部に住む非漢人）を定め、五郡を置いた。同じこの年、司馬遷は命を受けて西方の巴《は》（四川《しせん》省の重慶《じゅうけい》）・蜀《しょく》（四川省の成都《せいと》）以南に行き、西南の邛《きょう》（四川省の西昌《せいしょう》）・笮《さく》（四川省の漢城《かんじょう》県）・昆明《こんめい》（雲南《うんなん》省）をめぐり、帰って報命したという。司馬遷がこの西南夷征服作戦にかかわっていたことがわかる。

その翌年の前一一〇年、武帝が山東省の泰山《たいざん》に登って天地を祭る「封禅《ほうぜん》」の盛儀を執り行なったとき、司馬遷の父司馬談《しばだん》は史官の長である太史令《たいしれい》で、天官《てんかん》（占星術）を司っていたが、この盛儀に参加を許されず、洛陽《らくよう》（河南省）に滞在してこれを憤っているうちに、たまたま司馬遷が西南夷からもどってきたのと出逢い、後事を託して死んだ。

司馬遷は二年後の前一〇八年、二十八歳で太史令となった。

さらに四年後の前一〇四年、武帝は太初《たいしょ》という年号を建てた。これは、この年の陰暦十一月（子の月）の朔が、六十干支の最初の甲子の日であり、しかもこの日の夜明けの時刻が冬至であるという、シナの暦学でいう「甲子朔旦冬至《かっしさくたんとうじ》」という、宇宙の原初の時間と同じ状態が到来したからである。この記念すべき年に、今や太史令である司馬遷らの建議によって暦法が改正されることになり、「太初暦《たいしょれき》」がつくられて、それまで年頭であった十月（子の月）に代わって正月（寅の月）が年頭になった。

司馬遷は、これと同時に『史記』の著作を開始したのだが、それから五年後の前九九年、漢と敵対した草原の匈奴《きょうど》帝国に降った将軍李陵《りりょう》を弁護して、司馬遷は武帝の怒りに触れ、去勢されて宦官になった。日本の小説家のなかには、この事件を大いに書き立てて、『史記』著作の原動力とする人もいるが、じつは司馬遷はこの年までに著作をあらかた書き終えていた。『史記』は前九七年に及んで終わる。司馬遷がいつ死んだかはわからない。

『史記』は「歴史の記録」という意味だと一般に誤解されているが、これは本来の題名ではない。「史」という漢字は、「中」と「又」とを合わせたもので、「中」は文書入れの器の形、「又」は口をつけると「右」になることでも分かるとおり、右手の形である。つまり右手に文書入れを持つ人が「史」なので、一般に書記官を「史」といった。たとえば州の長官を「刺史《しし》」というようなものである。だから『史記』は「書記官の記録」という意味であって、「太史令であった司馬遷が記したもの」に過ぎない。「史」が「歴史」の意味になるのは、『史記』の著作以後のことである。それに『史記』が『太《たい》史公書《しこうしょ》』と呼ばれていたことは、本書のなかに明証がある。

『史記』は、「本紀《ほんぎ》」「表《ひょう》」「書《しょ》」「世家《せいか》」「列伝《れつでん》」の五つの部分に分かれているが、これはシナ史ではない。世界史である。しかし、ヘーロドトスの世界がペルシア帝国の勢力の及んだ範囲であるのと違って、本書が描くのは、漢の武帝の勢力が及んだ範囲の世界である。『史記』は『漢書《かんじょ》』以来、後世の「正史《せいし》」の標準とされ、このあと『史記』にならって多くの史書が著されたが、『史記』

こそが、今にいたる問題の根源なのである。「天下《てんか》」（世界）にはいつでもただ一つの「正統《せいとう》」があって、この「正統」を守ることが「伝統《でんとう》」であり、守らなければ「革命《かくめい》」で、天命が取り去られる。この観念がシナ史に及ぼした影響は甚大で、現在の中華人民共和国が、国際的に承認された満洲帝国を「偽満洲国」と呼び、台湾の中華民国の生存権を決して認めようとしないのは、まったくこの正統論のせいである。

司馬遷は中国の「歴史の父」とされているが、紀元前一〇〇年ごろに『史記』を書いたときには、そんなことになるとはつゆ思わなかったに違いない。

『日本書紀』

西暦七九七年に完成した『続日本紀《しょくにほんぎ》』巻八には、七二〇年（養老四年）、当時の日本国の玉座に坐っていた元正《げんしょう》天皇（女帝）に、一品舎人《いっぽんとねり》親王が、かねて勅を奉じて修めていた『日本紀』三十巻・『系図』一巻を、功が成って献上した、とある。これが今に伝わる『日本書紀』である。

著者の舎人親王は、『日本書紀』の天武《てんむ》天皇の条に、天武天皇の次妃新田部《にひたべ》皇女が生んだことが見える。実際の経歴としては、『続日本紀』の文武天皇の慶雲《けいうん》元年（七〇四年）の条にはじめて名前が見え、聖武《しょうむ》天皇の天平《てんぴょう》七年（七三五年）に薨じたこと、天武天皇の第三子であったことが記される。元正天皇の時代には、舎人親王は皇親の最年長であり、伯母の持統天皇の、自分の腹を痛めた草壁《くさかべ》皇太子、その長男文武《もんむ》天皇、さらにその長男である聖武天皇の系統をもり立てようという熱心さに協力したことで、大きな勢力を持ったようである。

しかし『日本書紀』の編纂は、それよりはるか以前に始まっていた。すなわち『日本書紀』自体の天武天皇十年（六八一年）の条に、草壁皇子を立てて皇太子としたことに続いて、川嶋《かはしま》皇子（天智天皇の子）を長とする皇族六人、大臣六人の委員会を組織したこと、帝紀および上古の諸事を記し定めさせたこと、中臣連大嶋《なかとみのむらじおほしま》（のちに藤原朝臣《ふじわらのあそみ》大嶋）らが自ら筆を執って録したことが見える。それから三十九年を経て、草壁皇子の娘の元正天皇、すなわち天武から数えて四代あとの天皇の代になって、ようやく完成したのである。

実は、『日本書紀』が編纂されていたこの三十九年間は、日本国というものが創られつつある時代であった。すなわち六六八年、天智天皇が近江京で即位して、最初の日本天皇になった。さらに六七一年、大友《おほとも》皇子をもって太政《だいじょう》大臣とする内閣を組織し、左大臣・右大臣・御史大夫を任命し、冠位・法度のことを施行した。ところが天智天皇がこの年の十二月に亡くなったので、翌年、後継者の大

友皇子に、皇弟大海人皇子《おほしあま》が奈良で兵を挙げて叛き、壬申《じんしん》の乱が起こった。大友皇子は自殺し、六七三年に大海人皇子が即位した。大海人皇子が天武天皇である。

この時期に最初の国史が編纂され始めたのだから、編纂のパトロンである天武天皇・持統天皇夫婦の意志が『日本書紀』に強く反映されていることはもちろんである。

まず第一に、『日本書紀』の第一・二巻（神代）に現れて重要な役割を演ずる天照大神《あまてらすおほみかみ》だが、この神は壬申の乱ではじめて天皇家と接触したらしく、二十八巻（天武天皇上）には、反乱を起こして亡命中の天武・持統の夫婦が、伊勢の朝明《あさけ》郡の迹太《とほ》川の辺《ほとり》で天照大神を望拝したとある。

続いて第三巻（神武《じんむ》天皇）に至ると、この天皇の即位がすなわち日本の建国になっているが、その即位の年の紀元前六六〇年が重要になる。この年は、実は倭国のタカラ女王（皇極《こうぎょく》＝斉明《さいめい》天皇）が崩御した六六一年から数えて一三二〇年前である。この年は辛酉《しんゆう》に当たり、「辛酉革命」という古代シナの讖緯《しんい》説に合っている。しかも大学者の鄭玄《じょうげん》が、後漢の中平元年（一八四年）に起こった黄巾《こうきん》の乱で漢人がほとんど絶滅し、シナ世界が崩壊したことに衝撃を受けて、一三二〇年ごとに革命が起こるという学説を編み出し、その一三二〇年前のシナ史の始まりを周の文王《ぶんおう》の受命《じゅめい》の年とした、この学説に合わせてあるのである。

わが日本国の歴史においては、神武天皇の元年、辛酉（前六六〇年）から、天智天皇・天武天皇両方の母親である斉明天皇崩御の七年辛酉（六六一年）までが一三二〇年で、これを「日本」以前の「倭国」

の時代とすれば、つじつまが合う。

『日本書紀』に記された初代の神武天皇から第十六代の応神《おうじん》天皇（神功皇后を第十五代に数える）までは、いわゆる「大和朝廷《やまとちょうてい》」だが、その歴代の名前も治世の出来事も全くの空想で、すべて第三十五代の舒明《じょめい》天皇から第三十九代の天武天皇の世に起こった史実にヒントを得て創られている。

その後の第十七代の仁徳《にんとく》天皇から第三十四代の推古《すいこ》天皇までは、初めて古い伝承に基づいた古代史になるが、その伝える事実はあてにならない。ましてその年代は信ずべきかぎりでない。結局、『日本書紀』が真実に基づく歴史を伝えるのは、第三十五代の舒明天皇から第四十代の持統天皇までで、これが当時で言えば現代史である。

ここで断っておくが、『古事記』が七一二年に出来た日本最古の史書だという俗説には根拠がない。その著者が太朝臣安萬侶《おほのあそみやすまろ》だというのは、安萬侶の子孫の多朝臣人長《おほのあそみひとなが》が書いて『古事記』のあたまにくっつけた序文にあるだけで、その成立は七一二年よりは百年ほど新しい。『古事記』は平安朝の初期の偽書なのである。

粕谷一希

一九三〇―二〇一四。評論家、編集者。著書『二十歳にして心朽ちたり』（洋泉社）『戦後思潮 知識人たちの肖像』『粕谷一希随想集』（全三巻）（藤原書店）。

田中美知太郎『ツキュディデスの場合』

かつて、学生時代から面識のあった京都学派の高山岩男氏に、田中美知太郎評を尋ねたことがある。自分たちが追放された後に、そのポストを継いだ存在なだけに、高山氏にとってもデリケートな話題だったろう。氏は言下に言い放った。――あれはフィロロギー（文献学）であって、フィロゾフィー（哲学）ではない。

そこには田中美知太郎への感情的反撥が底にあるようだったが、この批評は中々、含蓄があるように思った。田中美知太郎の世界はすべてがギリシア語に始まり、ギリシア語に還る。言葉の用語法の歴史的発達を、丹念に辿ることが作業の中心であった。

二十世紀の哲学は記号論理学や論理実証主義のように素人を排除した。田中美知太郎の古典還帰も違った意味で素人を排除する性格をもっていたことはたしかである。しかし私は同じ学生時代、高山岩男の説とは逆の意見も聞かされていて、二つの意見の間で、ながく判断を保留せざるを得なかった。それは和辻哲郎が戦後公刊した『ホメーロス批判』の序文で紹介しているケーベル先生の感懐である。
――哲学は多くのことを約束した。文学（文献学）はなにも約束しなかった。しかし、私の人生を振り返って私は文学からより多くのことを学んだ。

　和辻は自分の経験を踏まえて、ケーベルへの共感を述べているのである。和辻の古典志向も精神史研究も一種の文献学であって、彼の哲学体系が明晰かつ平明なことも、こうした方法と無縁ではない。田中美知太郎という存在と業績は、戦中・戦後、独自の古典研究と時代批評によって屹立していた。それが哲学界の大勢になるかといえば疑問は残る。田中哲学はヒーローにも多数派にもならず、むしろつねにヒーローや多数派に疑問を呈する少数派の性格をもっている。哲学はつねにギリシア古典に還るべきだという主張も、強烈な時代批評を伴わなければ魅力を生じない。それは多分に田中美知太郎の個人芸に属していたかもしれない。

　プラトンの生涯と業績に研究を限定していた田中美知太郎が、いわば例外的に見解を述べているのが、ヘロドトスと共に有名なギリシアの歴史家ツキュディデスの事績についてである。『展望』に連

載した論文をまとめたもので『ツキュディデスの場合』という表題になっている。

当時は日本、ヨーロッパ、米国といった先進国で学生反乱が拡がり、中国の文化大革命と重なって、異様な雰囲気に包まれ、それまでの歴史理論が無効となり、時代の転換が予感された季節であった。

この書物もツキュディデスの歴史叙述を担々と述べながら、衰亡史観、解放戦争史観、体制間戦争史観といった現代で流行の史観による色眼鏡を排し、歴史は政治史が最終的に中心であるべきことを強調し、さまざまな可能性の中から選択し決定してゆく過程が大切であること、そこには他の選択可能性が存在し、選択決定の実際はさまざまの偶然が介在しており、政治指導者の資質が重要であるが、出来事としての歴史はさまざまな偶然の介在が決めてゆくことを強調している。

この見解は、司馬遷の『史記』を連想させ、また、戦後初期、マルクス史学が改めて大流行したとき、津田左右吉が、歴史における、「自由・偶然・必然」の三つの要素を強調した事例を連想させる。

近現代において、人間はさまざまな歴史を開発した。産業革命以後の経済（発展）史、あるいは、社会史や思想史、精神史や文化史、あるいは文明史など、それぞれに理由がありその叙述によって新しい視野が開かれたことも事実である。

しかし、正統的な歴史が政治史にあることは古来、東西を問わず、賢者たちは明確に自覚していた。そして政治の世界は、本来、支配と服従を基礎として、強制規範として法律を伴った。国家は統治の体系として、その構成員に責任と義務を課した。このことは近代になって、個人の自由と権利、統治者をも拘束する法の支配と、立憲政治の発達という、いわゆる民主化の発展が始まっても、本来的構造として変っていない。さまざまな制約が附与されただけである。

統治行為が人間集団でとくに重要な位置を占めるのは、それが最も公けの性格をもっており、構成員である共同体のメンバーの運命を決定するからである。統治の体系である国家は、常にきびしい眼で批判されなければならず、またつねに敬意と共に語られねばならぬ対象である。

今日のイメージ社会において、ポピュリズムに浸された国家が様々な道化師《ピエロ》だけによって愚弄されていることは、人間の末期症状としか思えない。とくに戦後の日本においては、「国家」自体が汚れた対象と考えられ、政治学は社会の政治現象一般に考察の対象を移してしまった。国家学からの自立を訴えた結果は、膨大な空白空間をつくり出してしまった。

政治史は歴史の根幹であり、政治指導者たちは常に吟味され、批評されねばならない。そして、様々な可能性の中から偶然を介在させつつ、政治が選択し決定してゆくのが歴史の世界なのである。しかし、人間が本来の叡知を甦らせる力がまだ残っているなら、若い世代からその声を期待したい。

D・J・ブーアスティン／星野郁美・後藤和彦訳『幻影（イメジ）の時代――マスコミが製造する事実』

時代を予感した書物

この書物ほど、雑誌ジャーナリストとして生きてきた私に、今日のジャーナリズムの問題の核心を教えてくれた書物はない。

――かつて人間は天空に輝く星と内面の道徳律という理念を求めて生きてきた。過去一世紀、「理想」は衰退し、「イメージ」が興隆した。ひとびとは如何に生くべきか、ではなく他人からどう見られるかを問題にしている。政治も企業も、問題とされるのは理想ではなくイメージである。世の中は有名か無名かの区別しかなくなった。世論も広告も最たる関心事はイメージである。

こうしたアフォリズムに溢れたブーアスティンの文章は、ワクワクするほど私を刺激した。原題"The Image"は、端的に問題を捉えている。ブーアスティンが考察の対象としたのは、一九五〇年代のアメリカ社会、テレビが普及し戦後社会が平和の中で成長していった明るい時代だった。そしてアメリカで起った現象は、十年遅れて、日本社会での現実となった。日本でも力道山の〝空手チョップ〟の前に黒山の人だかりができて以来、テレビの普及は後退することなく、家庭電化の象徴である三種の神器のひとつとして、家庭の必需品となってしまった。

マスコミは事実を伝えるのではなく、事実を製造するのだ、と喝破したブーアスティンは、それを擬似事実《プシュードゥ・イベンツ》と呼んだ。のちにマクルーハンの時代になると『メディア論』のなかでは、仮想現実―バーチャル・リアリティという言葉を発明して、こうした現実を説明したのであった。ニュアンスの違いはあれ、指し示している事実は似ている。

現代社会への警告

今日、政治家は芸能人と似てきた。かつてケネディ・ニクソン時代に、大統領候補がテレビ討論の前に化粧することが話題となったが、日本では小泉首相の場合が何かにつけて話題となった。そのパフォーマンス振りは、秘書官I氏の振りつけといわれたが、テレビ出演を積極的に活用し、郵政民営化、自衛隊のイラク出兵、選挙における小泉チルドレンの強引な登用と、普通では考えられない決断を強行しながら、予想された抵抗を突破して政策課題を実現した。

小泉首相こそテレビ時代の政治指導者なのかもしれない。しかし、そうした傾向は、テレビ中心の話題づくりが世相の中心となり、ニュースとニュースショウの区別があいまいになり、ニュースショウの司会者やコメンテーターが花形となり、世論づくりの中心であるかのような錯覚をあたえた。

本来、政策理念の検証が思考の中心でなければならないのに、その構造は騒音の中で隠れてしまった。平和と安全、自由と秩序、市場と福祉、軍事力と外交、国際世論と外交、国家主権と国際協調、市民社会と国家主権といった現代社会の構造的課題が戦略的長期計画の中で、分析され、構成されなければならないのに、そうした課題は論議の中心にならない。

テレビ世代は世論の在り方を変えたが、今日、二十一世紀の中心課題はＩＴ革命であろう。情報技術革命は、グーテンベルグ以来のあるいは文字文化の発明以来の、人間社会の真理を大きく揺るがしている。電子ブックの登場は、新聞・雑誌・書物といった活字メディアを代替できるものなのか。人類はこの問いに真剣に取り組まなければなるまい。

教育とは世代間伝承であるという。家族制度、学校制度の崩壊はさまざまの要因があろう。しかし、情報とメディアの変化が世代間の相互理解を難しくしていることも事実である。親も教師も、かつての安定した権威を失い、途方に暮れているのが実情であろう。しかし、人間が文明社会を築き、文字・活字を発明し、国家と多元的社会を構築した歴史は忘れてはなるまい。環境・資源・エネルギーといった人類生存の基礎的バランスが崩れかかっている。それに対処する社会システムを再構築しなければならない。

＊

脱工業化社会、あるいは情報産業時代の人間は、まだ新しい事態に対応できていない。その場合、世論“public opinion”理念“idea”イメージ“image”メディア“media”といった観念を改めて捉え直す必要がある。それは、知識と学問、デザインと芸術、音楽とリズム、文芸とレトリックといった領域まで遡る必要があるのかもしれない。

昭和の時代が歴史となりつつあるように、二十世紀もまた歴史となりつつある。われわれは、もし文明人として生きるとするならば、精神の貴族主義を貫こうとするならば、かつて知識人が問うた命題を忘れることなく、点である問いを、線に拡げ、面に拡げ、その構図を了解・納得しなければならないのである。

W・リップマン『公共の哲学』

公共性とは何か

私の家庭教師でもあった萩原延壽氏は、東京を去るに際して、ウォルター・リップマン関係の英書をドサッと置いて、ジャーナリストたる者、二十世紀の政治哲学者でもあったリップマンをまず徹底的に読むべきことを、懇々と説いた。

『世論《パブリック・オピニオン》』の方は、掛川トミ子さんの訳が岩波文庫に入っていたが、『公共の哲学《パブリック・フィロソフィ》』の方は、ペーパーバック版の英書しか手許になかった。私はその小著を、中央公論社を退社する決意をして数ヵ月、自室に引きこもったときに、辞書を引き引き、丹念に読んだ。

——公共《パブリック》とは何か？

この問いを執拗に追ったリップマンは言う。公共性とは選挙での多数派でもなく、世論調査の多数派でもない。年老いた老人はなぜ木を植えるのか。若い青年たちはなぜ共同体のために死を賭して戦うのか。自分たちを育てた先祖たち、また生れてくるであろう子孫たちを含めなければ、公共性は成立しない。公共性は現在生きている人間たちだけでなく、過去と未来、先祖と子孫を含めて考えなければ成立しないものなのだ。

この文章を読んだことは私にとって感動的なことであった。日本人ではなく、アメリカ人が、こういう公共性の捉え方をしているのだ。明治の日本人は「五箇条の御誓文」以来「万機公論ニ決スベ」きことをモットーとし、公論という言葉は、『中央公論』とか『歴史公論』といった雑誌名としても拡がった。公共性を踏まえた意見という言葉は、世論よりは公論の方が原義に近いだろう。

二十世紀のアメリカは、二十世紀を通して世界に覇を称える覇権国家としての帝国となり、その強引な政治・軍事・経済の手法は徐々に世界から批判されつつある。しかし、そのアメリカは、二十世紀の政治哲学者、ジャーナリストとして、W・リップマンを所有している。そのことをアメリカ人は誇ってよいが、われわれジャーナリストは、そこから学ばなければならない。

公と私について

一見、公共性を担っているようにみえる組織や団体がじつは私に堕していることが往々にしてある。日本の政党や官僚制、民間の大手多国籍企業など、いずれも公共性を標榜しながら、私に堕している場合が多い。

とくに政党政治は、戦前の日本社会では、その私性《わたくし》を非難され、政党は公共性を担うとは見做されなかった。党利党略という言葉は、そのことを端的に表現しているといえよう。また、いくたびかの軍人のクーデタが、政党の領袖を暗殺してしまい、二・二六事件で日本の政党政治は息の根がとまったといってよい。自由主義（オールドリベラリストと呼ばれ時代遅れの代名詞となった）と政党政治は共に時代遅れといわれたのであった。そのあと、近衛の新体制運動や、右翼学者の公共国家論は、新しい公共性の模索であったが結実しなかった。

また、戦後の日本の官僚制は、高度成長期にみごとな能力を発揮した。しかし、成長が終り、福祉制度が完成してみると、大蔵省をはじめ、通産、厚生、労働、運輸、建設、郵政と、いずれも

利権の塊りのような外郭団体が無数にでき上っていた。

さらに、民間企業では、規制緩和や自由市場主義のスローガンの下で投機や株主利益が最優先するような言動が世間を蔽った。資本は国境を越え、国籍をもたないという。しかし、そのために、ビジネス全体が、人間の血の通わないメカニズムとなってよいのだろうか。

人間の集団は、つねに、公と私の二面性をもつ。それは明治の昔からそうだったのであり、明治国家は藩閥政府と呼ばれ、藩閥が消えると学閥が攻撃の対象となった。

名著『世論』について

『公共《パブリック》についての意見《オピニオン》』は、日本では公論とか世論と訳されてきたが、本書の序は、無人島に集まった欧米人が仲良く共同生活をしていたが、第一次世界大戦の報が伝わるや、彼らは相互に警戒的となりやがて敵対的になってゆく状況を簡潔に描いている。これは人間が情報によって変ってゆくことを象徴的に描いた名篇であり、二十世紀という情報社会にふさわしい。本篇ではジャーナリズムの在り方を論じていたと思うが、その中でしきりに警告していたのは、新聞や雑誌記事の文章が、ステレオ・タイプに陥ってはいけない、ということだったと記憶する。

紋切り型、マンネリズムも同様のことを指すが、われわれ自身、不断に警戒しなければならないのは、発想のステレオ・タイプ型である。リップマンは同世代の大統領、政治家、識者を魅了する名文家であった。

M・マクルーハン／栗原裕・河本仲聖訳『メディア論――人間の拡張の諸相』

メディアはメッセージ

マクルーハンはいまや古典の部類に入ってしまった。日本でも一九六〇年代、八〇年代と二度翻訳が試みられている。カナダの英文学者の書物が一躍、マスメディアの寵児になったこと自体、考察に価する事実であるが、根本的考察はアメリカのようなメディアの中心地より、それをつぶさに観察できるカナダのような静かな隣国がふさわしいのかもしれない。

「メディアはメッセージである」という最初の文章は現代人の胸にグッサリ突き刺さる。われわれは、自分たちの生活の周辺の品物をまず「いくら？」という経済価値と価格で考えることに慣らされている。ところが、その同じ品物が、すべてメッセージを含んでいることに気づけば、衣服でも住宅でも自動車でも、品物が強烈なメッセージであることを痛感する。たしかに衣服も自動車もファッションであり、流行であり、気分であり、雰囲気である。「いくら？」という値段はそのあとに出てくる条件なのである。だから、あらゆる人間を取り巻くモノは、それぞれに人間にメッセージを語りかける。

その理解と解釈で、われわれは、人生を、社会を、歴史を理解する。

かつて、社会学はコミュニケーションの名で生産とは異なった領域のあることを論じ出した。やがて、マスコミュニケーションという言葉がはやり、ジャーナリズムは主としてマスコミュニケーション、あるいはマスコミと呼ばれた。それが近ごろ、マスメディアあるいは単にメディアの名で呼ばれている。

今日では、ジャーナリズム——新聞・雑誌・ラジオ・テレビなどはすべてメディアである。メディアによれば、とは新聞・テレビによればと通常理解される。

しかし、マクルーハンのいうように、メディアは言葉や文字あるいはその大量伝達としてのジャーナリズムだけでなく、人間を取り巻くモノすべてがメッセージを発する媒介物である。「メディアはメッセージである」という発想は、それだけで現代人にすさまじいヒントになった。ヒント（暗示）というより、啓示といえるかもしれない。この意識で世界を見返せば、世界が新しい空間として語りかけてくる。

今日の現役のタレントたちは、竹村健一氏をはじめこのマクルーハンの命題にヒントを得て、自分たちの発言の姿勢を固めていったように見える。マクルーハンの命題はそれほど、根本的であり普遍的であった。ただ、それだけに、二十世紀に飛躍的発展を遂げたジャーナリズムの思想的性格を反省するためには、マクルーハンだけでなく、ウォルター・リップマンやD・ブーアスティンの提出した命題が繰り返し反芻されなければなるまい。

メディア論の発展

W・リップマンの『世論《パブリック・オピニオン》』は、情報こそ人間にとって致命的であることを教えると同じに、世論を形成してゆくことの難しさを説いた。新聞の報道がステレオタイプに陥ることを警告したのは有名な事実である。リップマンの偉大さはジャーナリストとして、大統領などの政治的指導者が耳を傾けるだけの意見を吐きつづけたからである。それはリップマン自身、固有の政治哲学を確立していたからである。ジャーナリズムの発生が近代であったために、その現象を明晰に解析する哲学がつねに不足しがちである。リップマンはジャーナリズムの中心であるアメリカの精神的軸を形成した存在といえよう。アメリカの政治がどんなにゆがんでも、リップマンのような存在をもつことで、正常への復元力をもっていることを見逃してはならない。

*

また、アメリカ史の専門家であったD・ブーアスティンの『イメージ』も、二十世紀の特性の核心を衝いて鮮やかである。理念を忘れてイメージに従う二十世紀の現代人は、有名・無名の区別しかなくなってしまったという彼の文章は痛烈である。今日の人間の現状を省みるとき、教育も病気も暴力も、理念なしにはバランスも秩序も回復しないことがよくわかる。

リップマン、ブーアスティン、マクルーハンと発展したメディア論も、そろそろ新しい段階にきているようだ。IT革命がすべてのメディアを揺がしている。これまでのメディアはもう不用なのか。情報の選択をしてきたこれまでのメディアに対して、ITは単なる情報の垂れ流しではないのか。人類の伴侶として生きつづけてきた書物はもう不用なのか。IT論者たちは納得のゆく説明をしていない。

まさにいま、人文科学、精神史に関わる人々は挙げてこの問題と正面から立ち向かわなければならない。二十一世紀は新しいメディア論を待っている。

川満信一

『日本の名著　岡倉天心』——岡倉天心とアジア主義

一九三二年生。詩人。個人誌『カオスの貌』主宰。著書『川満信一詩集』（オリジナル企画）、『沖縄・自立と共生の思想』（海風社）『宮古歴史物語』（沖縄タイムス社）。

一　思想と風貌

遺されている写真を見つめていると、やがて口元が動き出し、何やらしきりに語りかけてくる。中には焦点の定まらない模糊とした遠い声もあり、ぼやけていく像もある。たしかな意志をかたどるのは、各宗教の教祖や、思想家である。画家、詩人、小説家には際だった風貌と声があるかと思うと、つかみ所の無い聞き取れない声の主がいたりする。偉大な人物たちは、その言葉や業績によって後世に記念される。その際、影響を受けた人々は、数多くある遺影の中から、自分の理解で納得した一枚を選ぶ。さらに選ばれた何枚かのうちから、その人物の思想と業績を象徴する一枚を編集者は選択する。その人物の社会的な印象を定着させる上で、編集者の識見が大きくはたらくことになる。

さて、こうした経緯で選択された遺影をまえに、見つめ合いながら「思想と風貌」の関連を考えていると、結論は「思想と風貌」は一致するように選択されている、ということになる。しかし「思想と風貌」が一致するというというのは客観的な根拠をもつのだろうか。著作集や雑誌などの、表紙や口絵によく使われるひげ面のマルクスは「この頭の中に展開している論理の世界を十分に理解するのは、歴史が変わった後からだ、まだ解るまい」と厳しい表情をしており、これは確かに一致している。では毛沢東はどうか。その遺影の印象は、権力者というよりも、古代中国から引き継がれてきた「大人《だいじん》」の相貌であり、革命の闘士像とは違ってゆったりしている。また「知の巨人」と評された吉本隆明の遺影も、多分野の思想を渉猟し、常にポレミックな姿勢で「寄らば斬るぞ」と構えていた論客だったにもかかわらず、ひとの良さそうな下町的庶民の風貌をしている。

それではいま向かい合っている岡倉天心という人物の風貌はどうか。手にしているのは一九七〇（昭和四十五）年発行の『日本の名著　岡倉天心』（中央公論社刊）である。伊藤整、井上光貞、小川環樹、貝塚茂樹、桑原武夫、児玉幸多、中村元が編集委員となっている。下村観山が、亡き師を偲んで描いた天心像が口絵になっている。宗匠頭巾に和服、右頬まで挙げた左手に紙巻きたばこ、細長い切れ目の瞳孔は鋭く抽象的思考に焦点を結び、黒い口髭が長い鼻梁と日本人ばなれした顔に印象的なアクセ

岡倉天心　おかくら・てんしん　1862-1913。明治期の美術行政家、思想家。横浜生まれ。本名は覚三。明治10年東大に入学、フェノロサに哲学を学び、彼の日本美術研究を手伝う。卒業後文部省に出仕。文部官僚として嘱望される。国内の業績としては鑑画会結成をはじめ、東京美術学校長、美術取調委員、全国宝物取調掛、帝国博物館理事・美術部長、古社寺保存委員などの要職を兼務し、一方、美術誌『国華』を創刊し、日本青年絵画協会、日本絵画協会を組織し、日本美術院を創設して横山大観ら東洋美術の大家を多く育てた。また国外では、欧州各国へ美術調査に行き、ボストン美術館東洋部長となって頻繁に渡米した。インド、中国各地では寺社・仏跡を踏査している。インドの女性と終生の恋。享年52歳。

ントをつけている。これは茶人のようで茶人でもないし、かといって武人でもない。カオス的な知性と、その思想が人格化した不思議な取り合わせの風貌である。

口絵のほかに、青年期、美術学校長、五浦のころの三点が見える。青年期の写真はどっちつかずの定まらない顔だが、あとの二点は、天心の思想を風貌化した写真になっている。美術学校長になったのは一八九〇（明治二十三）年と年譜にはある。東海道本線の新橋―神戸間が開通した年である。飛ぶ鳥落とす勢いのころ、どうして汽車に乗っている写真ではなく、和服で馬に乗った写真なのか。五浦での釣り人は、中国の道服に毛皮を重ね、宗匠頭巾という異様な出で立ちである。社会から排斥されて、なおも志を貫こうとする伏龍の心境だろうけど、天心の思想と時代思潮のギャップをそのまま現しているように思える。

解説で「東洋の告知者天心――その生涯のドラマ」を書いている色川大吉氏は「つねに珍妙な道服をまとい、白たび、草履で世界をおしわたったこの国際人は、日本人というよりシナの大人《たいじん》という風貌をしている。はれぼったいまぶたの下の細いが人を刺す眼、いかつい長い顔、高い鼻、濃いひげと意志的な口元は、かれをじっさいの年齢より十も二十も老《ふ》けて感じさせる」と記し、そして、「明治時代の日本は、ここにひとりの正真正銘のアジア的混沌を風貌に蔵した〝生粋《きっすい》のアジア人〟を生みだしたのである」と評している。

おそらく天心の風貌は、世界の文明や、非文明を歩き廻っているうちに、彼がおのずから選択したアジア古代の聖賢たちの風貌に近づこうとして造られたカオスの風貌ではなかろうか。

収録されている天心のエッセーは「東洋の目覚め」、「東洋の理想――とくに日本美術について」、「日本の目覚め」、「茶の本」、「応挙・芳崖・雅邦」である。その時代の反体制的、啓蒙的思想は、常に誤解に曝されてきたが、「アジアは一つ」と称えた天心のメッセージも例に漏れず、二転三転持ち上げられたり、こき下ろされたりしてきた。福沢諭吉の脱亜入欧論が席巻する中、天心のアジア見直し論は時代錯誤と批判され、一転して、昭和の軍部から「大東亜共栄圏」推進の旗印として持ち上げられた。そして戦後は日本が工業国として世界に肩を並べると、アジアの盟主という位置から、戦前の日本浪漫主義者たちまで、天心再認識を称えだした。天心の思想に対する世論の反応は、こうしてその時代のご都合主義によって逆転している。

おそらく天心の思想に禅問答的なパラドックスが秘められているからであろう。小さいものは大きいもの、大きいものは小さいもの。人は一人ひとり個性が違う、というのは間違いないが、人類みな兄弟も間違いではない。また地球はあらゆる差異を備えているが、火星と対比すれば一つの個性だというのも確かな認識である。インドや中国と日本は違う、という反論にも理はある。しかしインドの仏教思想、中国の儒教や道教、漢字文化の水脈を辿るだけでも、「アジアは一つ」というテーゼに異論の出ようはずはない。しかし国益とか、侵略とか時代の潮流は、時に夫婦喧嘩の仲裁に入った男・女がいつの間にか代理喧嘩を演じているような、奇妙な役割を思想に負わせてしまう場合も多々ある。平和のための戦争推進とか、社会をよくするための殺人、教育のための過剰暴力といった大義名分は、われわれの身近で日頃くりかえされている現実である。アジアに向かう天心の心情にも、アジアの目覚めを促そうとしながら、朝鮮や満州への日本の侵略の歴史を正当化しようとする動機がうかがえる。

二　予見と思想

時代の矛盾に鋭敏に反応しつつ、時代の先行きを予見しない思想は魅力がない。その点、天心の古今東西にわたる驚くべき知識の渉猟と、そこから掴み出した思想の振幅は魅力的である。うわ辺を模倣する当時の洋画流行に対し、アジア本来の美意識の宣揚を主張し、またアジアの社会・文化は、地域に根ざした必然性によって発展してきたものであり、それを自覚しなければ将来を誤ると警告している。わたしたちの周辺には、こうした「神の啓示」を受けたような予言と警告がくりかえされてきたが、無視され、嘲笑の的になり、時の権力に弾圧されて、消されていった。「出る杭は打たれる」というのが島共同体の慣例である。すると天心を美術学校長から追放した美術界や官僚も島国の習性にならっていただけのことかもしれない。超能力的な予言や警告が正しかったと認識されるのは、残念ながら歴史的事実になってからでしかない。予見出来ない未来についてとやかく言う人を、沖縄では「ユタムヌ言い」という。ユタは民間巫術者であり、言うことがあてにならないという意味である。似たことばに「ユクシムヌ言イ」がある。邪言である。

新興宗教の教祖たちは、多かれ少なかれこうした「ユタムヌ言い」という世間の扱いをまぬかれなかった。確かにその種の人物にはインチキの食わせ者も多いが、神に選ばれたとしか思えない資質をもった教祖たちもいる。中でも眼を見張るのは、大本教の教祖・出口ナオと出口王仁三郎である。一九一七（大正六）年のナオのおふでさきから引用してみよう「……外国の悪神の頭が日本へ攻めてくる仕組を、昔からいたしておりたが、もう攻めてくるのが近寄りた……外国の悪神が今に仲直りをいたしたら、今度は腹を合わして、一つになりて（連合軍）攻めてくるから、日本神国の人民は、判りたものから用意をいたしてくだされよ……残念なれど唐土の鳥（連合軍の飛行機）が、今に日本に渡りてくるぞよ、毒（原爆）を空から降らして、日本の人民を絶やすしくみを昔からいたしておることが、よく神には判りておるから、永らく知らしたのでありたぞよ、早く改心いたさぬと、改心の間がないぞよ……」、この予見と警告が、日本の敗戦の悲劇を二〇年余も前に的確に言い当てていたということとは驚きである。

　また、王仁三郎も同じ年に、アメリカが利権めざして日本を攻めてくると警告、「進退ここにきわまりて／天を拝し地に伏し／うろたえさわぐ弱虫の……／現れ狂うあわれさよ……／まだまだこころ許されぬ／ひとつの国の御空より／降る雨利加《アメリカ》の一時雨《ひとしぐれ》（＝大空襲）／木枯（原爆）さえも加わりて……／泣く声四方《よも》に竜田山《たつたやま》……」と詩をかいている（高橋良典編著『世界大予言年表　諸世紀の秘密』）。

　こうした霊能力者たちとは幾分違って、博識と深い思索から先見の明を開いた思想家や芸術家たちを、私たちはたくさん知っている。歴史の激動期に登場する傑出した人物たちは、資質と環境に恵まれて、時代の先を予見する超能力を発揮した。岡倉天心も、まさに時代が生み出した傑出した才能だったとみる。

五浦での釣り姿（1907年頃）

　色川大吉氏が指摘するように、「イギリスなど先進〝文明〟諸国のもつ「虚偽」と「侵略の原罪」に想到して」いた明治人・志賀重昂や、「東洋の目覚め」を書いた天心らの先見性は、いまでもものを考える上で示唆に富んでいる。

　奇妙な教育で軍隊の権力という衣服をまとった狸や狼にもてあそばれ、七転八倒のあげく、こんどはきさくな笑顔でジープの上からチューインガムを投げるアメリカ民主主義に期待をかけたが、その正体はとんでもない食わせものだった。領土的野望はない、ヒューマニズムだなどときれいごとを並べながら、やりたい放題の人権蹂躪、百年近い占領地占拠、敵から守るという詐欺師まがいの権謀術策、このような沖縄における歴史的現実のなかで、民主主義だ、同盟だと手をさしのべられてもハイと応じられるだろうか。

色川氏の的確な解説が、この『日本の名著』の魅力をさらに引き立てている。「自由民権論」で思想のスタンスを確かなものにした色川氏ならではの目配りが、天心の、時代に拘束された思考・感性の弱点や錯誤をもしっかりと押さえている。それらの弱点や錯誤、例えば朝鮮への視線や、天皇観、東洋美術への再認識を強調するための、西洋美術批判のあり方など、食ってかかる姿勢で向かうと批判すべき要素はたくさんある。また第二次大戦の敗戦をくぐってきた今日においては、日本神国という明治人の信仰も奇異なものである。

わたしの場合、故人の思想への接し方は、リンゴを賞味するようなものだと思っている。皮ごと食べるか、皮をむいて果肉だけ食べるか、その思想の核になっている芯までかじるか。あるいは食わず嫌いで「出る杭を打つ」ように踏みつぶしにかかるか。いずれも好みの問題といえばそれまでだが、やはり自分の思想の糧になるところをしっかり賞味するのが良いと思う。仏教と聞くだけで経の思想を敬遠し、儒教、道教は皮も剥かないでミカンを食べたような顔で捨てる。西洋を見習うのはよいが、アダムとイヴの原罪という芯があるのかないのか分からないままではしょうがない。とくに戦後のアメリカナイズでは、自由主義の浅い解釈から、自分好みという身勝手な選択が増長し、そして国家を「守る」というイデオロギーに足をすくわれている傾向が強い。「伝統をまもるということは、国家にたいし、個人をたえず犠牲にすることを意味する。教育は大いなる妄想を維持するために一種の無知を奨励する」（茶の本）といった実に味わい深い警句を、天心はきら星のように散りばめている。

また「列子とともに風に乗れば、絶対的な静寂を味わうことができるだろう。われわれ自身が風なのだから。あるいは天にも地にもぞくさぬために、その中間に住むという、「黄河の老人」とともに、われわれも中空にとどまることができるであろう」といった詩的イマジネーションは、東洋的存在論に基づく自由性であり、禅の精神世界である。

「禅がとくに東洋思想にもたらした寄与は、現世に来世とおなじ重要性をみとめたことであった」という。その例話として紹介している丹霞禅師の木仏焚きなど、なるほどと頷いてしまう。ある冬の寒い日、丹霞和尚は焚き火をしようと木の仏像をうち壊した。そばで見ていた僧が驚いて「もったいないことを！」と止めようとすると、「灰のなかからお舎利（仏陀の遺骨）を拾おうと思ってよ」と平然としている。怒った僧が「木の像からお舎利が拾えるわけはないでしょう」というと、「お舎利が拾えぬならば、これはきっと仏陀ではあるまい、ならば焚き火にして温まっても悪くはあるまい」と答え、くるりと背を向け焚き火にあたっていたという話。

これは来世の救済より現身の寒さを防ぐという、それだけの功利思想でもない。偶像崇拝的な宗派への厳しい批判精神があって実行されたのである。平然とタブーを犯すさわやかさが丹霞和尚の禅行為であり、天心はそれに共感している。ただし、薪にした仏像が、すぐれた芸術性をもっていたとしたら、丹霞和尚は芸術に無関心な徒ということにもなる。空也上人の木仏も、おそらく心ない人々によって多くが薪にされたであろう。東洋における仏教・禅の「自由」と、こんにちの西洋的「自由」の間には溝がある。それは精神と肉体の間の溝である。丹霞和尚はこの溝を知ったうえで、木仏焚きをしたのだ。この溝の深さを測れないうちは、下手に「自由」という観念に飛びついてはいけない、とこころしている。

「茶の本」では、茶道文化の体系を追って、インドの仏教と中国の道教、儒教との交錯をひもとき、南方仏教で洗練された禅宗の思想的実践として、茶が日本に入ってきたときには茶道に昇華したと説く。日本では、神道、武道、剣道、芸道など、奥義のあるところ「道」がついていて、習練する場を「道場」といっている。仏教と道教、儒教の思想が、中国経由で洗練されてきた結果だ、と天心はみる。こうした思想と文化の水脈を掘ることによって、天心の「アジアは一つ」というテーゼが掲げられたのである。

イギリス植民地下のインドの惨状、アヘン戦争を仕掛けられた中国、満州、朝鮮へ侵略の手を伸ばすロシアなど、明治末期のアジアの危機的な状況が、「東洋の目覚め」、「東洋の理想」などの諸論を書かせたのである。斜陽の東洋文化に新たな再生の息を吹き込み、西洋の悪どい侵略を阻止するために、アジアの自覚を促そうとした思想の動機はいまでも共感できる。「当時の滔々たる欧米崇拝、模倣の洪水の時代、いわゆる欧化万能時代には、こうした民族性への誇りと確信なくして、いかなる独創的な文化運動も可能でなかったのである」と色川氏は解説している。

インド・中国をはじめヨーロッパ、アメリカなど彼の旅行の足跡は広範囲に及んでいる。世界の空が狭くなった現在においてさへその足跡を追うのは難しい。そのうえ土地の古今にわたる知識、地名、人名の博引だけでもかぶとをぬぐしかない。東洋と西洋文化の比較論は、そうした天心のフィールドワークから確かめられたものである。

三　思想の悪用

今日、「国防」とか「国益」、あるいは「民族を守る」という概念は、裏にいかがわしい要素を秘めたイデオロギーだとみている。川中島の戦いまでは武士たちの戦争だが、現代の戦争はジェノサイドである。如何なる理由付けであれ、ものごとの解決策として戦争という手段は使えないし、また使うべきではない。高度な武器の発達が、敵・味方の別なく破滅へ突き落とすであろうから。米・ソの対立が冷戦というにらみ合いで終わったのも、双方が核装備していたからである。その核や生物化学兵器を、いまでは弱小国まで持つようになり、もはや大国の特権ではなくなっているのが今日の世界状況である。「ヨーロッパ帝国主義は、自分を滅ぼすことになる武器をみずからあたえた」、「われわれは、彼らの粗野な文明のわざわいであるおそるべき退廃、おそるべき獣行を知った」、「アジアはつねに、その巨体をうごかすのに緩慢であった。しかし眠れる巨象は、あすにも目覚めて、おそるべき巨歩をふみだすかもしれない」、「汎《はん》アジア同盟は、それじたいはかりしれぬ力であるが、しかし、個々の要素がまず第一に自分の力を感じなければならない」(「東洋の目覚め」)。

こうした天心のアジアに対する自覚の促しは、現在、厄介な領土問題に発展している竹島や尖閣諸島問題を考えるうえでも深い示唆を与えてくれる。「汎アジア同盟」の構想が熟していけば、島々をめぐる領域争いなど問題にもならないだろう。戦争で解決のつくはずもない問題で、双方とも軍事的威力を誇示し合っているのは、どう考えても愚策としか思えない。習近平主席の「戦勝国の権利」という領土観も眉唾ものである。ただし天心も西洋の侵略という現実を打開する策として、アジアの強国となった日本の責任は「古いアジアの統一体の眠れる生命を感知し、これをよみがえらせること」であり、「愛国精神の組織的高揚と、戦争のための計画的準備をすること」と提言している。そこが天心の時代に制約された思想の陥穽である。文化・思想のサイドからせっかく掴んだ「アジアは一つ」というテーゼが、軍部サイドからゆがめられていく弱点を彼自身のうちにすでに内包している。すなわち眠れるアジアを目覚めさせる使命、つまりはアジアの盟主という日本の位置づけ、アジアの力を一つにするという名目でたてられた「大東亜共栄圏」という侵略主義、そこへゆがめられていく要素が、天心の思想自体にもふくまれているのである。理念的指標と、戦術・戦略の目的を混同してしまうのが往々にしてみられる歴史の流れであり、その典型的例が、沖縄の反戦・反基地闘争と復帰運動のすり替えであった。

一九六〇年代に、エンゲルスの原始共産思想や、クロポトキンの相互扶助の思想、沖縄国頭奥部落の共産村落のあり方などを考え合わせながら、沖縄の自立と共生というテーマで雑文を書いたことがあった。ところが九〇年代になって、「沖縄は基地と共生せよ」というゆがめられたかたちではねかえってきた。「アジアは一つ」というテーゼが、昭和軍部によって「大東亜共栄圏」の侵略主義へとねじれていくのを、天心が生きていて体験したら、どういう反応をしただろうか。本人の意図と相違して、思想が悪用されていくのもまた時代の課す試練かもしれない。「今後のアジア主義のあり方は、アジア主義というものが、本来歴史の不等質性をも尊重する態度の現れであった以上、各地域の文化伝統や社会機構に立脚した近代化を遂行し、さらにはより先の段階に突き進むさいにも、おのおの文化に適合した独自のものを築きあげること、およびそれに力を貸し合うこと以外にはあり得ないと考えられる」（高橋和巳「アジア主義」清水幾太郎編『現代思想事典』講談社、一九六四年）。

いわゆるアジア主義の思想は、未完であり、プロセスであり、その水脈は文化・風土とともに変転しながら、永続する課題であろう。竹内好の説く、中国における古代からの革命観は、これからの「アジア主義」を考える鍵になると思う。革命とは「天」の意志であり、統治者が天の命に逸れたら、変えるしかない。それが革命。したがって革命は善であり、破壊ではなく建設だという肯定。また支配者の不都合があれば、人民はそれに「起義」を起こすことができる。「起義」が成功すれば革命であり、失敗すればただの「乱」で、起こしたものは賊だ、というのが中国古来の思想だという。いまの中国の革命観は、革命を長期にわたる継続事業と考え、日常努力の積み重ねと考えていると竹内はいう。さてこの古代から培われてきた理念は、いまの中国で忘却されてはいないか。日本では、革命は西洋のレボルーションの翻訳として、狭義の政権革命と解釈されがちであり、その点、中国の革命観の、理念としてのスケールの大きさにおよばない。「東洋的革命観」の目覚め、これも示唆された今日的課題ではなかろうか。

いずれにせよ、天心に連なる昭和のアジア主義者たち、宮崎滔天、北一輝、石原莞爾、そして中村元、吉川幸次郎、竹内好、高橋和巳など、彼らの思想を洗いなおすことによって、中国をはじめとするアジアへの認識を立て直すことが、われわれの緊急な課題ではないかと思う。同時に中国側からも歴史的怨念を煽るナショナリズムを超え、こうした日本側の人々の中国、アジアに対する真摯な思想的努力を謙虚に研究し、相互理解の窓を大きく押し開くことが望まれる。文化・友好の交流は、細い流れながら、民間では現実にすすめられている。「東アジア共同体研究所」設立の動きもその一環である。その流れが大きな河になるとき、アジアの未来に希望は拓けるだろう。

『鈴木大拙全集』

水は器の分だけしか汲めない。器が小さければ汲む水の量もわずかである。鈴木大拙の三二巻におよぶ全集を読破したいと、書棚に揃えてみたものの、結局つまみ食いにしかならない。インドを発祥地とする仏教は、中国、韓国を経て日本へもたらされ、思想、文学、美術、建築などの土台となっている。長い歴史をかけて道教や儒教、在来宗教の思想と混合して、生活や身体動作にまで「日本的特性」を創ってきたともいえる。

しかし、明治以降の欧化主義から戦後のアメリカナイズによって、その「日本的特性」も変質し、アジア的なものは伝統という後景に押しやられている。大方のお寺は葬式仏教へ軸足を移し、死者送りのセレモニーを儀式化している。かつてお寺が修行の場であり、悟りを開くための思想を学習するところだったということは、大方忘れ去られている。鈴木大拙がアメリカへいって、彼の地で仏教思想の普及を図ろうとしたとき、師にあたる釈宗演、宗活の地均しがあったとはいえ、興味を持つものや理解者はわずかではなかったか。そういう状況下で、解釈の微妙な『大乗起信論』を英訳して、一躍学会の注目を受けたというから不思議である。華厳経の「三界唯心」につながる起信論の唯心は、如来蔵を指すといわれる。如来は字義通り宇宙の摂理（ダルマ）として理解されている。

素粒子研究や量子力学など科学が進化した今日では、如来とは宇宙の生命エネルギーだと言い換えれば、すぐに納得がいくけど、当時は高度な一部の知識人にしか了解できなかったのではないか。禅の修行で、瞑想の技術を鍛え、思惟の先端で直感的に触知した存在の本質性は、おいそれとは俗人に理解できるはずもない。

ましてやそれを二十五歳で見性（体得）した、というから大拙は飛び抜けた知性の持ち主だったといえる。

宇宙におけるあらゆる現象は、互いに限りなく関係しあっており、どの一つの現象を見ても、その中に宇宙全体の関係エネルギーが収まっている。人間の心の些細な動きにも同じく働いている。三千大世界は絶対の一点に含まれ、永遠の過去も未来もそこに包まれている、という華厳の思想から、大拙は「即非」という概念を創っている。ことばを変えれば、個人は宇宙であり、宇宙は個人に他ならぬということか。そうなると宇宙エネルギーは、常に運動して変化するから、存在も常態ではなく無常だという仏教の存在認識も当たり前のことと了解される。

如来も無常の概念もその通りだと納得したら、どうして「信」の問題が出てくるのだろう。真理が真理としてそうなっているなら、それを認識すればよいのであって、信じようが信じまいが関係ないことではないのか。

しかし、仏教はアジアだけでなく、世界宗教として位置づけられている。宗教は救済の原理を持た

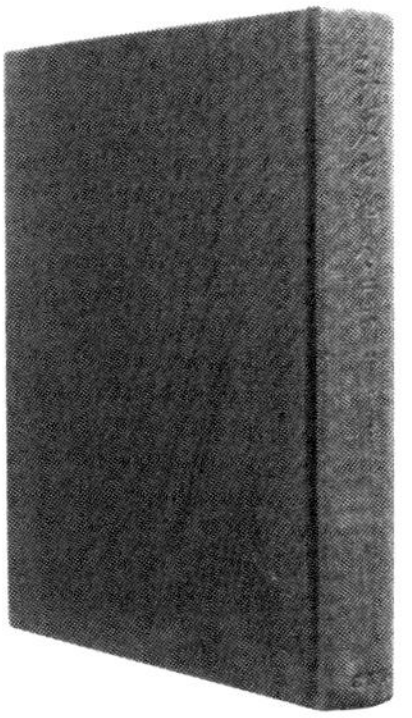

なければならない。高度の認識訓練と技術を必要とする禅宗は、その資格に値する人物は救済出来ても、一般の俗人を救済する手立てにはならない。マックス・ウエーバーの『アジア宗教の救済理論』によると、原始仏教では、クシャトリア（王侯貴族）が主に僧侶になっており、ヴァイシャ（商人や農工民）、シュードラ（下層賤民）は入れなかったようだ。つまり仏教は、バラモンの教義儀礼の呪祷やその救済論理を否定して、バラモンにはなれなかったクシャトリアの知識人を受け入れる宗教思想を拓いたということだろう。バラモンとの教義論争がかなりなされた様子は、仏典からもうかがえる。そしてバラモンから仏門へ宗旨変えした集団がいたことも記されている。ただし、法華経の譬喩品《ひゆほん》では「無知のひとびとのなかで、この経を説くことがないように。もしも素質が鋭利であって、智慧が明らかであり、多くを進んで開き、記憶力よくものおぼえもよく、仏道を求めるものがあるならば、このようなひとのために、この経を説くべきである」と舎利仏に説いている。

原始仏教が小乗として区別されるのは、こうした特定の資質を備えた人々しか経説の対象にしなかった事情によるのかもしれない。禅宗も自力宗であり、師との禅問答は高度な知性を必要とする。自己の開悟と救済を主とするから、本来なら小乗ということになるが、大乗思想によって、栄西の「興禅護国論」のような世俗の救済にも意を用いる宗旨へ発展している。大拙の場合、自力宗と他力宗の宗派的見解の違いを、華厳思想で橋渡ししながら、特に浄土真宗の親鸞の歎異抄には「これが本当の宗教である」と賛同している。こうした宗派を超えた仏教思想の掴み方が、大拙の三二巻におよぶ言説を残し、また彼の英語力が、アジアから西洋への仏経思想の橋渡しを実現させたのである。

大拙老師が仏陀の徳目をどう実践したか、つまみ食いの余地はまだたくさんある。

中村 元『龍樹』

書評を読んだり、読後感を聞いていると、本の読み方には幾通りもの好みがあるなと感じる。当人にとっての名著は、この好みによって選択されるだろう。「分かりやすい」「分かりやすく書かれている」「書かれていることはよく分かった」と、著者の舞台で一緒に舞うタイプと、上から目線であげつらう評論家タイプ。「分からん」「……を言おうとしているのか」と自分の土俵に引き込んで四つ相撲をとっている鉢巻き型など様々である。わたしの場合だと、四つ相撲タイプに入る。理解の難しい本ほどわたしにとっての名著である。

『大乗仏典』（中央公論社、一九七四年刊）の一四巻『龍樹論集』（梶山雄一・瓜生津隆真訳）を読んだとき、書かれていることの大部分が理解できず、パニック状態に落ちた。学生のころ、当時の先端的文学論（と思えた）ルカーチの社会主義リアリズム論を、佐々木基一や蔵原惟人を介して学習した思考のくせが、この高度な形而上的思惟を余計に訳の分からないものにしていた。仏教的思惟の在り方については、とくに法華経の比喩品などを通して親近感を深めたが、この龍樹の「中観論」は、部分的に強烈な詩的インスピレーションを刺激したかと思うと、否定の否定は肯定ともならずまた否定、悪い頭をいよいよ混乱させたのである。そうなると四つ相撲取りは、この本から逃げられない。勘どころのはずれたところに傍線を引いては、つぎ読み返すときは次ぎの節に傍線を入れているという具合である。

ここで取り上げる中村元著は、講談社学術文庫（二〇〇二年）である。『仏教語大辞典』（東京書籍）や『新・仏教辞典』（誠信書房）で、語彙の意味を確認しながら、偉大な仏教学者の解説を頼りに相撲を取り直すのだが、やはりお手上げの部分がどうしても残ってしまう。

この分かりにくさの理由はなぜ起きるのか。一つには漢字へのこだわりが挙げられるようだ。鳩摩羅什の漢訳が、極端な意訳になっており、「漢文の性質上種々の解釈が可能となり、解釈者は自分の漢字の常識をもちこんで、……勝手に解釈すること」が中国では行われていたという。たとえば「無」と「空」とは全く別概念であるのに、同意味にしたり、混同して用いているなど。「無」に本質はないが「空」

には本質がある。空の本質を体得するのが慈悲である。そしてこの「空」という概念は「縁起」と同意でもある。縁起という実体はないが縁起という本質はある。しかし、「有る」という概念は否定されねばならない。「空」は何もないことだから。ここで、「有と空」、「有と無」の混乱が生じる。「有」の対象概念は「無」だが、「空」には対象概念が成り立たない。空は本質も実体も包み込んでいるからだ。形而上のリアリティーと、形而下のリアリティーという視点でみると、その双方を同時に論じようとする無理が、龍樹の中論の理解を難しくしているように思える。外側の存在認識と心の作用認識を混同させるような記述である。

龍樹の中論＝中観論で、最初に理解の糸口を掴んだと思ったのは、第一〇章の「火と薪との考察」であった。薪が燃えるのは薪の持っている自性か。であれば薪は火がなくても燃える。火は火という自性を持っているか。であれば薪がなくても火はどこでも燃えている。薪と火という自性はなくて「縁起という相依存性」で、燃えるという現象（実体）が起きている。同じように存在はすべて空の縁起において現象化している。空には何もないから存在も空であり、縁起するものはすべて空（五蘊皆空）である。しかし縁起というとどうしても時間軸と空間軸におけるものの運動性をイメージする。だが空論ではこの運動性をも否定しているように受け取れる。縁起という作用（関係性の認識）に実体はないし、エネルギーの作用に実体はないが、作用は目に見えない運動ではないか。これならば、ヘーゲルの正反合の弁証法における無限発展の思考と比較しながら、縁起には発展もなく後退もなく、瞬時の相依存を生起させているだけと了解できる。この中論の縁起は、マルクスの社会的関係性の規定とも相照らして、相互依存の共生関係を追求する現代の思想課題とも重なってくる。

このあたりまではついていけるが、運動否定論や時空論にいくと詭弁的な印象が強くなる。運動論ではサ行の動詞活用が展開されたような、去る、去らない、去った、去れば、去れといった論理が続く。どうも誤解があるようだ。中村元選集『東洋人の思惟方法』（春秋社）の第三巻は「日本人の思惟方法」である。それによると日本人は美辞麗句はうまいが、論理的思考に弱く、もっとも早く移入された三論宗（中観の思想）も発達しなかったという。その文化風土で教育を受けた私の場合も、同質の弱点を持つために、仏教哲学の論理についていけないのかもしれない。また、最初から読み直し。名著の名著たる由縁は分からないところが残るということか。

玉城康四郎『宗教と人生』

古いヤツだとお思いでしょうが、わたしにとって「名著」とは、こころの糧として、事あるごとに手をのばす本である。目まぐるしい情勢の変動に弄ばれながら、数年前の発刊物を時代遅れの知識、情報としてポイするような風潮は、やはり嫌である。普天間基地を何処かへ持って行け、グアムへ、辺野古へ、県外へとトンボの眼のようにぐるぐる回されたり、尖閣は日本の領土だ、いや沖縄・琉球のものだと突っ張ったり、安保、安保とアメリカ様の手の内で踊らされるのもウンザリである。沖縄返還に絡む「密約」の問題も未処理だというのに、特定秘密保護法案の上程だと騒ぐ。日米安保条約を楯に軍隊の強化、憲法改悪とまるで戦前返りの情況である。西洋を真似た日本の、アジアで繰り広げた植民地戦争の傷跡も未処理のままだというのに、一体何が狂いだしたのだろう。

財産持ちのプロクルーステスは「旅人を自分の家に泊めてやるのはいいが、大小二つの寝台をもち、背の高いのは小さい臥床に、低い人は大きい臥床に寝かしつけ、(臥床の大きさに)足りない分は引き延ばし、大きすぎる分はノコギリで挽き切って殺していた。テーセウスは彼のやった同じ方法でプロクルーステスを殺した」。このギリシャ神話をこんにちの国家と照らして、どう解釈するか。

さて今時は、宗教と聞くだけでそっぽを向く人々が多くなった。その点、この本は題名だけで敬遠されるかもしれない。しかし何時の時代にも、人はものを考え込むように仕組まれている。科学的思考の発展で、専門的な分野が多くなり、神や仏は存在するのか、人はなぜ生きているのかといった、包括的、統合的思惟の傾向はすっかり片隅に追いやられ、影が薄くなっている。旧制高校のデカルト、カント、ショウペンハウエルの寮歌など記憶の彼方へ消えてしまい、哲学や宗教の分野に入る形而上学的な問題は話題にもしなくなった。

それにしても洋の東西を問わず、十九世紀末から二十世紀初期にかけて生を承けた人たちに、不思議と思索的なタイプが多いのはなぜだろう。この本でも触れているように、日本だけみても内村鑑三、岡倉天心、清沢満之、夏目漱石、西田幾多郎、鈴木大拙など、いずれも「人生とは何ぞや」と根源的な思惟を展開した人々ばかりである。インド思想を専門とする著者は、巻末の鈴木大拙論に見るように、当然にもこれら先達の思惟の軌跡を辿り、消化しながら、この人生論をまとめたものと読む。

大正四年生まれの著者は、日本の思想的反動期に教育を受けたはずだ。すると黙して語らずの時代的試練のもとで鬱積した思惟の成果を、戦後になってまとめたのが本著だということになる。初出の掲載誌をみると一九六〇年から七一年までに発表した論集になっている。第九章は「大法輪」に掲載された論文「自己批判・経験主義・大衆の力（米・中復交に憶う）」だが、この論文だけは異質で、生々しい情況論になっている。米・中復交の政治的、思想的緊張関係をどう理解し、アジアひいては世界の未来にどのような希望をつなぐかという著者の見解が記されている。時代情況の変差はあっても、著者の思想の基本は現在でも十分に耐え得る視点だと共感する。

こんにち尖閣問題や軍事強化で、日・中関係は緊張のボルテージを高めているが、それにどういう思想で対応すべきか、示唆を与えてくれるのである。残念ながら純粋思想は、常に現実に裏切られる。毛沢東の実践語録は中国古来の人生観を基礎にしているが、革命の成果はゆがんだ現実となっている。もっと長いスパンで国

家や社会の体質変遷を見つめなければならないということかも知れない。

本著は第一章の「宗教のめざすもの」から、第八章の鈴木大拙論まで、アジア・仏教の思想を軸に据えて、世界思想と比較しながら、その差異と共通性を簡潔に整理している。西欧のデカルト、カント、ヘーゲル、ハイデガーらの理性論、理念論、実存論や、アメリカのデューイらのプラグマチズムと、アジアの思惟方法と思想の比較検討は、要点をついていてなるほどと頷かせる。岡倉天心は「アジアは一つ」と結論したが、玉城康四郎は世界の思想は、科学主義とか神秘主義とか沢山のイズムに分けられているが、窮極の実存、縁起論（関係性）の認識では共通している、つまり「世界の思想は通底している」と解明する。どの章もエキサイティングだが、わたしは、特に第七章の「思想における東と西——とくに実存哲学・仏教・現代インド思想」に注目した。三枝充悳の『東洋思想と西洋思想』によると、すでに一九三九年から一〇年ごとに「東西哲学者会議」が開かれ、東西思想の比較研究が第二次大戦後も継続されているという。

風雲急の東アジア情勢を考え合わせるとき、思想の根源において洋の東西共通性を確認し、そこから対話の窓を押し開くことは、いよいよ迫られた課題ではないかと思う。先達たちの宝石のような思想をもっと発掘しなければならない。

河野信子

一九二七年生。女性史研究、哲学。著書『火の国の女　高群逸枝』（新評論『近代女性精神史』（大和書房）『火の国の巡礼』（工作舎）『媒介する性』（藤原書店）。

『古事記』

「六〇年安保」の大波が、参加した人びとも納得しないまま、静まってしまった後、『古事記』を読む気配があらゆる場所で起った。

歴史書としてではなく、文学書として、しだいに魅せられた人は多いものであった。人びとは、『古事記』に自在な想念を抱きはじめた。

序文からして、いくらでも、想像力をふくらますことができた。歴史書ではないのだから。読み手にとっては、正解などはどうでもよく、一行一行に心を遊ばせればよかった。まず書き手である太安万侶の序文からして、人びとは仮説まみれになっていくのである。

――然れども、上古の時、言意《ことばこころ》並びに朴《すなお》にして、文を敷き句を構ふること、字におきてすなわち難し。已《すで》に訓によりて述べたるは詞《ことば》に逮《およ》ばず、全く音を持ちて連ねたるは、事の趣更に長し。(『古事記』倉野憲司校注本、岩波文庫、一九六九年。原典は七一二年。『古事記』からの引用はこの書による)

日本(六八一年＝天武帝十年、飛鳥浄御原令編纂開始の頃から日本になったとする)に『古事記』書きあげの頃に固有の文字があったかどうかはいまだ不明である。『古事記』は漢字から音を借り、意を借りして、変則漢文で書かれている。

語り部の一族であった稗田阿礼の誦む――誦むとは、語りなのか、読みあげなのか、いまだ不明である。西郷信綱はその著『古事記研究』(未來社、一九七三年)において、太安万侶は漢文の能力だけではなく、出自からして阿礼の語りがわかる人であったと究明している(歌謡だけは、音をそのまま文字に移す手法をとっている)。

ここで、『古事記』本文との対話圏に入ることにしよう。私が最も気に入っているのは、冒頭の部分である。

天地《あめつち》の初めて発《ひら》けし時、高天《たかま》の原に成れる神の名は天之御中主神《あめのみなかぬし》。次に高御産巣日神《たかみむすひの》。次に神《かみ》産巣日神《むすひの》、この三柱《みはしら》の神は、みな独神《ひとりがみ》と成りまして、身を隠したまひき。

「神が成る」とは、まこと生まれる、出るなどと異って、「実が成る」を思わせる。何もしないで行ってしまうのも、これらの神を知る上でこの上もない特徴である。

十人集まれば十種類の『古事記』解が出てくるのも、日本の「神」観念の自在さといえるであろう。ここに私の心躍らせた一例がある。

　ここに小碓命《をうすのみこと》、その姨《みをば》倭比売命《やまとひめのみこと》（伊勢神宮の斎宮―引用者）の御衣御裳《みそみも》を給はり、剣《たち》を御懐《みふところ》に納《い》れて幸行《い》でましき　（『古事記』）

ヤマトヒメの衣裳を着けて、オウスは熊曽建《くまそたける》兄弟の宴に加わり、宴酣《たけなわ》なときになって、兄弟を刺し殺し、ヤマトタケルの名をもらった説話は周知の展開である。

西宮紘氏は、ヤマトタケルの来歴をつぎのように展開している（『日本書紀』には、ヤマトタケルの物語は無い）。

　――ヤマトタケルが熊襲征伐をする際に女装したということの中にも、すでに巫女という存在がいかに重要な役割を果していたかが予測できるのだ。女だから熊襲建は気を許したのではない。ヤマトタケルが巫女としてあらわれたから導き入れたのだ。ヤマトタケルの女装に用いた御衣御裳が大巫女であるヤマトヒメから賜ったものであることによって証明されている。それこそヤマトヒメの生きみたまのついた神衣であったからにほかならない。

（西宮紘『鬼神の世紀』工作舎、一九九三年）

意味と観念とが交錯し合う場が、『古事記』の文学性である。

また、『古事記』では、「泣く男」たちが登場する。

まず、イザナキ。イザナミが火の神を生んだことで死んでしまうと、イザナミの死体のまわりを這いながら、泣きつづける。

次いでスサノヲである。イザナキは、スサノヲに海原を治めることを申しつけるが、スサノヲは、泣いてばかりいる。山は泣き枯らし、悪しき神たちは「さばえ（蠅）のように発生する」（『古事記』）。わけを聞いたイザナキに「妣《はは》の国に行きたい」とつげる。イザナキは怒り、スサノヲを追放する。これが、スサノヲの放浪のはじまりであり、出雲神話と結びついていく。

ついで、大国主神《おおくにぬしのかみ》である。スクナヒコナと二人して国造りをしているが、スクナヒコナは常世《とこよ》の国に去っていく。そこで大国主は泣く。「吾独りして何《いか》にかよくこの国を相造らむや」と。

佐佐木信綱編『新訂　新訓　万葉集』（上下）

歌詠みでなくても、つい読みふけってしまう文庫本である。持ち歩いても退屈することはない。しかも、万葉仮名ではない和文で読めるのも、ありがたいことである。

読み進むうちに、それぞれ、「自己自身にとっての読み方」を意識下に作っていく。この意識下の世界は、大別して、三種あるといえるだろう。

「貧窮問答歌」（山上憶良）の流れ（巻の五）。そして額田王《ぬかたのおおきみ》への誇り高い共感。ついで生活者の淀みもし、あふれ出しもする歌――深層から吹き上げもするが、沈みもする。

それぞれに、世相とともに、ある傾きを持っている。

「貧窮問答歌」が、多くの場所で引用されたのは、労働運動が、高揚していた時期であった。人びとが「インターナショナル」や、「赤旗の歌」などを歌って、デモンストレーションをしていた時代に、多くの労働者の運動用のテキストに「貧窮問答歌」は引用されていた。なかには、教員組合の教師が、「朕《ちん》は、たらふく喰っている。汝臣民飢えて死ね」とプラカードに書いて、検挙された人もいたが、「不敬罪の時代ではない」と間もなく、釈放された。それでも人びとは、「貧窮問答の歌」

を自己の生活に重ねては、共感を示していた。

私の通っていた戦時下の女学校では、東大新人会出の教頭の野口先生が、女学生たちにこの「貧窮問答歌」を教えていた。今にして思えば、どんな時代も、一色にぬりつぶされるものではない。

ついで、フェミニズムが抬頭してきた時代には、額田王《ぬかたのおおきみ》の「熟田津《にきたづ》に船乗りせむと月待てば潮もかなひぬ今はこぎ出な」への、胸おどる共感である。「女にも、いや女こそ、一軍を動かす、言魂《ことだま》を手にしている」と主張していた頃である。精神の上流性を、女たちは声高に叫びはじめていた。

だがこれは、精神の上流性にともなう無限責任を「馬鹿の高上り」と皮肉な眼で見るようになっていって、額田王に共感はしても、真似をしようなどとは思わなくなった。

そのうちにそろそろ、「生活者としてのエネルギーとは何か」を考えねばならぬ時に来ていた。

藤原書店では、女と男の関係史として『女と男の時空』が、企画された。

その第一巻『ヒメとヒコの時代』には、河野裕子（故人）の「万葉女流たちの心性と言語表現」が掲載されている。すばらしい力作である。

なかでも笠女郎《かさのいらつめ》の

相思はぬ人を思ふは　大寺の餓鬼の後《しりへ》に額づくがごと　（巻四）

を引用し、「笠女郎の恋は、満たされることのない恋だった。片思いの極みに、遂に家持に向かって叩きつけた絶縁状としての歌。すっぱりと啖呵を切ってみせたこの歌は、自嘲と悲哀をふくみつつ、実に滑稽《こっけい》であり、相手を揶揄する余裕さえ見せている」（三〇四頁）、とつづけておられる。

『万葉集』の時代、女と男の関係は、自在であったとも、そうではなかったともいわれる。妻問婚であったのか、それとも夫方居住婚であったのか、妻方居住婚であったのか。それもまだ定説はない。

女たちは「自在に語ることはなかった」とも、「言いたい放題であった」とも言い切ることはできない。

仮名文字もまだない。にもかかわらず、であればこそ、人びとは、声に出していうことばを拡散させていたのであろう。

『万葉集』は四五〇〇首。そのうち、女の歌人は一〇六人、歌数は、五三五首。

『万葉集』は、声の文化を結集させたものであるか、文字の文化が支配しはじめた頃に完成したものであるかを、つきとめることは、困難である。

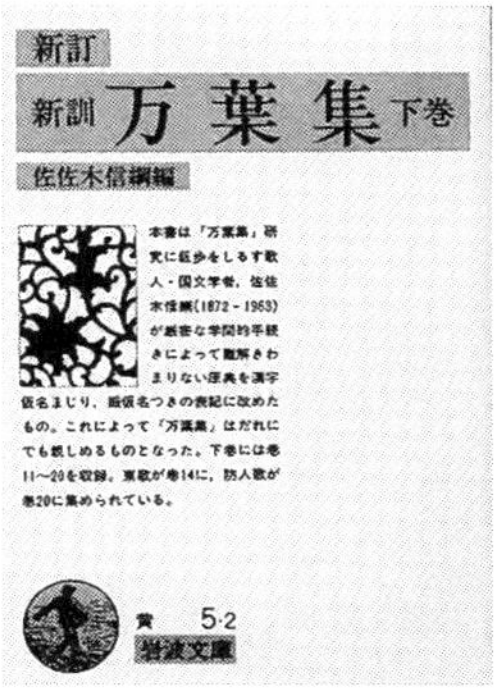

本書の編者、佐佐木信綱氏は、「万葉集は、古事記と並んで、日本の古典として世界に示すべきものである。また、源氏物語と並んで、日本の文学書として世界に誇るべきものである」と書かれていて、高く評価されている。

編者は、となると、橘諸兄という説と大伴家持という説とがある。しかし、とても一人の手で、なったとは考えられていない。

「たとえば巻一・二は勅撰、巻五・十五および十七以下は、個人の家集、巻十四は東国民謡集、となっているので、巻によって編者が異るものがあるらしい。ただしそれが二十巻にまとめられたについては、家持の手を経たとする考えが有力である。」

（佐佐木信綱編『新訓　万葉集』）

いまのところ私は、『万葉集』を、品定めだの、考証だのに熱意を持つよりは、ひたすら読んだり拾ったりで楽しむものとしている。

高群逸枝『母系制の研究』（『高群逸枝全集』第一巻）

高群逸枝の全集から浮上するキーワードは、「多祖現象」・「母性我」（主として、『女性の歴史』において展開される）・「女の霊能」・「寂滅」（『恋愛論』の究極を考える折に行きつく、延長点の思想）の四種である。

これらは、そのときまでの女性史家たちが提出することはなかった、高群逸枝独自の新鮮さに充ちている。

日本人の系譜

『母系制の研究』のなかで、母系そのものに行きついたのは、キーワードとしての「多祖現象」である。

多祖現象に考えを及ぼしたのは、本居宣長の『古事記伝』である。ここで、「何故本居宣長なのか」については、あまり説明されていない。本居宣長がこだわったのは、「日本人の系譜」についてであり、和魂である。

日本人であると否とにかかわらず、人がこだわるのは、自らのルーツであろう。

それも、地球創生以来の石や植物や動物にまではさかのぼらないのである。

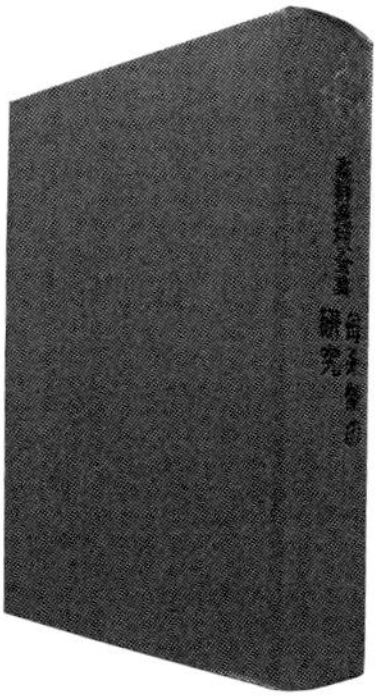

「どこの馬の骨かわからぬ」といわれるのを、人は最もきらった。これは、最近のゲノムの研究までも引きずられている。ゲノムの種類は、天文学的数になっていて、同じものは、出てこない。

現代でもなお、日本人のルーツを「正確」に展開するのは無理といわれている。北方説、南方説、騎馬民族説、大洋説、と入り乱れていて、定説はない。

石川三四郎などは、日本人は、中央アジアから、タイ、雲南を通り、日本へと移動したといった展開をしている。

高群逸枝にとっては、「あれも、これも」というわけにはいかなくなったのであろう。

多祖現象――父系・母系・双系

本居宣長は、日本人が、一祖一氏ではなく、一氏多祖であることに気付いた。

ここから高群逸枝の多祖現象の研究がはじまる。

――『古事記伝』のページをめくっているうちに、ふと古代系譜に多祖現象の多いことを発見し、これが私の母系学説を樹立する最初の鍵となった。

（『火の国の女の日記』）

父系でなければ母系というように思考を移すのは、現代の眼から見れば、すこし異様なもののように見える。

戦後の日本の民法は、婚姻によって、姓を決めるに当って、母方か父方のいずれか一方にするようにとなっていて、姓について、父系だ母系だということは、あまりいわないことになっている。

だからといって、英米系のように、父系・母系併記というわけにもいかない。並記をすれば、必ず、婚姻届の受付で、争いになってしまう。窓口で後に引かないために、受付の係によって、やむを得ず、受付けられた人もいることはいる。

高群逸枝は、多祖現象を、同一氏族のメンバーでありながら、それぞれ別の先祖から出ていると称しているからだととった。

現代の意識を持ってすれば、この多祖現象は、父系・母系・双系のいずれからも出てくる現象である。

だが、感性では、双系でありながら、書類上は、母系であったり、父系であったりしている。これについて、高群逸枝は「氏称に固有母系を維持し、出自に招婿父系を記録した」と展開している。

系譜の記述

それで、系譜のこまかい記述が必要となってきた。

まず氏別表が作られ、「多祖の研究」「複氏の研究」「諸姓の研究」「賜氏姓の研究」とつづいていく。

本居宣長も使ったが、高群逸枝も『新撰姓氏録』を使っている。この書には、一一八二の氏族を、皇別（天皇を祖とする）、神別（神代の神を祖とする）、蕃別（外来の移住民）などと分けている。これらは、氏称も姓も途中からあらわれたものである。

はじめから系譜があったわけではない。親は二人、祖父母は四人とたどっていき、単純に計算していくと、十代前の親たちは千人をたやすく超え、二十代前ならば百万人を超えるはずである。ところが、このように親たちは、増加してはいかない。

親たちも五代前あたりで記憶から欠落する場合もある。現代の日本人で五代前までできさえ、きちんと書ける人は、めったにいないわけである。

姓にまつわる錯雑を、かきわけながら、とにもかくにも出来あがったのが、『母系制の研究』であった。

多祖現象は父系でもなく、母系でもなく、双系からも出てくる可能性がある。しかし、現在のように、双系制などといおうものなら、学界の批判をまともに、浴びなければならない。本書に双系制への言及が全くないのも、学界における展開が影響していると見ていい。

泉 鏡花『高野聖』

水の怪異を、美女に仮託して展開した文学作品である。

水はこの作品では、二重存在として作用する。それも半端な二重存在ではない。加害の相をあらわにする時には、癒しの一要因も含まれずに、人（ここでは品性下劣な人物たち）を動物に変える。あたかも美女自身が観音力と鬼神力の相互作用を自在にあやつる存在であるかのように。

この作品は、「宗門名誉の説教師で、六朝の宗朝という大和尚」が高野聖であった若いころの追想として語られる。

「寝る時、上人は帯を解かぬ、勿論衣服も脱がぬ、着たまま円くなって俯向形に腰からすっぽり入って、肩に夜具の袖を掛けると手を突いて畏《かしこま》った。」

この寝姿について何の説明もない。非合理であるとか休まらないであろうとか、読者が考えるのは『不要な』ことのように見える。

語り出された、高野聖時代の話はつぎのように展開される。

まず、富山の薬売りは、「これや法界坊」と頭から高野聖を馬鹿にしている。

この薬売り、煙草は吸う、焼酎はのむ。女とみれば口説きはじめる。高野聖は不快でならぬ。

この薬売りと同行したくないばかりに、別の道をとる。これが災難のはじまりで、大量の蛭におそわれる。

「凡そ人間が滅びるのは、地球の薄皮が破れて空から火が降るのでもなければ、大海が押被《おっかぶ》さるのでもない、飛騨国の樹林が蛭になるのが最初で、しまいには皆血と泥の中に筋の黒い虫が泳ぐ、それが代がわりの世界であろうと、ぼんやり。」

やっとの思いで、蛭の林を抜け出して、一軒の山家の前に来る。

ここで、はじめに会ったのが、子供のような白痴の青年である。この青年が美女の夫である。美女は、手抜きをすることなく、夫に心をこめて仕えている。

次いで美女があらわれ、高野聖を谷川へ誘う。

冷たい谷川の水で、生き返った思いの高野聖は、美女と青年の家に泊めてもらう。

高野聖の心はゆれる。このまま、この美女のもとに、二人の心あたたまる共同の暮しを選んだほうがよいのではなかろうかと。

何故と語ることはいっさいなく、それでもやはり、高野聖は、修行の旅をつづけることを選ぶ。

この事態のいきさつに説明がつくのは、終章においてである。

美女は、両親と似ても似つかぬ、玉のような女の子として生まれた。父親は村の医者であり、眼科以外は名医とはいいがたい。そこでこの娘は十七、八歳になると、父親を助けて、「手かざし治療」をおこなう。

白痴の青年も始めから白痴であったわけではなく、聞きわけのよい少年であった。少年をつれて来た父親と兄とは、農業の忙しさを口実にして、医院から逃げ出してしまう。

医者である美女の父親は、少年の手術を強行して、失敗し、少年は白痴となる。

そこで美女は、白痴となった少年の世話をするうちに、夫婦となる。

その後、村に大雨が降りつづき、二十戸ばかりの家は流されてしまい、父親の医者も母親も死んでしまう。

助かったのは、美女と少年だけであり、山の家へ、少年を送って行っていた美女と少年だけが、洪水をまぬがれた。

ここで、山の一軒家のまわりにいた、動物たちは、美女によからぬ心で近づいたために、谷川の水によって変身させられたものたちである。

言い寄る男たちは、美女に一片の敬意も持たず、性的な欲求だけで迫り始める。そこで、谷川の水がかかったその時に、男たちは、動物に変えられてしまう。

起因は、谷川の水か、美女か、泉鏡花は、最後まで書き込んではいない。

美女のまわりの風土は、あくまでも、神秘性を持たせて、書き抜かれている。

ここに展開される人の行為は、納得できがたい面が、いくらでもある。むしろ納得できない場合のほうが多いくらいである。

その場を、納得させることは、文学の役割ではない。そのことを、泉鏡花は、よく知っていたであろう。読者としての私は、その非合理性をそのままに受け入れることにした。

なかでも『高野聖』は、非合理性をそのまま、否、むしろ、非合理だからこそ魅せられるのである。泉鏡花の数多くの作品のなかで、『高野聖』は、私を最も魅了する作品である。

ストーリーの展開は、この作品では追う必要のないことであったかもわからない。一行一行に書き込められた言葉を、そのままに、感じとれば、その時間が、どことなく至福の時間となっていると、思われるのである。

小林 登

一九二七年生。小児科学、子ども学。著書『風韻怎思』(小学館)『育つ育てるふれあいの子育て』(風濤社)『子ども学のまなざし』(明石書店)。

井口隆史『安部磯雄の生涯――質素之生活 高遠之理想』

本書のタイトルの安部磯雄先生のお名前を、私は小さい時から知っていた。広島に生れ東京に出て日本画を学んでいる時、同門の父と結婚した母から、「安部先生のような立派な人になりなさい」といつも言い聞かされていたからである。

昭和初め生れの私は、敗戦まで安部先生というと本書のタイトルの様に、「自らに厳しく質素な生活をおくり、高遠な理想をかかげた、貧乏人の味方であるクリスチャンの立派な大学教授」というイメージしか持っていなかった。しかし、敗戦により閉校した海軍兵学校から旧制第一高等学校に入りなおして、野球の父でもあり、社会主義者の政治家でもあることを知った。そこでは、野球部の活動も、左翼運動も活発だったからである。しかし、何故クリスチャンになり、社会主義者になり、更には政治運動まで入ったか、不明であった。本書がその答を与えて呉れたのである。

著者は、安部先生の自伝『社会主義者となるまで』（一九三二）、片山哲著『安部磯雄伝』（一九五八）、伊丹安広著『野球の父・安部磯雄』（一九六五）、高野善著『日本社会主義の父、安部磯雄』（一九七〇）などの著作と共に親族の方々の資料なども細かく調べて、本書をまとめ上げたのである。資料の中では、末娘の夏さんが所有していた安部夫人駒尾さんの日記が、特に重要な役を果している。それは、安部先生の生涯を、夫婦や家族の関係という内なる立場から捉えて、本書をユニークなものにしているからである。

安部先生は一八六五年（元治二年）に福岡で生れ、十五歳で故郷を離れて京都に行き、新島襄先生の設立された同志社大学の前身である同志社英学校に入学した。そこでキリスト教を学び、自ら入信の意志を固め、新島襄先生の洗礼をうけたのである。母親にキリスト教に入信したと知らせたのは、入学の翌年のことである。二十歳代に入って岡山で教師そして牧師を務め、二十七歳になりアメリカのハートフォード神学校に留学、つづいてベルリン大学でも勉強し、イギリス視察にも行っている。このアメリカやヨーロッパの旅で、キリスト教ばかりでなく、社会事業、社会主義も学んだのである。このような生き方の全ては、先生の生来の人道主義的な優しい人柄と責任感から生れたと思われる。

政治家としての安部先生の生き方をみると、非暴力に徹し、あくまでも民主的に議会を通して社会を変えようと主張しつづけた姿には感銘をうける。また足尾銅山鉱毒事件のような公害問題ばかりでなく、公娼制度の廃止、産児制限などの女性解放運動の問題を取り上げ、日本フェビアン協会設立に関わった先駆者でもあったことの、歴史的意義は深い。しかし、言動は何時も紳士的だったため、幸い投獄や官憲の暴力には関係なく、それ故に思想統制の厳しかった時代でも活動しつづけることが出来たのである。

一高時代のことで思い出すのは、戦争中投獄され官憲から暴力をうけ、戦後釈放され冬の記念祭に拍手で迎えられていた、いわゆる左翼人達の姿である。安部先生はそのような人達からは、穏健な人道主義者として無視されたのである。警察にマークされていた安部家は、折々現われた警察官にお茶を出す程紳士的であったと書かれている。

安部先生は明治、大正、昭和と三つの時代に生き、日清戦争、日露戦争、第二次世界大戦と三つの大きな戦争も反戦主義者として体験され、敗戦後四年の混乱の中で八四年の人生を静かに閉じられた。敗戦という結末を、日本が道を誤った結果と残念に思われたに違いない。そんな中で、駒尾夫人と二男六女との愛に満ちた家庭生活を簡素に送り、高遠の理想の言論人として生き、三十年にわたる大学教育を勤め、社会主義を通して庶民の味方になった慈愛の心に満ちた人生を送ったのである。

私事で恥かしいが、安部先生の時代を少しおくれて生きた母は、自らキリスト教に帰依出来ないと考えた真摯な仏教徒であった。しかし、私には近くの東京女子大学の日曜学校に行かせ、クリスチャンの友人にはアトリエを集会に使わせたりしていた。戦後になって、せめて息子には真摯なクリスチャンになってもらいたいと思っていたのかも知れないと考えた。しかし、戦後東大時代を過した私は、学長が矢内原忠雄先生であったこともあって、アメリカ人牧師に勧められ、一応入信したものの、自分の心に納得が行かず断ってしまったのである。

本書は五五〇頁程の大書であるが、日本の野球史を知りたい人が読まれるのは当然であるが、先ず日本文化の中で生きる日本人として、キリスト教について考えたい人にもぜひ読んで頂きたいと思った。キリスト教徒の知識人にもいろいろあるからである。そればかりではない、現在のように時代が動くなかで、教育の在り方、政治の在り方を考える人達、特に若い世代の人達にも読んで頂きたいと思う。また早稲田大学の歴史を知りたい人にも有用な本であることには間違いない。

小池　光『うたの動物記』

「うた」に読まれるのはどんな動物だろうかと、動物の方に特に関心を持ったので、本書を選んだ。小学校三年か四年の時、「雪の日や、軒の小雀ふるえている」という俳句を一句ひねり、先生にほめられたことを思い出したせいもある。もっとも、それ以来、学校の授業以外に「俳句」も「和歌」も、勿論「詩」も、真面目に読んだことはない。ただ、最近チャンスがあれば、「俳句」でも作ってみたいと思い、四、五年前昔の中学生仲間の「句会」に入ったが、それも一回きりで終わってしまった。しかし、本書を取り上げたのは、意識下にあるその気がさせたのかも知れない。

小池さんは東北大学で物理学を学び、高等学校の先生をやりながら歌を勉強し歌人になられた方である。二十代の中頃には「現代歌人協会賞」をとられ、つづいて五つの賞を受けているのである。その上斎藤茂吉研究の評論でも受賞されているので、いかに歌の才能ばかりでなく、文才にも恵まれているかということは明らか。うらやましい限りである。

本書は、日本経済新聞の日曜版に二〇〇八年から二年間連載されたエッセイ百五編をまとめたものである。毎日曜違う動物をとり上げ、前半でその動物の生態などの生物的側面ばかりでなく、歴史などの文化的側面も書き、後半では動物に関係するすぐれた詩歌を取り上げて解説するというパターンでまとめられている。動物を解説する前半の導入を、どのようにとり上げた詩歌の解説と結び合せるかが、このエッセイの面白いところであり、見どころでもあって、小池さんの知識の豊富さと文才とがよくわかる。

歳時記をみると動物に関係する季語は、春の「春の駒」から始まって八十程、夏は「鹿の子」から始まって百三十程、秋は「鹿」から始まって八十足らず、冬は「熊」から始まって六十足らず、新年「嫁が君（ねずみ）」から始まって十足らず、しかし総計すれば三百五十程にもなる。日本人は、美しい四季折々に、めぐりくる人間のいとなみの中に、いつも動物がいたことがわかる。小池さんはその中で一〇五の動物を本書にとり上げている。しかし、馬と猫に至っては二回もとり上げているのである。

小池さんのこの本の巻末に人名索引があり、それをみると一七七人の歌人、俳人、詩人を中心に多くの文芸人の名前が上っているのに気付いた。早速どんな人がどんな動物をとり上げ、あるいは関係しているのかが気になった。

索引回数のトップは「斎藤茂吉」で、本書の中で二十三回も取り上げられている。小池さんは、斎藤茂吉は動物好きで実にいろいろな動物を歌にしていると教えてくれる。その中に馬が何回か出て来る。よっぽど、馬が好きだったのかも知れない。加えて、犬や猫は勿論のことタニシ、イモリ、ワラジムシまである。

税務署へ届けに行かむ道すがら馬に逢ひたりああ馬のかほ

という印税も多かった（？）茂吉の笑い出すような歌から、

黄海をわたりゆきたるおびただしき陣亡の馬をおもふことあり

という軍馬を弔い慈しむ反戦歌ばかりでなく、「あとがき」では、

親馬にあまえつつ来る仔馬にし心動きて過ぎがてにせり

という可愛らしい馬の歌までとり上げられている。

夏目漱石との交友も深かった「正岡子規」も、本書の中で十一回も登壇するが、オウム、カナリヤ、ボーフラとともに「蠅」に関係して、

人皆の箱根伊香保と遊ぶ日を庵にこもりて蠅殺すわれは

という歌を取り上げている。人々が行楽する日に、カリエスになった子規が室《へや》で蠅取りする自分を歌っている。考えれば、恐ろしい歌でもある。

童謡詩人の「金子みすゞ」は、どんな動物を取り上げ、どんな詩を作っているのかをみた。取り上げられていたのは鯨の歌であった。

暑いどてらの重ね着で、舟の舳に見て立って

鯨弱ればたちまちたちまちに、ぱっと脱ぎ捨て素っ裸

さかまく波にをどり込む、むかしむかしの漁夫たち

こんな勇壮の詩を作り、最後に「きいている胸もおどります」と詩を結んでいる。こんな歌も作れる彼女は何故三十六歳の若さで死ななければならなかったのか。

小池さんは、猫好きである。自分の猫の歌三つを自分でとり上げている。

肛門を最後に嘗めて眼を閉づる猫の生活をわれは愛する

かわいとこありまひぇんかと言ながら猫の頭を撫でておりたり
ねこじゃらし強く反応せしころのきみを思えり十年が過ぐ

小池さんの科学者として動物をみる眼差しの奥にある優しさを感ずる。

本書は動物を歌った和歌・俳句ばかりでなく詩を取り上げ、動物の生物的側面と文芸的側面を合わせて解説しているもので、その両方に関心をもつ方々にとって、また暇つぶしに何かを読もうという人にも面白く格調高い本である。一読をおすすめしたい。

佐佐木幸綱

一九三八年生。『心の花』主宰・編集長。早稲田大学名誉教授。歌人、日本文学研究。日本芸術院会員。著書『佐佐木幸綱の世界』一六巻（河出書房新社）。

川田順『戦国時代和歌集』

武道館で刊行している『武道』という月刊雑誌がある。そこに二年間「もののふの歌」というエッセイを連載した。武人や武士が作った歌、武道に関する歌等に関する短いエッセイである。その折に出あったのがこの川田順『戦国時代和歌集』（昭和一八年・甲鳥書林刊）である。これだけ多く武人の短歌を収録した本は他にない。

武士の歌について書いた本は少ない。一昨年だったか、小川剛生『武士はなぜ歌を詠むか』という本が出て話題になったのをおぼえておられる読者もあるだろう。話題になって当然の充実した内容の本だったが、珍しさに注目した読者も少なくなかったはずだ。

川田順は、そうした中で、武人の歌をもっとも広く読み、多く論じた歌人だった。ここでとりあげた『戦国時代和歌集』の他にも、有名な『吉野朝の悲歌』がある。そして『幕末愛国歌』『戦国武将歌』等、武人の歌に関する何冊もの著作を残している。

武士たちの歌は多い。平安時代末期に最初の武士として歴史に登場する源氏・平氏の武将たちから、江戸末期の大名・武士にいたるまで、しかるべき武人は当然のように和歌をたしなんだ。

中には文学的に高い水準の歌を詠んだ武人も少なくない。川田順によれば、二十一代の勅撰集に入集した武人はおおよそ二百人ほどいるという。すぐれた家集を残した者も多い。有名なところでは、太田道灌の『慕景集』、細川幽斎の『衆妙集』、木下長嘯子の『挙白集』などがあり、これらは和歌史にもその名をとどめている。

武人はなぜ熱心に短歌を作ったのか。

武将にとって、人間関係の構築・調整は生き抜くための基本中の基本だった。歌には贈答という伝統的な方式があり、また、歌会という公認された形式があった。歌の贈答、歌会への参席は、武人たちの人間関係の構築・維持・調整の場として、重要かつ貴重な役割を果たした。

上記の『武士はなぜ歌を詠むか』は、人間関係構築にかかわる和歌の効用を熟知していた人物として源頼朝の名をあげて、こう書いている。

「頼朝自身はすぐれた歌才の持ち主であった。側近と詠み交わした和歌が吾妻鏡に記録されている。いずれも場の緊張を和らげたり、相手の機知を試したりした即興の詠である。家臣との人間的紐帯を強めるために、あるいは京都の要人との交渉にも、頼朝は和歌の力を利用したようである」。

頼朝は盛んに慈円と歌の贈答を交わす。慈円は言うまでもなく当時の京都の最重要人物の一人であった。頼朝は歌によって慈円と深い人間関係を構築し、都の情報を得、貴族との人間関係を緊密にしていったのだ。頼朝は『新古今集』に二首採録されているほど、レベルの高い歌の作者で、歌が好きな人物でもあったが、それだけではなかった。鎌倉幕府の運営・安定のために、京都方の情報収集のために、歌を利用したのである。

歌会を盛んに行った武将として知られるのは豊臣秀吉である。何度も大がかりな歌会を開催し、戦国武将を一堂に集めてはそれぞれの忠誠心の軽重をはかった。

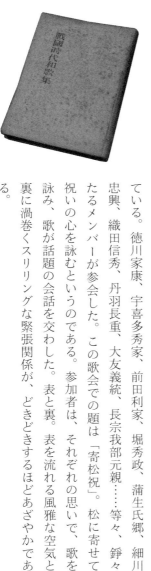

たとえば天正十六年四月には、聚楽第に天皇の行幸を仰いで、作者七十人におよぶ盛大な歌会を行っている。徳川家康、宇喜多秀家、前田利家、堀秀政、蒲生氏郷、細川忠興、織田信秀、丹羽長重、大友義統、長宗我部元親……等々、錚々たるメンバーが参会した。この歌会での題は「寄松祝」。松に寄せて祝いの心を詠むというのである。参加者は、それぞれの思いで、歌を詠み、歌が話題の会話を交わした。表と裏。表を流れる風雅な空気と裏に渦巻くスリリングな緊張関係が、どきどきするほどあざやかである。

さて『戦国時代和歌集』は、こうして歌われた無数の和歌の中で、たまたま記録に残された歌を、軍記、物語、日記、各種文書、歌合、手鑑等から探しだして収録し、注記を付した一冊である。川田順でなければ集められない、選べない、解説できない一冊である。根本資料にさかのぼっての確認がとれていない伝承歌のたぐいもあるが、この時代としては、じつによく拾ってある。

応仁の乱から関ヶ原の戦い前後まで一三〇年ほどの歌を、年代順に並べ、注記として出典、作歌事情等が記してある。

収録歌一一一二首。作者三二〇人。出典二三二点。コンピュータのない時代に、これだけの膨大な資料を編年体で採録した労力は大変なものだったろうと思う。戦争末期のたいへんな時代だったが、住友総本店の常務理事の激職を辞任して、自由な時間をやっと手に入れた壮年・川田順の渾身の編著である。

川田順というと、「老いらくの恋」の歌人、あるいはまた財界で力をふるった経済人として思い出す人が多いだろう。

私にとっての川田順は、木下利玄らとともに「心の花」の先輩歌人として親しい人物である。生前に何度も会う機会があった。小柄だが姿勢のいい、眼光の鋭い人だった。男っぽいフィーリングの人だった。

大岡 信『詩の日本語』

大岡信には『紀貫之』『うたげと孤心』等のすぐれた古典論がある。なかでも『紀貫之』は、正岡子規の「歌よみに与ふる書」の貫之否定論をひっくり返した歴史的名著であるが、ここでは私にとって思い出の深い『詩の日本語』をあげたいと思う。シリーズ「日本語の世界11」として、一九八〇（昭五五）年十一月に中央公論社から刊行された一冊だ。

この本が思い出深いのは、早稲田大学の政経学部と文学部の授業で、何年かにわたって教科書として使ったからである。『万葉集』とか「百人一首」とか、テキストが必要な授業は別として、教科書はあまり使わない主義だったのだが、この本は例外だった。

主として古典詩歌を素材に、日本文学史の諸問題を論じた本である。今の学生にはなじみにくい古典和歌がたくさん引用されているにもかかわらず、この本は食いつきがいい。たしかな手応えが感じられた。この本の基盤をなす著者の好奇心の質と方向が、学生の好奇心を刺激するところがあったからだろう。

学生の評判がいいので、何年か使っていたのだが、品切れになってしまった。学生が興味をもって読める古典評論はなかなかない。品切れになったのはなんとも残念である。

この本は、全体で一つの問題を追っている本ではない。随所に貴重な指摘がちりばめられている、そういう一冊である。たとえばこういう指摘がある。

日本の文芸理論・芸能理論の特質は、「理論の本というよりはむしろ実作指導のための、筆者自身の体験に基づく極度に洗練された教訓の列挙、エピソードの羅列という体裁をとっている」。なるほどその通りで、具体的には『俊頼髄脳』『花伝書』『去来抄』といった「髄脳」「抄物」「口伝」がすぐに思い浮かぶ。

「あからさまにくだけたいい方でいえば、芸術論ではなく芸談をということである」。「理論がないのではない。ただ、その理論は、一人の歌人、一人の俳人、一人の役者が、その修業の全過程を通じて、徐々に、かつ全感覚的に体得してきた創造原理そのものなので、それを別の人間がわがものとするには、自分も同じように苦しい修業の過程を忠実に履む以外にはないのである。芭蕉にとって「古人」という観念がどれほど重要だったかを考えてみればよい」。「彼にとって詩歌の原理とは、「西行」という名、「宗祇」という名にほかならなかったのである」。

なぜ、こういう文芸論、芸術論が書かれ、こういう文芸観、芸能観が尊重されたのか。ここから先が、大岡信ならではの重要な指摘である。

日本の美意識の根底には「深み」こそ最上のものと見る強いこだわりがある。「深み」は客観的なものではない。個人の内面の問題である。具体的に言えば、「幽玄」とか「艶」とかは、客観的に説明することは不可能で、たとえば藤原俊成の生き方と表現の中に存在するものなのだ、と見る。

こういう論じにくい「深み」とか「幽玄」とかを、本書は苦戦しながら論じている。

「あとがき」に、本書のモチーフとしての多くの「?」が列挙されている。

「なぜ、日本の詩歌は物や心の「うつろひ」をうたう時、とりわけ精彩を発揮するのか」「なぜ、日本のすぐれた詩人たちは、色ある世界の感興をうたうことから発して、色なき境地へ「しみ居る」ことを目指すようになるのか」……。

前者では、無常観と染色を関連づけて論じ、後者では、色彩を論じて日本詩歌史の大筋を浮き彫りにする。

後者に関する部分に少し触れておこうか。「わたつみの豊旗雲に入日さし……」といったカラフルな色彩世界が一般的だった奈良時代・平安時代から、「村雨の露もまだひぬ槇の葉に霧たちのぼる秋の夕暮」のようなモノクロームの美が愛好されるようになり、やがて「わび」「さび」にいたる、そんな詩歌史の流れに関する「なぜ?」の追跡である。

ま萩散る庭の秋かぜ身にしみて夕日の影ぞ壁に消えゆく

夕されば野べの秋風身にしみて鶉なくなりふかくさの里　藤原俊成
白妙のそでのわかれに露おちて身にしむ色の秋風ぞふく　藤原定家
永福門院

これらの作に見られる「しみる感覚」をキーワードにこの日本的美学の本質にかかわる大問題を追跡してゆく。はなはだスリリングである。

静岡県の三島にできた「大岡信ことば館」で昨年十一月に講演をした。終わって、大岡信さんとワインを飲み、食事をした。体調を崩されたと聞いていたが、お元気で、ワインをうまそうに飲んでおられた。

『竹山広詩集　とこしへの川——百首抄』

今年の三月三十一日の各紙朝刊は、「心の花」の歌人・竹山広の死を詳しく報じた。ここには『朝日新聞』から引用しよう。

「被爆歌人の竹山広さんが三十日、慢性閉塞性肺疾患のため死去した。九十歳だった。（中略）長崎県生まれ。長崎市で結核療養中、爆心地から一・四キロの病院で被爆した。この日は退院予定で、自分を迎えに来るはずだった兄を被爆地で探し出し、最後をみとった。

第一歌集は一九八一年の『とこしへの川』。歌壇デビューは六十一歳と遅かったが、以降、『眠つてよいか』（二〇〇八年）など九つの歌集を発表した。

〈くろぐろと水満ち水にうち合へる死者満ちてわがとこしへの川〉〈まぶた閉ざしやりたる兄をかたはらに兄が残しし粥をすすりき〉のように原爆の惨状を詠んだ歌や、生きる日々を淡々と歌う作風で評価を得た。〇二年には第六歌集『射禱《しゃとう》』と、それを含む「全歌集」で迢空賞、斎藤茂吉短歌文学賞、詩歌文学館賞の三賞を同時受賞した」。

短歌史では、広島で被爆した正田篠枝の歌集『さんげ』（一九四七年刊）が知られている。『さんげ』は戦後間もなく、占領軍の検閲を危惧して秘密出版された。限定百部だったという。作者が被爆直後に目撃した光景をスナップ写真を撮影するようにうたった歌、原爆の猛威を、怒り、悲しんだ歌の歌集である。

ピカッドン　一瞬の寂《せき》　目をあけば　修羅場と化して　凄惨

のうめき

大き骨は　先生ならむ　そのそばに　小さきあたまの　骨あつまれり

正田篠枝『さんげ』

後者が特に有名だ。小学校の先生と生徒の骨なのだろう。この歌は広島平和記念公園内の、原爆犠牲国民学校教師と子どもの碑に彫られている。

竹山広『とこしへの川』は、敗戦直後に刊行された歌集ではない。また、その歌は、スナップ写真のように被爆地の光景を写しとったものでもなければ、原爆の悲惨を怒ったり悲しんだり、告発したりする歌集ではない。

『とこしへの川』が刊行されたのは、一九八一年。戦後すでに三十余年が経過していた。収録作品は五五年から八〇年までの制作になるものだった。早いものでも戦後十年が経ってからの作である。ある時間を経ないとうたいえなかったのだと思う。

たとえば、炎天下、焦土と化した街を歩き回り、焼けた死体を起こしては顔を確かめ、ついに被爆のために上半身を火傷した瀕死の兄を探しだし、抱いたままその死を看取った。この一事だけでも、具体的な場面を想起し、点検し、自問しつつ短歌を詠む行いが、いかにつらいかは想像がつく。十年の時間は必要だったのだ。

1989年11月創立　1990年4月創刊

一九九五年二月二七日第三種郵便物認可　二〇一七年九月一五日発行（毎月一回一五日発行）

月刊
機
2017
9
No. 306

発行所　株式会社 藤原書店©
〒一六二-〇〇四一　東京都新宿区早稲田鶴巻町五二三
電話　〇三・五二七二・〇三〇一（代）
FAX　〇三・五二七二・〇四五〇
◎本冊子表示の価格は消費税抜きの価格です。

編集兼発行人
藤原良雄
頒価 100円

「地政学」「地経学」ではない「地政心理」の視点から、朝鮮半島と日本を比較する画期作！

朝鮮半島を知っているか？

——最新作『「地政心理」で語る半島と列島』出版迫る——

ロー・ダニエル

八年前、『竹島密約』でアジア太平洋賞大賞を受賞。米国マサチューセッツ工科大学で政治経済学の博士号（Ph.D.）取得、日本や中国の大学でも約二十年、研究や教育者として滞在し、日本も知悉する気鋭の学者が、隣国朝鮮半島と日本列島の比較を、「地政心理」という新たな視点から縦横無尽に論じきった問題作。齟齬の増す半島と列島との関係を打開する糸口をつかむための必読書が、来月十五日刊行される。

編集部

● 九月号目次 ●

「地政心理」から日韓関係を解明

日韓の国交正常化が一九六五年になされてから、いつの間にか半世紀以上もの歳月が流れた。歴史問題をめぐっての軋轢は増幅するばかりで、危機的な状況は続いている。韓国人の心から日本が遠ざかり、日本人の韓国に対する親しみが冷めつつある。

振り返ってみると、近代に入って以降、両国が同等な隣人として行う真の意思疎通は乏しかった。七〇年以上前に終わった植民地統治に絡んだ「歴史認識問題」がいまだにつづく間柄である。これが、人口五千万人の韓国と一億二千万人の日本との間を、毎年五〇〇万人以上もの人々が行き来している日韓関係の、もう一つの驚くべき現実である。

現在OECD（経済協力開発機構）に正規加盟国として参加している三四カ国の中には、過去の歴史的経験によって葛藤の要因を持っている国々は少なくない。先進国でもドイツとポーランド、ドイツとフランス、イギリスとフランスなどの例がある。しかし、これらの二国関係のどの事例を見ても、現在の日韓関係のように葛藤が常に存在し、解決の糸口が見えず、市民の日常生活にまで影響を与えているケースはない。インターネットにより、地球の隅々で起きることが世界にまで広まり知られている今日、先進隊列に入った韓国と日本がいまだに互いに理解と尊重ができていないことは、一種の不可思議に思われる。

一体なぜだろうか？　竹島・独島、従軍慰安婦、徴用工賠償など、日韓の間で歴史をめぐる葛藤はすでに数十年間も続いてきたことである。同じことについて数十年にわたり押し問答をしている両国民は、ヨーロッパの先進国間で見られるような健全でハイ・レベルな関係を築く意志や能力が足りないのだろうか。

この疑問を解いて日韓が未来志向の関係を築いていくためには、今こそ、両国民の間に絡まる心理の複合を理解する必要性が切実である。本書はこの課題に挑戦する。日韓関係を「心理」という切り口から説明するという作業は、これまで試みられなかった「実験的」なことであるにちがいない。本書は、日韓関係を政策や出来事などの社会的「言説」のレベルではなく、日本人と韓国人の肉と骨、そしてその身体にこもっている魂と情緒という一番低い「分析のレベル」で日韓関係の再解釈を試みる。

「地政心理」というアプローチ

地理的条件は、国家の地政学的な基礎であり、国家の姿や国民の生活に大きな影響を与える。この点に着目して、私は日韓両国国民の集団心理構造に対して「地政心理」という概念をもってアプローチしたい。本書でいう**「地政心理」**は、**「ある政治的共同体が、特定の地理的条件に埋め込まれた**(embedded)**状態で、長い年月が経たことによって醸成された心理体系」**と定義する。地政心理を形成する代表的な集団心理構造として、私は**（1）自然観、（2）社会観、**そして

（3）歴史観を論じたい。

社会科学の方法論として、二分法については論争がある。社会の多様な現象を説明することにおいて、二分法は概念的類別の方法として古くから採択されてきた。人間の生活においても、概念的二分法は日常的に使われている。東洋対西洋、保守対進歩、具象対抽象など数えきれない。二分法は現象や物事を二つに類別して認識、理解、説明などを容易にする方法である。この方法は対比を中心的な関心事とするが、それ以上の機能もある。たとえば、二分法での両極はマックス・ヴェーバーが提示した「理念型」としても捉えることもできる。ここで「理念」とは、複雑な社会現象を抽象化した論理的な典型を指す。

本書では日本列島と朝鮮半島の比較を行う。日本列島には日本国という唯一の国家が存在する。しかし、朝鮮半島には大韓民国（韓国）と朝鮮民主主義人民共和国（北朝鮮）という二つの国家がある。だが、日本との比較においては、韓国と北朝鮮の人々を同質的な民族として扱うこととする。半島を二分する両国家の人々が「単一民族」であるという思いは両国家の国民に共通するからである。

自然観の相違——消極主義・積極主義

自然観は、本書で地政心理を論じることにおいて基礎的な関心事である。ここで「人間と自然との関係」は、生物的存在である人間が自分の本能と欲望を満たすために、宇宙の森羅万象とどのように向き合うのかに関する議論である。本書では、日本人の自然観を「消極主義」と性格づける。日本人にとって人生は自然の一部分であり、そこでの一時的な滞

在であると思う傾向が強い。したがって、日本人は自然に畏敬を持つ。この発想は、欲望を発散するよりは節制するのが品位であり、追求すべき価値であるという認識につながる。こうした認識と態度は、自然を含む超越者には従うべきであるという思想につながる。

これに比べて、朝鮮半島人は自然に対して積極的な姿勢を持つ。半島人は人間の幸福のために自然を活用する権利があると考える。総じて、人生の価値は欲望を追求して成し遂げたことの総計と信じる傾向がある。日常の生活の面では、欲望を満たすために個人の出世を求める向上心が強いし、そうした個人の間の競争は激しい。朝鮮半島の文化では行動や言語が強烈な方が好まれ、「肉談」というジャンルがあるくらい語彙体系には人間の欲望が率直に表れる。このような積極的態度は政治にもつながり、政治権力や「天」も民が変えることが正義であると信じる。

社会観の相違——順応主義・反抗主義

本書での社会観としては、人間社会の運営、特に歴史をリードする政治権力や権威に対する民衆の態度や姿勢を論じる。これにおいて、日本列島と朝鮮半島の人々の傾向は「順応主義」と「反抗主義」として対照される。日本人にとって、歴史は国家の政治的機能の産物であり、それを認めて従うべきである。その認識は歴史の産物である条約などにも延長され、守るべきであるという認識が強い。「出るくぎは打たれる」ということわざに代表されるように、社会の規範に準本能的に合致する日本社会の風潮を、西洋の学界では「規範合致性」と要約する。

これに対して朝鮮半島の反抗主義では、歴史を普遍的な政治機能で解釈する傾向が弱い。長い歴史の中で朝鮮半島の民衆は、政治的権威に代表される既得権を否定するのが正義への近道であるという経験則を得た。その既得権の歴史的具現である社会制度にも、人間は否定し、挑戦できると信じる。その信念体系は国際関係では、歴史の産物である条約も再解釈、変更可能であるという認識につながる。国内では、権威と現在状態（status quo）を否定する伝統の中で、朝鮮王朝では王を囲む士大夫たちの派閥の闘争である「士禍」と平民の反乱が連続して起きた。また、近代国家を樹立した後には、革命、クーデター、市民蜂起などの社会の変曲点が形成されたのである。

歴史観の相違——機能主義・当為主義

次に対照してみる地政心理は、歴史観である。ここで歴史観とは、日韓両国民の歴史に対する認識、解釈を指す。本書では、日本人と朝鮮人の歴史観は「機能主義」対「当為主義」として比較される。日本人の機能主義的発想では、世の中の物事がその機能によって説明され、正当化される。人間が集団的生活を営むために決めた規則や法律のようなものは、その機能に第一次的意義が付与され、それを決めた人々の精神や念願より恒常的で強いものとして認められる。そういう認識体系では、日本の竹島領有権は国際条約の機能によって確定されることである。さらに、従軍慰安婦問題は普遍的現象（機能）として認識されることでもある。

日本の機能主義では社会制度の機能が大事であることに比べ、韓国の当為主義では、物事はそのものの当為性、義務、規範と言った「こうあるべき」が重要である。こうした発想では、法律も各条文の「道具性」より、その条文が求める「精神性」が重視される。国家間の問題を裁く国際法において、日本の機能主義では「条約は守るべき」というのが原則であるが、韓国の当為主義では、人類が求める規範が優先される「強行規範」への関心が高い。こうした発想では、独島は韓国領有であることが歴史的当為である。また、従軍慰安婦問題は、人類の道徳（当為）に反するもので、それ以外の理解はありえない。こうした発想から、歴史の一時期に朝鮮の人々が日本の人々に負けて、その結果として負の遺産を受け継いだという歴史の「機能」を否定し、もともとあるべき理想へのこだわりが強くなる。

（構成・編集部。全文は本書収録）

（政治経済・アジア歴史研究／Daniel ROH）

人間を含むあらゆる〝生命〟を全体として捉える新しい知、「生命誌」とは？

いのち愛《め》づる生命誌《バイオヒストリー》

――38億年から学ぶ新しい知の探究――

中村桂子

どうやって「生きている」感覚と「生命」研究を重ね合わせるか？

記憶力に恵まれず、大事なことも忘れてばかりなのですが、「生命誌研究館」という言葉が浮かんだ時のことは、今もはっきり覚えています。

一九七〇年に「生命科学」という新分野を始めて一〇年、対象に人間まで含め、生命現象を科学で解き明かそうとするこの学問は、魅力的でした。ＤＮＡ研究が進み、細胞内での現象が次々と解明されていく過程は、おそらく生物学研究の歴史のなかでも最もダイナミックともいえるものだったと思います。

しかし次第に、そこになにか違和感を抱くようになったのは、研究が日常の「生きている」という感覚と離れているからでした。科学は、生きものを外から見る学問であり、自分自身をも含めた生きものを内から見つめる視点に欠けているうえに、すべてを遺伝子に還元して理解できるものだろうかという疑問もわいてきました。二人の子どもが生まれ、日常のなかに生きものそのものが存在するようになったことが疑問を大きくする要因でした。泣いたり笑ったりの毎日のどこにも直接ＤＮＡを感じはしなかったからです。どう考えたらよいのだろうと悩みが深まる一方、現代社会は科学への期待が大きく、専門外の人が研究者以上に、遺伝子ですべてがわかると考えているように見えたのです。

技術への偏りも気になりました。一九八〇年代に入ると、バイオテクノロジーという言葉が生まれ、これで経済をさらに活性化しようと、日本では食品や薬品の会社はもちろん出版社までバイオテクノロジーを手がけるようになったのでした。流行にはちょっと距離をおく癖があるのも確かなのですが、当時のＤＮＡの知識で本当に意味のある新しい技術や産業が生まれるとは思えず、そのブームには疑問をもちました。もちろん、生命科学には、生きものを大切にする技術の開発という狙いがありましたが、ブームを支えたのは、経済優先を支える従来の技術の延長としかいえず、案の定これは数年で消えました。

「ゲノム」の全体性と解析で「生きている」を捉える

DNA研究は続けたいけれど、生きものを「機械」として見たくはない——そう思っていたときに、DNAを「ゲノム」としてとらえる考え方が登場しました。それまではDNA=遺伝子とされており、たとえばがん研究では、世界中でがん遺伝子が次々と発見されていました。しかし、約四〇〇種類もある私たちの細胞の、それぞれで発生しているがんに、それぞれの遺伝子が見つかるだけでなく、がんの発生には複数の遺伝子が関わることがわかってきたのですから、遺伝子を一つ一つ追いかけていてもがんの全体像はつかめないと考えるようになったのは当然です。そこで、細胞にあるDNAのすべて、つまりゲノムを解析しよう——大規模プロジェクトが始まったのでした。

中村桂子氏(1936-)

ここで気がつきました。生きもの全体を知りたいからと言って、ただ全体を眺めていても、何も見えてはきません。ゲノムは全体でありながら、すべてを解析できるのです。とにかくDNAの端から端までを解析してその全体を考えたら、生きているとはどういうことかを知る方法になるに違いありません。これまでの科学では決してできなかったことです。解析を基本におきながら全体が見えるという、こんな魅力的な切り口を見せる物質は他にはありません。ゲノムを出発点にしよう。生きものは生成するものであるというあたりまえのところに戻って、ゲノムに書きこまれた歴史を読み解こうというところまでは、すぐに思いつきました。

そこで浮かんできたのが「自然誌(ナチュラルヒストリー)」という言葉でした。ゲノムを通しての新しいナチュラルヒストリーです。そこで表紙に「ネオ・ナチュラルヒストリー」と書いたノートをつくり、思いつくことを書いていきました。それをセミナーで話したところ、真意は伝わらず「ネオ・ナチ」みたいだと茶化されて落ちこんだのですが、それでもノートに書きこみを続けました。

理解してくれる友人に相談をしているうちに、あるとき、電話中に突然「生命誌研究館」という言葉が浮かびました。その途端にそれまで悩んでいたことがスーッと消え、頭のなかが晴れわたるのを感じたのです。あのときの感覚は今も忘れません。ビッグバンで生まれたカオス状態の宇宙から恒星が生まれ、秩序ができあがった時を表わす「宇宙の晴れわたり」（物理学者の佐藤文隆先生の命名だそうです）のような体験でした。このときほど人間が言葉をもつことの意味をはっきりと意識したことはありません。言葉の力を強く感じました。

　そこからは一直線、本当に大勢の方のおかげで「生命誌研究館」が生まれました。そこでは言葉を大切にしました。といっても、それほど難しいことではありません。具体的には、常に〝動詞で考える〟ことにしたのです。「生命」という名詞は、そこから具体的思考を引き出しません。「生まれる」「老いる」「死ぬ」と並べて考えていけば、生きている姿が見えてきます。生命誌では内容のない空虚な言葉は使わないということをいつも心がけています。

なぜ「史」ではなく「誌」なのか？

　生命誌（バイオヒストリー）については、多くの方に、「なぜ『史』ではないのですか」と聞かれます。ヒストリーは歴史ですから「史」を思い浮べるのが普通でしょう。一般にはヒストリーは歴史ですが、言葉の本来の意味とそれが用いられてきた経緯を追うと、興味深いことが見えてきます。

　「生命誌」を考え始めたころ、ギリシャ哲学の藤沢令夫《のりお》先生がぶ厚いギリシャ語辞典を前に、そこにある「ヒストリアイ（historiai）」という言葉の意味を教えてくださいました。まず「探究する」、二番目に、それを「誌《しる》す」とありました。調べたら必ず記録する、ということでしょう。三番目が「歴史」、調べたことを記録し続ければ、それが歴史になるわけです。初めて知ったことでした。私が生命誌でやりたかったことは、まさにこれだったのです。身のまわりの生きものたちをよく調べ、それを誌していくことで、地球上の生きものたちすべてを登場人物とする歴史物語を描きたい、と思っていたのです。

　最近、岡田英弘著『歴史とは何か』（藤原書店）で、興味深いことを知りました。ヘロドトスの『ヒストリアイ』（ギリシャ語）は、「研究調査したところ」という意味の語であり、ヘロドトスはこの題で

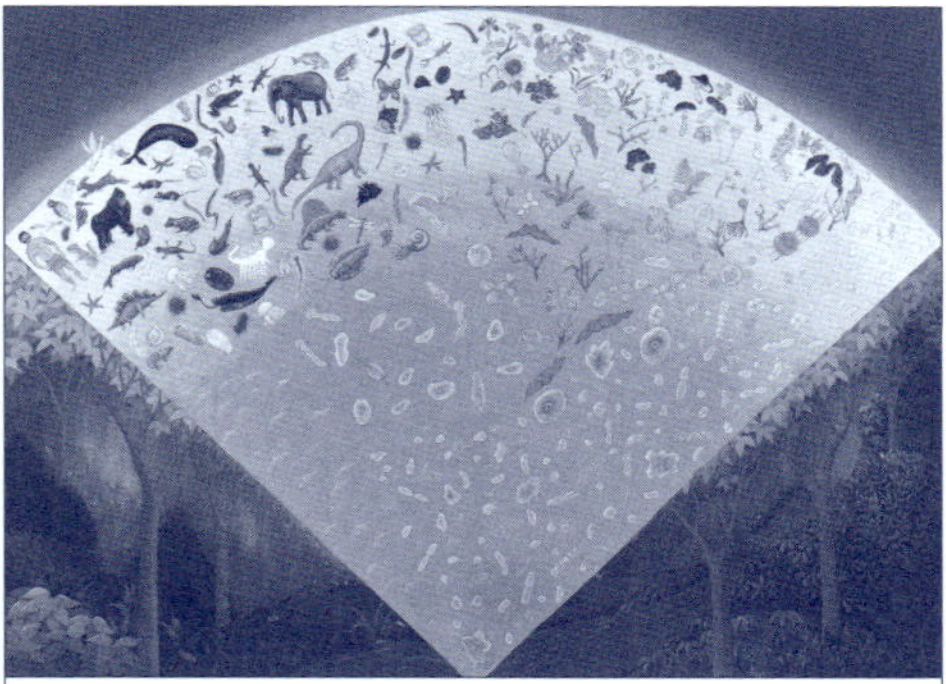
生命誌絵巻

「自分で調べたことを書いている」と言っているのだと解説されています。それまでの物語は神話や民話であり、語り伝えられたものでした。ヘロドトスは「自分の体験や、調べたことを書く」というまったく新しい試みをしたわけです。

実は、最近歴史書を読むのが嫌になっています。歴史のほとんどが戦争の記録であり、しかも勝者の目で書かれていると思えるからです。ヘロドトスが著した最初の歴史書が、戦いに勝ったことを誌したからかもしれません。歴史の主人公は常に勝者であり、人の上に立つ人たちです。女性や農民は主役にはなりません。生命誌を始める時に、歴史が上に立つ者に光をあてていることが気になったのです。

生きもので言うなら人間中心になります。私が知りたいのは、バクテリアもキノコもミミズもチョウもタンポポも、それぞれがみごとに生きていることであり、みんなでつくる歴史物語です。「史」より「誌」にしたいと思ったのはそのためであり、それが思いがけずヒストリーの本来の意味と重なったのでした。（構成・編集部。全文は本書収録）

（なかむら・けいこ／生命誌研究者）

29人の文学から自然科学に亘る多分野の碩学がそれぞれに豊かな読書体験を披瀝

知の先達29人が選んだ、名著探訪108

大好評連載の書籍化

本書は、藤原書店の学芸総合誌・季刊『環――歴史・環境・文明』三三号（二〇〇八年四月）から六〇号（二〇一五年一月）まで、書評企画「書物の時空」の中で展開された連載「名著探訪」の書籍化である。

「書物の時空」では、本という存在をあらためて問いながら、幅広い分野の書を取り上げて書評し、読者と本との出会いの場を提供してきた。「時空」と名付けたのは、書物は時間と空間の中で作られるものである、という考えからである。

中には、時空を超えて、何十年、何百年、何千年と、又空間的にも地球上の片隅から広く全世界的に拡がって読み継がれる書物もある。

多様な生き方、多様な読書

書物は、人間の歴史と切り離すことができない。地球上で文字が発明され、後世に残したい事柄が文字で書かれたのが書物の始まりである。それを読むことで、先人の智恵や知識を受け継ぐという意味では、書を読むという営みの本質は古代より変わっていない。

しかし、現代社会では、人々の生き方は多様で、その職業や趣味嗜好により、多様な読書がある。多くの人に読まれ感銘を与える古典中の古典もある一方で、個人個人にとっての名著もまた存在するはずだ。そこで、さまざまな分野ですぐれたお仕事を遺され、しかも齢を重ねてこられた長老の方々二九人に、ご自身にとっての名著を、複数冊紹介していただくことにした。それがここに挙げられた一〇八冊である。その人ご自身の専門分野から選ばれることも、専門外の分野の本が選ばれていることもある。それぞれが豊かな読書体験を披瀝してくださっている。

活字離れの今、指針として

現在の日本では、特に若者の本離れ、活字離れが言われて久しい。情報はインターネットで簡単に得られるが、思考力や想像力は、文字を通して本を読むことで鍛えられる。また、一冊の自分にとってよい本にめぐり会うことができれば、それはその人自身のかけがえのない人生の糧となる。日本の新刊書は、一年で八万点前後出版され、書店には本があふれている。何を読んだらよいかわからないという方も多数いるだろう。本書を一つの指針として、参考にしていただけるなら望外の喜びである。

（藤原書店編集部）

ベケット自身による数百か所の改訂と「演出ノート」の意味するものとは?

演出家としてのベケット

——『改訂を重ねる『ゴドーを待ちながら』』に寄せて——

堀 真理子

今こそ共感できる『ゴドー』

第二次世界大戦後のヨーロッパの演劇に旋風を巻き起こしたサミュエル・ベケット（一九〇六―八九）の戯曲『ゴドーを待ちながら』（一九四九年執筆、五二年出版、五三年初演）はヨーロッパのみならず、世界中の演劇人に大きな影響をもたらした。にもかかわらず、よくわからない、むずかしい、と言った声も多く、日本では作家の名前も含めて一般にはあまり知られていない。『ゴドー』以降のベケットの戯曲はさらに、設定の非現実性と視覚的実験性と言語的抽象性のせいで難解であると敬遠されてきた。

とはいうものの、ヨーロッパでも日本でも『ゴドー』だけは演劇を志す者にとっては不可欠な「教科書」として熟知され、上演舞台も数限りない。この作品にヒントを得て作られた翻案作品や脚色、潤色も数多い。影響を受けた作家が『ゴドー』を模倣しつつ、新たな作品を生み出してもいる。けっして大衆的とはいえないこの作品が六十数年を経ても色あせないのは、そしてさまざまな国で翻訳され上演されつづけているのは、混迷するばかりの世界に生きる我われの閉塞感がこの作品が書かれたころよりもなお強くなっているからであろう。その意味で『ゴドー』は、今の我われ自身が生きていくうえでの「教科書」だと捉えることもできる。そう思って再読してみると、難解どころか、非常に共感できる作品であることに気づくはずである。

「演出ノート」から見えるもの

本書のねらいは『ゴドー』の舞台を楽しむために、またその戯曲を味わうための指針となるよう、この作品に秘められた未曾有の仕掛けを明かし、筆者なりに紐解いていくことである。**その仕掛けの解読に欠かせないのがベケットの遺した『ゴドー』の「演出ノート」である。**ベケットが自分の戯曲を舞台化し、「演出家」としても活躍していたことは研究者や一部の演出家を除き、あまり知られていない。しかし、**彼は作家業に負けないぐらい、「演出家」として綿密な構想を練って舞台作りに当たっていた。**ベケット自身の演出による『ゴドー』の初上演舞台は一九七五年、旧西ドイツ、西ベルリンのシラー劇場だった。『ゴドー』執筆から二十五年を経ての挑戦だったが、この上演でベケット自ら、出版された台本に何百か所も手を加え、より洗練された作品に作り直している。その演出上の改訂からは、ベケットがめざした舞台、作品の全容が見えてくる。

▲S・ベケット（1906–89）

　史実や個人的背景、社会的関係性や物理的場所性といった写実的描写や具体性をはぎ取った末に、今ここに存在するだけの自分と闘っているベケットの登場人物は、いつの時代にもどこの場所でも時空を超えて「その瞬間を生きる」人間であり、何も持たずに生まれ何も持たずに死んでいく裸の存在としての人間である。したがって、ひたすらゴドーを待っている者たちがいる場所には特定の場所を表すしるしはない。ほとんど何もない場所からは戦争で焼けた場所、原爆で失われた町、津波や土砂崩れで流された光景、原発事故で人が住まなくなった野原を思い浮かべる人もあるだろう。そうした想像を喚起する仕掛けをあきらかにしたい。

（構成・編集部。全文は本書収録）

（ほり・まりこ／青山学院大学教授）

「人権とは何か?」チャールズ・テイラーの思想を研究・紹介してきた著者渾身の書。

「人権」をめぐる三つの課題

——新著『世界人権論序説』出版にあたって——

森田明彦

「人権」を非西洋社会で定着させるには

私が二〇一六年春より一年間の在外研究生活を送った米国ニューヨーク市のコロンビア大学人権研究所（Institute for the Study of Human Rights: ISHR）には世界各地からさまざまな人権活動家が集まってきていた。日本とは比べものにならないほど過酷な状況下で、時には社会的地位や生命を失うリスクを冒してまで、なぜ彼らは「人権」の実現に自らの人生を賭けるのだろうか。

自分には、彼らが熱く語る「人権」と実定法上の「権利」が同じものとはとても思われなかった。

他方、日本を拠点に二〇年間にわたり「人権」に関わってきた者として、「人権」というコトバに対して日本社会が示す「違和感」「距離感」はたいへんなチャレンジであると同時に尽きぬ興味の源泉でもあった。

西洋近代社会において生成した「人権」という規範概念を非西洋社会で定着させるには、それぞれの社会固有の「人権」の正当化根拠・基層哲学を生み出す必要があるという私の基本的考えは、日本社会との格闘の中で生まれたものである。

「人権」の三つの側面

私は、本書において「人権」を巡る三つの課題を取り上げた。

第一に、人権とは何か?

第二に、人権の「土着化」に必要な精神史的課題は何か?

第三に、人権の新たな課題は何か?

私は、これまで二〇年間にわたり、子どもの商業的性的搾取、子どもの兵士、国連・子どもの権利委員会に対する個人通報制度に関するキャンペーン等を通じて、国際的な人権活動に参加してきた。

私の考えでは、人権とは、社会的存在である人間が一人ひとりのかけがえのない「善き生」を生きるために必要な自由と生存を保障する装置であると同時に、その実現が人類にとって普遍的な道徳的責務であることへの人類的コミットメントを表出する理念である。私は、人権には「道徳的権利としての人権」と「理念としての人権」があると考えている。

多くの人権活動家は、少数民族の自治の実現、人身取引の予防や加害者処罰・被害者保護の実現などを目指して、様々な活動に取り組んでいる。

その際、彼らは目の前の課題解決に必要な具体的な権利――例えば少数民族・先住民族としての民族自治権や伝統文化の保存・継承に必要な文化的権利など――の獲得を目指しつつ、その実現を通じて、人間としての尊厳の回復を究極的に目指している。つまり、人権とは個別・具体的な道徳的権利であると同時に、人間として生きるために不可欠な価値を象徴する観念でもあるのだ。後者は人権の正当化根拠、基層哲学、形而上学的基礎と言われるものにあたる。

▲森田明彦氏（1958-）

私の考えでは、世界各地で自らの生命、社会的地位・評価を危険にさらしてまで、他者のかけがえのない「善き生」の実現に献身する人権活動家達やその支持者の精神的拠り所となっている「人権」とは、個々の実定法上の権利ではなく、「人権」という観念にこめられた普遍的な道徳感情であり、そのような道徳感情を正当化する普遍的理念が実在することへの信念である。

（構成・編集部。全文は本書収録）

（もりた・あきひこ／尚絅学院大学教授）

リレー連載　近代日本を作った100人　42

内村鑑三——「隅の首石《おやいし》」となった棄てられた石

新保祐司

弟子に多くの逸材を生む

岩波文庫の『新約聖書　福音書』の翻訳者は、**塚本虎二**である。塚本は、内村鑑三の弟子であった。同じく岩波文庫の『創世記』『出エジプト記』『ヨブ記』などの一連の旧約聖書の翻訳者は、**関根正雄**である。関根も、内村の弟子であった。

内村自身の著作は、岩波文庫に『余は如何にして基督信徒となりし乎』『求安録』『代表的日本人』『後世への最大遺物・デンマルク国の話』などが入っているが、全集としては岩波書店から全四十巻が出ている。代表作『羅馬《ロマ》書の研究』などを初め、不滅の業績を遺した。このように内村鑑三は、自ら名著と呼ばれるものを書いたことによっても「近代日本を作った」人であるが、内村が「近代日本を作った」人として特に偉大なのは、弟子に多くの逸材を生んだことである。そして、この弟子たちがそれぞれの分野で「近代日本を作った」のである。

冒頭に挙げた塚本は、内村自身によって**柏会と名付けられた聖書研究会**の会員であった。これは、明治四十二（一九〇九）年に、第一高等学校校長、新渡戸稲造の下の読書会グループが、新渡戸の紹介状を持って内村の門に投じてきたことから生まれたものであった。明治の末年には、会員数は、二十数人に達していた。

その主な人たちを、後の職業をカッコ内で示して挙げるならば、**岩永祐吉**（同盟通信社社長、作家長与善郎の実兄）、**金井清**（諏訪市長）、**川西実三**（東京府知事、日本赤十字社社長）、**黒崎幸吉**（伝道者）、**沢田廉三**（国連大使）、**高木八尺**（東大教授）、**田中耕太郎**（文部大臣、最高裁判所長官）、**田島道治**（宮内庁長官）、**鶴見祐輔**（作家、衆議院議員）、**前田多門**（文部大臣）、**三谷隆正**（一高教授）、**森戸辰男**（文部大臣）、**藤井武**（伝道者）、**矢内原忠雄**（東大総長）、**黒木三次**（黒木為楨大将の長男、貴族院議員）。

柏会結成の二年後には、**白雨会**が出来て、それには、**南原繁**（東大総長）、**坂田祐**（関東学院院長）、**高谷道男**（ヘボン研究家）が出た。柏会の結成以前から、内村の聖書研究会に出席していた一高生の中には、

天野貞祐（文部大臣）がいたし、**安倍能成**（文部大臣）は、それ以前に一年ほど内村のもとに通っていた。

内村の精神の磁力

これらの青年たちの顔ぶれを見るだけでも、内村鑑三の感化の広さと深さに改めて感嘆するであろう。例えば、戦後、文部大臣に、田中耕太郎、前田多門、森戸辰男、天野貞祐、安倍能成の五人がなっているのである。そして、東大総長には、矢内原忠雄と南原繁の二人である。この他にも、正宗白鳥、岩波茂雄、志賀直哉、大塚久雄、などの名前が挙げられるであろうが、このような青年たちは、内村鑑三の、いわば精神の磁場に引き付けられたのであった。逆にいえば、引き付けられるだけの精神の飢渇を持っていたのである。内村は、明治二十四（一八九一）年一月九日に起きたいわゆる「**一高不敬事件**」**によって、国賊、不敬漢として社会から葬られた人間**であった。表から「近代日本を作った」人ではなかったのである。しかし、明治という時代は、この「棄てられた」人間の真価を見抜くだけの眼力を持った青年たちが輩出する、いわば高級な時代だった。マタイ伝第二一章四二節「造家者《いへつくり》らの棄てたる石は、これぞ隅の首石《おやいし》となれる、これ主によりて成れるにて、我らの目には奇しきなり」。

内村は、近代日本の「造家者ら」から「棄てられた」人間であった。しかし、「棄てられた」ことによって、内村の精神の磁力は、次の世代の多くの日本人の精神を垂直に立たせたのである。たしかに、「我らの目には」、つまり普通の思想史では、「奇しき」ことに違いない。しかし、近代日本の精神史の最大の劇は、この内村鑑三という「棄てられた」石が「隅の首石」となったという逆説なのである。

（しんぽ・ゆうじ／文芸批評家）

▲内村鑑三（1861-1930）
高崎藩士内村宜之の長男として生まれる。札幌農学校を卒業して一時官途についたが、最初の結婚に破れ、アメリカに渡りアマースト大学に学ぶ。明治24年、「一高不敬事件」が起こり、失職。国賊、不敬漢とののしられ、熊本、京都などを転々とする。この流寓時代に『余は如何にして基督信徒となりし乎』『代表的日本人』などを刊行。明治30年、『万朝報』の英文欄主筆となり上京。明治33年、個人で雑誌『聖書之研究』を始める。明治36年、日露開戦に反対して非戦論をとなえる。大正7年より翌年半ばまで「再臨運動」を展開。大正10年1月より翌年10月まで「羅馬書」を講ずる。これが、不朽の名著『羅馬書の研究』となった。

連載 今、世界は（第Ⅳ期）5

紫式部と和魂漢才

平川祐弘

和魂漢才から和魂洋才にいたる日本精神史の流れの中で、紫式部は大事な存在である。『源氏物語』の「少女《おとめ》」の巻で「なほ才《ざえ》をもととしてこそ、大和魂の世に用ゐらるるかたも強うはべらめ」と述べたからだ。これは和魂と漢才の関係を説いた最初の言及で、源氏は息子夕霧の教育について「やはり、漢学の基礎があってこそ、大和魂も世の実情に即して存分に発揮することができよう」と言った。ウェイリーは For the truth is, that without a solid foundation of book-learning the "Japanese spirit" of which one hears so much is not of any great use in the world と訳した。

『源氏』の作者は漢文がよく読めた。その知識は「皮相な、筋立てや語句の上での影響の問題としてではなく、もっと根本的に作品の文学的な質や構想力そのものの問題として」（西郷信綱）考えねばならぬほど血肉化していた。そんな漢学の基礎があればこそ、才女は逆に辛辣な口調で、夕霧の前に現われた中国の学の威を借る学者先生を冷やかし得た。博士たちの「うちあはずかたくなしき」借着姿の外面も不体裁だが、借物の外国知識を鼻にかける内面はもっと無様だ。

日本におけるそんな中国熱の盛衰は興味深い。十世紀初頭に紀貫之がやまとうたの自己主張をなし得たのは、漢文化の威信が下がり始めた証拠だろう。十一世紀初頭の紫式部の頃は遣唐使中止から一世紀半が経つが、平安朝の知的ソフィスティケーションは見事である。男女の交わりをはじめ『源氏物語』は人間とり大切なもののあわれを教えてくれる。世界教養小説の最高峰といっていい。

だが津田左右吉博士はそんな『源氏物語』中の人間関係を道徳的に難詰した。『シナ思想と日本』で「日本人とシナ人とは全く別世界の住民である」と繰返し差異を強調した博士だったが、幼時以来しみ込んだシナ渡来の儒教倫理的感覚で平安朝貴族を非難した。津田がその不快感の由来を自覚していたかどうか知らないが、皮肉なことではあるまいか。

（ひらかわ・すけひろ／東京大学名誉教授）

■〈連載〉沖縄からの声　［第Ⅲ期］6

舞踊・組踊・沖縄芝居

作家　大城立裕《おおしろたつひろ》

古代には神事の歌謡オモロなどとともにおこなう集団舞踊があったが、古代歌謡が三線音楽にのせる琉歌に変容したことから、舞踊にも琉歌にのせて個人舞踊への変容があったと思われる。

同時に演劇で組踊が生み出され、個人舞踊を今日古典舞踊と呼んでいる。その作品のひとつ**伊野波節**《ぬふぁ》は、作者名が伝えられていないが、組踊の創始者の玉城《たまぐすく》朝薫《ちょうくん》の作ではないかと、私は疑っている。足を優雅に踏み出す振り「はいやまーたー」があり、彼の処女作である組踊「執心鐘入《しゅうしんかねいり》」の宿の女の振りに似ているからである。

古典舞踊は作品ごとに古典琉歌と対《つい》になって伝えられているが、その著名な七曲を「**七踊り**」と称し、難曲とされている。観賞者もおよそ士分に限られていたとみられる。

組踊は十八世紀に玉城朝薫《たまぐすくちょうくん》が創始したが、朝薫はもと王府の高官で、江戸へ出張した機会に能に巡りあい、それに似せて五番を創始したとされる。彼のあと七十余編の創作があり、今日およそ二十編が残っているが、多くは武士の敵討ちもので、現代に通じる普遍性に欠ける。

朝薫の五番に見られる女性観は封建時代の女性観を突き抜けており、王府の高官であった玉城朝薫が身分の立場をこえて真実をつらぬく意欲にあふれている。これに追随する作品として、平敷屋《ひしちゃ》朝《ちょう》敏《びん》の「手水の縁」がある。

明治以降に新たな踊りが生み出された。観賞者が庶民に下りてきて、生活風俗も新しくなったので、新たな踊りが多く創られた。これを「**雑**《ぞう》**踊**《おどり》」と呼ぶ。有名な作品の一つに「**花風**《はなふう》」があり、**辻町遊郭の遊女の恋をうたい、踊ったもので**あり、他方、**農村の風俗を踊ったものに**「**むんじゅる**」（麦藁の意味）がある。「浜千鳥」は旅愁を歌にのせて踊るが、四人で踊るのが普通で、群舞の走りである。「加那よ」は男女二人のかけあいで恋を踊ったものであるが、女は遊女である。

雑踊とおなじ経緯で、**演劇にもヤマトの芝居などの影響をうけて、宮廷芸能でないものが生まれた**。沖縄芝居である。沖縄芝居には、セリフ劇と歌劇があり、それぞれに悲劇も喜劇もある。また、現代劇と時代劇との区別がある。

Le Monde

■連載・『ル・モンド』から世界を読む［第Ⅱ期］13

パリの外国人ジャーナリスト

加藤晴久

七月下旬から八月下旬にかけて、『ル・モンド』はいろいろなテーマでヴァカンス中の読者向け特集を組む。今年の企画のひとつが「**パリ駐在外国人ジャーナリストが見たフランス**」。七月二五日付から六回の執筆者を紹介すると、

❶マグヌス・ファルケヘッド。一九六七年生まれ。スウェーデンの『エクスプレッセン』紙特派員。一九九〇年代からパリ在住。

❷アナイス・ジノリ。一九七五年生まれ。イタリアの『ラ・レプブリカ』紙特派員。二〇一三年からパリ在住。

❸ララ・マーロウ。アメリカ人。一九五七年生まれ。一九九六年から、アイルランドの『アイリッシュ・タイムズ』紙パリ支局長。

❹ミヒャエラ・ヴィーゲル。一九六八年生まれ。一九九八年からドイツの『フランクフルター・アルゲマイネ・ツァイトゥング』紙のパリ特派員。

❺ランダ・タキエディヌ。一九四九年生まれ。一九八八年からレバノンのアラビア語紙『アル・ハヤット』のパリ特派員。

❻サイモン・クーパー。一九六九年生まれ。イギリスの『フィナンシャル・タイムズ』論説委員。二〇〇二年からパリ在住。イギリスのEU離脱以後、フランスへの帰化手続きを進めている。

六人の共通点は、パリ在住期間が長いこと。全員が、フランスは「第二の祖国」と言っている。

クーパーを除く五人が、ユーモアとアイロニーに富んだ流麗なフランス語で、自分とフランスとの関係、またフランス人の生態を軽妙洒脱に論じている。基調は「**フランスとは、ここは地獄と信じている人々が住んでいる天国**」。

まじめな話題を挙げると、**全員が「マクロマニア」**であること。マクロン大統領の出現は、フランス国民が右・左のフランス没落論者たちの宿命論を否定し、再生に向けて歩み出した証し、と見ている。

一人くらい、日本人が書いていてもよさそうなものだが、三年かそこらで交替してしまうサラリーマン記者ではとても無理だろう。

（かとう・はるひさ／東京大学名誉教授）

■連載・花満径　18

海の実相

中西　進

海幸彦と山幸彦の神話は、まず「海ゆかば」の珍しい海山構造との共通が注目されるが、細かく筋の展開に立ち入ってみると仏教的なテーマにおいて『万葉集』の歌とも通じ合う。

海幸山幸の神話は山幸彦が海神から呪力をもつ玉をもらって海幸彦を苦しめ、溺れさせてついに征服するという話である。また『日本書紀』は、特別な風の起こし方を教えられて帰り、大波をもって海幸彦を溺れさせたという一説もあげる。

戦いに敗れて海幸彦が溺れ苦しむ姿を演じてみせる神話は、実際に隼人が経験した敗北の溺死の様を、繰り返し実演させられたものらしい。

すなわちこの神話は山と海を対立させて、海の民の山の民への服従、つまり戦い敗れた者が水に溺れてもがき苦しむに到るいきさつを、語るものであった。

他でもない。その果てに落命すれば、彼らは「水漬《みづ》く屍」となる。大伴の「言《こと》立《だ》て」の、戦い敗れた者の遂の姿を描く点においても、「言立て」と一致する神話であった。

もしこの神話に立ち入ってテーマを醒めた目で見つめる者がいたら、海を、人間の他愛ない戦いを超えた冷厳な実物と見るだろう。それに反して人間は、戦いに勝とうとばかり心はやる軽率者《けいそつもの》と思うだろう。まるで徒花《あだばな》のような、と。

じつは、このように山と海の実相を歌い、一方の人間を「花物」とする歌が『万葉集』（巻一三）にある。

おそらく「言立て」の歌い手も、戦いに花ばなしく散り、水漬く屍となって花を咲かせたと、思うのだろう。

さらに『万葉集』にはもう一つ、同様に海と山とを対比させながら、海には潮の干満（すなわち生死）があり、山には潮がないから生死がないという哲学を歌う一首もある（巻一六）。

前号に引用した万葉歌と一連の歌だ。前号の歌をふくめ以上三首は、ともに仏教思想を語る歌である。

「海ゆかば」がいかに深く仏教とかかわっているかは、驚くばかりである。

（なかにし・すすむ／国際日本文化研究センター名誉教授）

〈連載〉生きているを見つめ、生きるを考える 30

細胞接着分子の発見物語で研究の本質を

中村桂子

先回は大沢文夫先生のゾウリムシに刺激されて、真核細胞のもつ死の内包について語った。

真核細胞はもう一つ、多細胞化という特徴をもつ。細胞は一個では肉眼で見えない。人間も含めて今見えている生物界をつくっているのはすべて多細胞生物である。細胞がバラバラにならずに接着していなければ、私たちの体はできない。

この接着の機構を解明したのが、生命誌研究館の初代館長岡田節人先生の京大時代のお弟子さん、竹市雅俊さんだ。カドヘリンと名づけた、細胞の間をつなぐタンパク質を発見したのである。

一九五〇年頃に、ニワトリ胚の腎臓をタンパク質分解酵素トリプシンの液につけるとバラバラになることが見出され、接着分子はタンパク質とわかっていた。そのタンパク質を探そうと、トリプシンでバラバラにした細胞を回転培養しながら再集合させる実験をしていた竹市さん、米国の留学先では再集合せず悩むことになる。日本との違いは、トリプシン液にカルシウムのはたらきを抑える薬剤が入っていることとわかり、カルシウムの重要性に気づいた。これがカドヘリン(カルシウムを必要とする接着分子)の発見につながったのである。研究では、うまく行かない時に原因をていねいに考えると、小さいけれど実はとても重要なことが見つかる。これの積み重ねが研究なのである。

タンパク質探しの具体は、細胞接着を阻害する抗体をつくり、それと反応するタンパク質を探すことである。ウイルスや細菌などの抗体を体内につくらせて侵入する病原体を捉える予防接種と同じである。ただし、未知のタンパク質の抗体を探すのは難しい。ある時竹市さん、マウスでF9という細胞の抗体が分裂中の受精卵の細胞の結合をゆるくするという論文を見つけ、F9を用いてカドヘリン発見への道をつくった。一見無関係の論文にヒントを見つけるのも研究のコツだ。

体がバラバラにならないようにしている重要な分子の発見物語で、研究室の日常を思い描いていただけただろうか。

(なかむら・けいこ／JT生命誌研究館館長)

連載　国宝『医心方』からみる　6

ナスの効能と禁忌の今昔

槇　佐知子

京の伝統野菜の賀茂茄子《かもなす》の美味しさは格別だが、私はシルクロードのバザールで賀茂茄子そっくりのナスを見て驚いた。だが考えてみればナスの原産地はインド。五世紀前後にアラビアや北アフリカ、中国などへ伝わっており、奈良時代には日本でも栽培していた。

聖徳太子が遣隋使小野妹子《おののいもこ》に持たせた国書で「日、没スル処《ところ》ノ天子」と呼びかけた隋王朝二代目の皇帝煬帝《ようだい》(在位六〇四—六一六)は、西域からベトナムまでを領地とした覇者《はしゃ》であった。

『隋書』ではすでに佚書《いっしょ》とされていた『崔禹錫《さいうしゃく》食経』四巻は九世紀の日本には揃っており、我が国最古の百科辞典『倭名類聚鈔《わみょうるいじゅしょう》』(和名抄。九三八成立)引用漢籍の一つであった。

『医心方』食養篇五菜部六位の茄子の項には、

◦皮膚に張りを与え、気力を旺盛にするのがおもな効能である

◦脚の病気の人は苗葉を煮てその汁に脚をひたせばすべての毒気を除き、もっとも良い効能がある

という崔禹錫の説がある(但し、巻八脚病篇の第六章には、崔の「脚の腫れの治療法」の一つとして、同じ処方があるが、「除毒気」の三字を欠く)。

「食養篇」にはさらに『七巻経』*の、

▼多食すると気が動じ、陽虚となる

も掲載している。陽虚は手脚が冷え、唇の色が薄く、食欲不振、脈が弱い、小便が澄み、大便はどろどろになる等の症状を呈する。

＊「和名抄引用漢籍」の一つ。『新撰食経』七巻のことと思われるが未詳。

現代中国の『中葯(薬)大辞典』でも、清熱・活血・消腫の効能を認める一方で、「多食すれば気を動じ、痼疾《こしつ》(長期疾患、持病)を発する。……冷え性の人が食べると痼疾になる」と戒めている。

人口に膾炙《かいしゃ》する「秋ナスを嫁に食わすな」という言葉の出処《でどころ》は、案外、こんな伝承なのかも……。秋ナスが美味なため〝姑・小姑の嫁いびり〟という罪つくりな解釈を生んだのではないだろうか。

(まき・さちこ／古典医学研究家)

八月新刊

日本独自に誕生していた近代科学！

日本の科学
近代への道しるべ

山田慶兒

「科学なき近代」といわれた日本・中国だが、科学はあった。伊能忠敬は一八一七年に日本全図を完成、カッシーニ父子によるフランス全図完成は一七九〇年である。また日本最古の医学書『医心方』には、中国医学と異なる独自の医学体系が見られる。受容史だけではない日本の科学史へのまなざし。

Ａ５上製　三一二頁　四六〇〇円

男らしさは死滅していない！

男らしさの歴史 完結
III 男らしさの危機？―20-21世紀

J-J・クルティーヌ編　岑村傑監訳

古代ギリシアから現代まで、「男らしさ」の価値と規範の形成と変貌を描くシリーズ第III巻。男らしさ（ヴィリリテ）の歴史は男性（マスキュリニテ）の歴史ではない。欧米の第一線の歴史家が、さまざまな角度から、この一〇〇年余の「男らしさ」を究明した問題作。

カラー口絵16頁

Ａ５上製　七五二頁　八八〇〇円

詩学（ポエティカ）と科学（サイエンス）の統合

〈新版〉「内発的発展」とは何か
新しい学問に向けて

川勝平太
鶴見和子

二〇〇六年に他界した国際的社会学者・鶴見和子と、その「内発的発展論」の核心を看破した歴史学者・川勝平太との、最初で最後の渾身の対話。鶴見和子の仕事の意味を振り返る、川勝平太による充実した「新版序」を付し、待望の新版刊行！

Ｂ６変上製　二五六頁　二四〇〇円

半身麻痺を負った最晩年の思索と行動の軌跡

多田富雄コレクション（全5巻）
3 人間の復権
リハビリと医療

解説＝立岩真也・六車由実

新しい「自己」との出会い、リハビリ闘争、そして、死への道程……。生への認識がいっそう深化した、最晩年の心揺さぶる言葉の数々。

口絵2頁

四六上製　三二〇頁　二八〇〇円

急逝した仏文学者への回想、そして、その足跡

月の別れ
回想の山田登世子

山田鋭夫編

口絵4頁

文学・メディア・モード等幅広い領域で鮮烈な文章を残した山田登世子さん。追悼文、書評、著作一覧、略年譜を集成。〈寄稿〉青柳いづみこ・阿部日奈子・石井洋二郎・今福龍太・鹿島茂・工藤庸子・清水良典・三砂ちづる 他

Ａ５上製　二二四頁　二六〇〇円

読者の声

竹山道雄セレクション（全四巻）■

▼『竹山道雄著作集　全八巻』を持っていますが、清新な心持ちで全四巻を読了しました。改めて竹山道雄という人物に魅了されてしまいました。その生き方に……。

（兵庫　**埜崎太宗**　84歳）

▼若い時（学生）、わけもわからず赤旗を振り、声を大にしてデモに参加していた。ふと手にした『昭和の精神史』（文庫本）に衝撃を受けた。以後、全著作を読み、この人こそ日本の叡知です。以後この人を越える人は現われていない。

（埼玉　**霞文彦**　74歳）

竹山道雄セレクションII　**西洋一神教の世界**■

▼・ユダヤ人の差別とキリスト教の関係をここまで明らかにした本を初めて読んだ。

・ドイツ人のナチスの罪の始末が、今のEUの混乱の一因にも思える。

・ソ連の見聞記は、率直な記述が面白かった。

（兵庫　高校教員　**岡本哲弥**　58歳）

ことばの万華鏡■

▼一海氏とのふれあいはなかったが、何年かまえ（ウン十年まえかも……）から、眼にふれる毎に、その文章はよんでいた。「追憶と交遊」の項に眼がいき、その時の学長・古林氏、そして野上巖（＝新島繁）氏の名にぶつかり、当時、神戸大文学部学生だった私は今、えもいわれぬなつかしさと、うれしい思いにかられているしだいである。

　私はここに改めて一海氏の思想の核の強じんさとしなやかさにうたれているところである。もっと生きて書いてほしかった。

（香川　**西東一夫**　81歳）

多田富雄コレクションI　**自己とは何か**■

▼脳梗塞で二カ月半入院した時、お見舞として頂いた御本です。

　老化という問題を能の卒塔婆小町から入る語り方に、多田先生の「難しいことを易しく伝える才能」を感じました。

　とても納得のいくわかり方をさせて頂いたと、嬉しく思います。若い人に読んで貰いたい本です。

（神奈川　ものがたり文化の会テューター　**池本美子**　81歳）

存在者　金子兜太■

▼岩手の被災地まで黒田先生共々に来町されて、おはげましの言葉を寄せて頂きどれ程の〝力〟になりましたことか……感謝です。大分以前に岩泉町での句会に参加出来ましたことは〝宝物〟として私の指針です。〝存在者であること〟、心から御祈りしています。

（岩手　**早野和**　82歳）

▼感激以外言葉ありません（私は無学です）一茶の句大好きです。俳句が大好きです。

　平成二十九年四月五日〝おおらかに、どっしりと〟という金子さんの記事をよみ御電話して、四月十三日本書ブックエキスプレス着、四月十五日東口駅までタクシーで購入、はやる心をおさえ乍らこの感想文を書いています。私の人生のこれからの生きる指針です。ありがとうございました。（人生多々難あり幸あり）病を病み闘病中（黒田さんのファンです）。

（福島　**加藤レイ**　89歳）

▼今日本書を手にいたしまして「うわーこれはたいへん」が正直な気持です。「もうすぐ八十歳だもの」と甘えて万事易きに流れておりましたが、ガツンとやられました。

　時間はかかりましてもかならず読みとおします。ゆっくりと楽しませていただきます学びます。

　このご本をすすめて下さいました

黒田杏子様に感謝。金子先生黒田様のご健勝をお祈りいたします。

（新潟　山本悦子　78歳）

▼俳句に九七年の生涯をかけて、自身の人間観、存在観を哲学にまで昇華させようとする。戦場を通しまさにその体験を見事に怨念を越えた恩情の書。

（千葉　フリーライター・俳画・柳画　深澤忠利　68歳）

無常の使い■

▼いつかはきっと読もうと思っていた『苦海浄土』を、貴社から三部合本が出たことを契機に読了しました。その直後に『無常の使い』が出たので、直ぐに買い求め、一気に読みました。全員、本当に魅力ある方々ですね。おかげで『苦海浄土』の出演者が、さらに生き生きと目に浮かぶようになり、いっそうのイメージと現実感を得ることができました。

（千葉　会社員　金子克己　64歳）

▼御社の書籍は、すばらしく読みたい本がたくさん。……しかし、高価格ですね。なかなか入手できません。

岩波現代文庫、筑摩学芸文庫のシリーズのような出版をぜひ企画して下さい。（茨城　平塚満　70歳）

▼石牟礼道子様の多くの方への心のこもったお見送りの言葉を敬虔な思いで読ませていただきました。これだけ心のこもった言葉を紡ぎ出されるためには、余程心の通じあったおつきあいをなさっていたのだと思います。

生きていた時の心の通じあった濃密なおつきあいがあればこそ、お見送りの言葉も濃密な言葉になったのだと納得の思いでお一人お一人へのお見送りの言葉を読ませていただきました。佳いご本に巡りあえて幸せでした。（東京　長谷久枝　68歳）

▼荒畑寒村氏、細川一氏、木村栄文氏（特にこの方は福岡教育大附属小学校の後輩であり尊敬していました）、野呂邦暢氏は親しみがあり愛読していました。

急におなくなりになり残念です。その他の諸兄姉も懐しい方々です。石牟礼道子氏、藤原書店に感謝しています。大切に読みます。ありがとうございます。

（大分　耳鼻科医師　辛島惟子）

「じゃなかしゃば」新しい水俣■

▼水俣病に関するあらゆる問題を解決し、より良い水俣市を建設するための吉井正澄元市長の奮励努力、烈々なる戦の記録であり、読む者に多くの感銘と感動を与えるものである。このような図書が発行されたことに感謝する。

熊本県では、もう一件偉大なる事件がありました。それはオウム真理教と波野村の戦いである。これもオウム真理教が敗退するまでの戦の記録を後世に残すため戦いの記録を発行される事を切に望む。

（熊本　会社員　内田導博　75歳）

出雲を原郷とする人たち■

▼これだけ全国各地に、出雲に関係する地名や人々が存在していたとは、驚きです。

じっくり読んで、古代史を考察する糧にしたいです。

（徳島　文筆業　大北恭宏　57歳）

真実の久女■

▼坂本氏の新資料を加えての久女の真実は、まことに心に残ります。特に同人除名の理由の考察、さらに序文拒絶の理由など良く理解出来ました。久女の俳句の芸術性は今後とも残り輝くものと考えます。虚子が久女を狂気としてあつかったことは残念に思います。精神科医としてその最後は統合失調症ではないと思っています。（静岡　医師　八木和一　78歳）

苦海浄土　全三部■

▼『苦海浄土　全三部』は読み始めたら、スラスラ読めて一週間で読了しました。石牟礼道子さんの水俣病

に向き合った長い年月を思う時、ただただ頭が下がります。この作品は単なる物語りでは有りません。水俣病公害に対する、一般民衆の闘争史に残る偉業を克明に綴った労作です。戦後日本の文芸の〈金字塔〉と思うのは我のみであろうか。全国民に一読を願う良書である。

（京都　**中村久仁子**　61歳）

▼一〇〇〇ページにわたる大作ですね。今まで第一部しか読んでなかったので、二部、三部を読破しようと思います。ぶ厚いわりに値段は適当ですね。

（新潟　新潟県立長岡向陵高校　**高橋正明**　58歳）

▼今までこの全部をまとめて読めなかったので、これでようやく読むことができます。（もっとも池澤夏樹＝個人編集　日本文学全集がありましたが）

（愛知　**足立隆**　68歳）

ひとりヴァイオリンをめぐるフーガ■

▼テディ・パパヴラミさんのリサイタルを聴いた直後に、会場で購入しました。演奏がとてもすばらしかったので。本人のサインも、いただきました！　文章が上手で（訳がわかりやすく）、おかしさと切なさがたっぷり詰まっていて、引き込まれるように読みました。

アルバニアについては全く知識がなかったので、その実情に驚きました。パパヴラミさんが時代の波に巻き込まれながら成長していく姿に感動して、ラストの場面では涙が出ました。私にとっては久しぶりにめぐりあった良書でした。

（大阪　フリーランス　**豊福由香**　52歳）

ふたりごころ■

▼この本を書家・故篠田志づ子さんをえがいた娘さんのガン闘病記として読まない。普通は母親を「母」と呼ぶのである。しかしこの本は「シズコさん」として日常的に使われている。

この呼び名の迂回力こそ、子に対する深い配慮が仕組まれている。絶筆の「ありがとう」に八十二歳のシズコさんが宿っている。遺伝子的とも言える確信が根づいている。声が出そうな美しさ。

書は美ではなく、生きる根源を求める旅。そこに神経が集中する。シズコさんの最後の十カ月間、次第に体が動かず、言葉も出ず、ついに視線のみで、娘を眺めている。集中する視線が生きていた。もうすっかり余白の時間なのである。仏教では生きることを業と呼ぶ。娘さんとの絶えざる体位交換が、それが、今も「ふたりごころ」を生かし続けているように読めてくる。そんな本である。

（岐阜　**堀江光雄**　81歳）

現代中国のリベラリズム思潮■

▼日本の論者だけでなく、中国の研究者の論文（翻訳）が併せて載っているのが大変よい。

（北海道　札幌学院大学名誉教授　**鈴木敬夫**　78歳）

広報外交の先駆者　鶴見祐輔■

▼鶴見祐輔のような怪物は初めてです。美人薄命で死んだ母、琴子さんの真面目な心が彼の血に流れていたからでしょう。安倍総理でも鶴見にはかなわないでしょう。

鶴見祐輔伝は初めて読みました。ぼくが彼に憧れるのはその旅行癖と政治力です。又小説や伝記物などの文才です。それ等が、ぼくの心に、ろうそくの様な火をともしました。

ぼくが十五歳のときの『英雄待望論』による心の変化は現在もメラメラと燃え続けています。十代は男も女もまだ社会の現実を知らない子供です。その子供が、性格革命したことは、まぐれ当たりです。これからも彼の本を読みつづけることが神がぼくに与えた自己使命だといいきかせたいです。

（熊本　**永村幸義**　70歳）

一海知義著作集■

▼『一海知義著作集』全巻購入した

者です。別巻の出版を楽しみにしています。逝去されたのを知り、大変残念に思っており、時々、御本を拝読しております。

『機』連載も楽しみに拝読していました。過年藤原書店様の記念行事の時、少し話をしたのが心に残っております。胃がんをわずらったことがあるとのこと、初めて知りました。『ことばの万華鏡』楽しみにしております。

（埼玉　岡部健一）

帝国以後■

▼『世界の多様性』が先でしたが、フランスＩＳテロ事件で、『日経』朝刊のＥ・トッドのコメントを読んで、購入しました。

藤原書店の本は、鎌倉駅前の島森書店さんにたくさんありますが、Ｅ・トッドの本はなく。新宿で購入しました。人口学？からみた分析の本ですかネ。

（神奈川　戸田建設株式会社　**松永勝美**　64歳）

※みなさまのご感想・お便りをお待ちしています。お気軽に小社「読者の声」係まで、お送り下さい。掲載の方には粗品を進呈いたします。

書評日誌（七・四〜八・六）

㊟書 書評　紹 紹介　記 関連記事　Ⓣ テレビ　イ インタビュー

七・四　記共同配信「後藤新平の会」

七・七　書週刊読書人「多田富雄コレクションⅠ　自己とは何か」（「『超システム論』に立って」／「複雑な生命現象を一般に向けて伝える」／堂前雅史）

七・九　書東京新聞・中日新聞「私には敵はいない」の思想」（「記者の一冊」／「自由の拡大のために」／小佐野慧太）

七・一三　記朝日新聞（夕刊）［後藤新平賞＆シンポ］

七・一四　記朝日新聞［後藤新平賞＆シンポ］

記読売新聞［後藤新平賞＆シンポ］

七・一五　記東京新聞「天安門事件から『08憲章』へ」（「筆洗」）

書中小企業家しんぶん「トリノの奇跡」

記日本経済新聞「粕谷一希随想集」「シリーズ　後藤新平とは何か　世界認識」（「リーダーの本棚」／「興味ある人の作品は全部」／加藤文夫・大石格（聞き手））

七・一六　記産経新聞「天安門事件から『08憲章』へ」（「産経抄」）

七・二二　書東奥日報「声なき人々の戦後史」（「人生懸けた仕事の軌跡」／根深誠）

七・二三　紹図書新聞「男らしさの歴史Ⅰ　男らしさの創出——古代から啓蒙時代まで」「Ⅱ　男らしさの勝利——19世紀」（「二〇一七年上半期読書アンケート」／海妻径子）

七・二三　記産経新聞「叢書アナール」完結（「手帖」）

七・三一　紹公明新聞「凛〈新版〉」

八・六　書毎日新聞「核を葬れ！」

八月号　書藍生「存在者　金子兜太」（「連載　俳句と〝からだ〟二三〇」／三島広志）

記藍生「存在者　金子兜太」（「髙橋千草さんからの手紙」／髙橋千草）

紹医道の日本「『医心方』事始」

夏季合併号　紹サンデー毎日「多田富雄コレクションⅡ　生の歓び」（「人生一〇〇年時代をよりよく生きるための読書」／「たまには行ってみよう　ここではないどこかへ」／岡崎武志）

夏号　書季論21「ドストエフスキーとキリスト教」（須沢知花）

『出雲を原郷とする人たち』刊行記念！

全国〝出雲〟再発見の旅！

第274回新宿セミナー＠kinokuniya　7月1日(土)　於・紀伊國屋ホール

なぜ日本の各地に「出雲」という地名や神社が存在するのか。それを横断的に捉えることで、歴史はどんな相貌を現すのか。出雲をルーツとする俳優の**佐野史郎さん**、『古事記』はじめ古代文学に精通した**三浦佑之さん**、『出雲を原郷とする人たち』著者、**岡本雅享さん**が、それぞれの切り口で「出雲」を語り合った。

昨秋刊行の岡本さんの著書は、「出雲」ゆかりの各地を五年に亘って踏査した成果。佐野さんは、仕事で全国を訪れる中で気に留めていた出雲との関わりが、本書を読んだことで結びついたと熱く語る。三浦さんが提示した表では、『古事記』における「出雲」トピックが『日本書紀』で大幅に減ったことが一目瞭然。そこから古代史における出雲という存在の意味が浮かび上がる。

岡本さんの〝執念の書〟が二人のスピーカーを刺激し、「出雲」をめぐる新たな歴史像への想像をも喚起させる、白熱した一夜となった。（記・編集部）

2017年度「後藤新平の会」

後藤新平の「世界認識」と現代

100年を俯瞰する

7月16日(日)　於・アルカディア市ヶ谷(私学会館)

第11回後藤新平賞は**山本保博氏**（東京曳舟病院院長）に贈呈された。授賞理由は「救急医としての世界各地の自然災害現場での救命活動、発展途上国の救急医療体制の指導が、『衛生』という視点から後藤新平に通じる」。

シンポジウムの問題提起から。**ロー・ダニエル氏**「後藤は日本の政治家の典型であり彼の新旧大陸対峙論は現在の国際システムの理論」。**瀧井一博氏**（国制史、比較法史）「戦後、伊藤博文的『小日本主義』を歩んできた日本の孤立化打破には後藤の文明融合論が鍵」。**加藤陽子氏**（歴史学）「後藤は戦中・戦争直後に戦後世界を展望した」。**小倉和夫氏**（元フランス大使）「後藤は中国を牽制するためロシアと戦略的に手を組んだ。中国が大国化した現在、後藤の中国観、ロシア観をわれわれはどう考えるか」。休憩を挟み、橋本五郎氏（読売新聞特別編集委員）の司会で議論は熱と深みを増していった。

参加者は約一〇〇人。

（記・編集部）

十月新刊予定

＊タイトルは仮題

八〇年代話題を博した『原子力帝国』著者の遺言

テクノクラシー帝国の崩壊

「未来工房」の闘い

ロベルト・ユンク 山口祐弘訳

原子力にとどまらず、功罪の「罪」の面が深刻化するテクノロジー／テクノクラシーの進展の中で、「生命の危機」に抵抗するさまざまな芽を、いかに励まし、つなげていくか？ 危機の予言のみならず、代替エネルギー、反原発などの全ての運動が孤立化しないための応援歌が、21世紀の今でも力強く響く。

メディア・技術の先端を駆け抜けた〝異能の人〟

時代を「写した」男 ナダール *1820-1910*

石井洋二郎 写真約二五〇点

ボードレール、ユゴー、ドラクロワ、ヴェルヌなど十九世紀フランス知識人の肖像写真といえば、誰もが目にする名前、ナダール。しかし彼の活躍の場は写真だけではなかった。医学生、ジャーナリスト、批評家、作家、カリカチュリスト、写真家、飛行実験家……当時の最先端メディア・技術にあまねく触れながら、時代を駆け抜けた〝異能の人〟の決定版評伝。

死者の眼差しの芸能から汲み取ったもの

多田富雄コレクション（全5巻）

4 死者との対話

能の現代性

解説＝赤坂真理・いとうせいこう

免疫学の研究に没頭するかたわら、学生時代から能に親しみ、自ら鼓の演奏を極めたのみならず、脳死と臓器移植、原爆、沖縄、日朝関係など、現代の課題に迫る数々の新作能を手がけた多田富雄。死者の眼差しの芸能＝「能」から、多田富雄が汲み取ったもの、そして、その伝統に付け加えたものとは何だったのか？

大田教育学の原点ともいえる書の決定版

大田堯自撰集成（全4巻）補巻

地域の中で教育を問う〈新版〉

大田 堯

教育とは何かを半世紀以上問い続けてきた大田堯の教育学の原点ともいえる書。戦後まもなくの時期から約半世紀の間、さまざまな地域での教育現場やそこで働く人々への取材や調査を通して、記録し感じ取ったことから大田教育学は始まった。白寿を記念に新版として刊行。

9月の新刊

タイトルは仮題、定価は予価。

いのち愛づる生命誌《バイオヒストリー》 ＊
38億年から学ぶ新しい知の探究
中村桂子
四六判 三〇四頁 二六〇〇円 口絵カラー8頁

名著探訪108 ＊
知の先達29人が選ぶ
藤原書店編集部編
四六変上製 四四〇頁 三二〇〇円

改訂を重ねる『ゴドーを待ちながら』 ＊
演出家としてのベケット
堀真理子
四六上製 二八八頁 三八〇〇円

世界人権論序説 ＊
多文化社会における人権の根拠について
森田明彦
四六上製 二四八頁 三〇〇〇円

社会思想史研究 41号 社会思想史学会編
〈特集〉**市場経済の思想**
市場と資本主義を考える
重田園江・山田鋭夫・崎山政毅・平子友長・奥田太郎・太田仁樹・三島憲一・武藤秀太郎・宇城輝人・高草木光一・渡名喜庸哲・岡田拓也・山下範久ほか
A5判 二八八頁 二六〇〇円

10月の予定書

「地政心理」で語る半島と列島 ＊
ロー・ダニエル

テクノクラシー帝国の崩壊 ＊
「未来工房」の闘い
ロベルト・ユンク 山口祐弘訳

時代を「写した」男 ナダール *1820-1910* ＊
石井洋二郎

多田富雄コレクション（全5巻）
4 **死者との対話** 能の現代性 ＊
解説＝赤坂真理・いとうせいこう

大田堯自撰集成（全4巻）補巻 ＊
地域の中で教育を問う〈新版〉
大田堯

好評既刊書

日本の科学 近代への道しるべ ＊
山田慶兒
A5上製 三二二頁 四六〇〇円

男らしさの歴史（全3巻） 完結
A・コルバン＋J-J・クルティーヌ＋G・ヴィガレロ監修
Ⅲ **男らしさの危機？** ＊
20―21世紀
J-J・クルティーヌ編 岑村傑監訳
A5上製 七五二頁 八八〇〇円 口絵カラー16頁

多田富雄コレクション（全5巻）
3 **人間の復権** リハビリと医療 ＊
解説＝立岩真也・六車由実
四六上製 三二〇頁 二八〇〇円 口絵2頁

〈新版〉**「内発的発展」とは何か** ＊
新しい学問に向けて
川勝平太・鶴見和子
B6変上製 二五六頁 二四〇〇円

月の別れ ＊ 〔附〕全著作一覧・略年譜
回想の山田登世子
山田鋭夫編
A5上製 二二四頁 二六〇〇円 口絵4頁

完本 **春の城**
石牟礼道子
解説＝田中優子 赤坂真理 町田康 鈴木一策
装画・挿画＝秀島由己男
四六上製 九一二頁 四六〇〇円

EU崩壊 秩序ある脱＝世界化への道
J・サピール 坂口明義訳
四六上製 二九六頁 二八〇〇円

日本思想の古層
梅原猛・川勝平太
B6変上製 二二四頁 一八〇〇円

＊の商品は今号に紹介記事を掲載しております。併せてご覧戴ければ幸いです。

書店様へ

▼8／20（日）『毎日』西部版「不知火のほとりで」欄で**石牟礼道子『完本 春の城』**が大きく紹介！ 配本直後から初速絶好調で各店からの補充追加ご注文続々！ まだまだこれからパブリシティ本格化する予定です。さらに大きなご展開をぜひ！▼同日『朝日』書評面「オススメ編集部から」欄では、**広岩近広『核を葬れ！』**が「核抑止論に依拠する一握りの核保有国や日本も、核廃絶に後ろ向きだ。本書は平和の構築を決してあきらめず、被爆国の一員として何をすべきか問いかけている」と大きく紹介！ 「社会」はもちろん、「ノンフィクション」や「一般読みもの」としても大きくご展開ください！▼同じく8／20（日）『東京・中日』書評欄では、**鎌田慧『声なき人々の戦後史 上下』**がライターの米田綱路さんに「本書は書かれざる社会的深層の現代史でもあるのだ」と絶賛大書評！ こちらも、「ノンフィクション」はもちろん、「社会」や「人文（歴史）」の棚でも大きくご展開を！ まだまだパブリシティ続きます。（営業部）

語りと講演

石牟礼道子と出逢う

第一部　講演／映像上映

講演　田中優子

上映　鶴見和子・石牟礼道子対談

第二部　語り・音楽・映像

語り　町田　康

作　石牟礼道子

音楽　金大偉

尺八　原郷界山

【日時】10月18日(水)　午後6時半

【場所】座・高円寺　ホール2

【料金】三千円

“琉球の魂《マブイ》” 海勢頭 豊映画&ライブ

第一部　映画「GAMA―月桃の花」

第二部　ライブ（歌と語り）

うみせど・ゆたか

沖縄から絶対平和を訴え続けるミュージシャン。代表歌「喜瀬武原」「月桃」「さとうきびの花」。製作した映画「GAMA――月桃の花」は全国でロングラン上映中。「ジュゴン保護キャンペーンセンター（SDCC）」代表。

【日時】10月27日(金)第一部　午後4時半　第二部　午後7時

【場所】西荻ターニング（「西荻窪」3分）

【参加費】三千円

出版随想

▼雨続きでいつもの炎天下状態の真夏日の日が殆んどなかった東京だったが、九月になると少し落ち着きを呈しているように見える。この不順続きの生命環境を、自然の生き物たちは、どう生きているのか、いろんな専門職種の方々に聴いてみたい。

▼今、この地球で何が起こっているのか？　この百年余りの急激な科学技術の開発で、これまでの穏やかな生命環境が瀕死の状態にあることは予測できる。かつて海の日々の浄化作用で、汚された海もすぐにきれいになると、数十年前まことしやかに語られたが、海辺に棲むわれわれ人間の生活は、大きく変化した海辺の傍で、今や色んな問題を引き起こしている。水俣、神戸、三陸沖、福島……と枚挙に暇なし。

▼世界で一番多く木を植えてきた男、宮脇昭が使う大切な言葉に、「土地本来の木」がある。「潜在自然植生」ともいう。宮脇によると、わが日本では、〇・〇二％だという。かつては照葉樹林文化として栄えてきたこの国が、今や殆んど人工林で埋めつくされていると。

▼『脱学校の社会』『脱病院化社会』『シャドウ・ワーク』などの作品で、一九八〇年代前半に世界の多くの読書人にも知られた思想家イバン・イリイチが、「ヴァナキュラー」という言葉をしきりに使った。英語で *Gender* というタイトルで紹介された書は（日本では『ジェンダー』）、仏語で *Le genre vernaculaire*、独語で *Genus*、西語で、*El género vernáculo*。「地霊」とでも訳したらよいか。まさに、宮脇の云う「土地本来」の意味だ。又、石牟礼道子の殆んどすべての作品は、その土地の霊から離れない。われわれ自然の中の生きものすべては、自分たちが生まれ育ったところから離れて生きてゆくことができない存在なのである。

▼イバンに『エネルギーと公正』という本がある。交通や情報が飛び交い、一瞬でかつては考えられないスピードで短時間で行く、又交信できる時代になったが、そこに大きな陥穽があることを、イバンはすでに四〇年前に指摘してきた。われわれがこれからどの道を選択するか、すでに問いが発せられて半世紀。いまだにその答えを出そうとしない人間の行くべき道はすでに決められているのかもしれない。（亮）

八月九日、被爆当日の歌、翌日、兄の死を看取った場面に取材した作を引用しよう。

血だるまとなりて縋りつく看護婦を曳きずり走る暗き廊下を
鼻梁削がれし友もわが手に起きあがる街のほろびを見とどけむため
背なか一面皮膚はがれきし少年が失はず穿く新しき靴
暗がりに水求めきて生けるともなき肉塊を踏みておどろく
たづねたづねて夕暮となる山のなか皮膚なき兄の顔にまぢかく
ふさがりし瞼もろ手におしひらき弟われをしげしげと見き
附着せる皮膚もろともに剥ぎ捨てしシャツにたちまち群がれる蠅
掘りやりし小さき穴にゐざりゆきてひれ伏すごとく糞たるる兄よ
死肉にほひ兄のかたへを立ちくれば生きてくるしむものに朝明く

竹山広『とこしへの川』

時間の波に洗われなければ、とても表現できない凄まじい場面である。体験の生々しさ、怒り、悲しみを沈潜させるための時間。そう考えれば十年は決して長くはない。
原爆被爆は、思い出とはならない。被爆者が生きる限り、放射能も傷も、傷を負った心と共に、個々の被爆者の体内に住みつき、生きつづけるからである。

被爆二世と呼びなしてひとつ死を伝ふ子に隠し得むことならなくに
十八年過ぎて細まりし被爆の傷わが見てをれば妻も見しむる
被爆時の記憶さへ妻と相たがふ三十五年念念の生
同上

六十一歳、竹山広がまだ無名の時代に刊行したこの『とこしへの川』は、最近やっと知られるようになってきた。原民喜『夏の花』、峠三吉『原爆詩集』、林京子『ギヤマン ビードロ』、井伏鱒二『黒い雨』などとともに、原爆文学として、ぜひ世界中の多くの人に読まれることを願っている。

内田守人編『明石海人全歌集』

明石海人といっても今では知っている人はほとんどいないだろう。短歌の世界でも今ではもう知る人が少なくなってしまった。

明石海人が脚光を浴びたのは、昭和十三（一九三八）年である。この年の一月に刊行された『新万葉集』に明石海人の短歌が選入され、それが大きな話題となり、「改造」「短歌研究」「文藝」等の雑誌に短歌、エッセイを次々に発表。そして、昭和十四年二月に内田守人、下村海南、山本実彦らの尽力によって歌集『白描』が刊行され、これがさらに大きな反響を呼んだ。半年で二万部以上売れたという。歌集では異例の部数である。

明石海人は、昭和二（一九二七）年春にハンセン病にかかり、やがて失明、昭和十四年に三十八歳の若さで他界した。作歌をはじめたのは昭和十年。足かけ五年の短い作歌期間だったが、多くのすぐれた作品をのこした。

そむけたる醫師の眼をにくみつつうべなひ難きこころ昂ぶる

看護婦のなぐさめ言も聞きあへぬ忿《いかり》にも似るこの侘しさを

人間の類を逐はれて今日を見る狙仙《そせん》が猿のむげなる清さ

東大病院で病名を告げられ、茫然自失のまま、日暮れまで上野の山や博物館のあたりを一人でさまよう。その折の歌である。

三首目に注目していただきたい。「狙仙」は森狙仙。細密な動物画で知られる江戸後期の画家である。当時のハンセン病に対する社会的偏見と病気の深刻さから、自分はもう人間界を放逐されてしまったというのである。そう思う者の目から見ると、狙仙の絵の猿の言いようのない清らかさが身にしみる。いっそのこと猿に変身して、その清らかさを身にまといたい、そんな意味だろう。慟哭の思いが聖なる静謐にまで純化された見事な一首である。

昭和十年代はじめは、北条民雄『いのちの初夜』、女医・小川正子の『小島の春』等、ハンセン病にかかわる文芸にはじめて光が当った時代だった。そんな時代的背景もあっての『白描』のブームではあったが、こうした作を見ると、時代的な流れだけではない彼のすぐれた資質が読みとれるだろう。「名著探訪」の「名著」としてこの一冊をあえてとりあげるのは、明石海人の歌には、前衛短歌の先駆的作品が見られるからである。

明石は、前川佐美雄「日本歌人」に参加、前川の影響下で、当時隆盛していた写実的短歌とは大いにおもむきのちがう作を発表した。

星の座を指にかざせばそこここに散らばれる譜のみな鳴り交す
わが指の頂にきて金花蟲《たまむし》のけはひはやがて羽根ひらきたり
かさかさと爪鳴らしつつ夜もすがら畳にみだるる花びらを摘む
手の指そして爪が出てくる歌を選んでみた。いま読めば特に難解ではないが、写実短歌を読みなれていた当時の読者には分かりにくかったらしい。当時の歌壇では前川佐美雄『植物祭』を嚆矢とするこうした作は「ポエジー短歌」と呼ばれて、シュールレアリズムに影響されたごく一部の特殊な者たちの歌と見られていたようである。

「星の座を指にかざせば」は、指の間から星座を見ている意味だが、じっさいには彼の目はもう見えていなかった。さらに言えば、じっさいの指や爪はもう失われていた。失われた視力で星座を見、失われた指の指先の感覚を感じ、失われた爪で花びらをかきさぐる。

ハンセン病療養所の医師であり歌人でもあった内田守人、歌の師である前川佐美雄を別にすれば、明石海人のこれらの歌は当時はほとんど注目されなかった。

戦後、やはり前川佐美雄に師事した塚本邦雄によって前衛短歌が出発し、その塚本によってこれらの明石海人の歌は再発見されることになる。

最後に、歌集『白描』の冒頭に置かれた有名な短文を引用しておこう。死の半年前の執筆である。心にしみる文章である。

「癩は天刑である。

加はる笞《しもと》の一つ一つに、嗚咽し慟哭しあるひは呻吟しながら、私は苦患の闇をかき捜つて一縷の光を渇き求めた。——深海に生きる魚族のやうに、自らが燃えなければ何處にも光はない——さう感じ得たのは病がすでに膏肓に入つてからであつた。齢三十を超えて、短歌を学び、あらためて己れを見、人を見、山川草木を見るに及んで、己が棲む大地の如何に美しく、また厳しいかを身をもつて感じ、積年の苦澁をその一首一首に放射して時には流涕し時には抃舞《べんぶ》しながら、肉身に生きる己れを祝福した。人の世を脱れて人の世を知り、骨肉と離れて愛を信じ、明を失っては内にひらく青山白雲をも見た。癩はまた天啓でもあつた。」

塩川正十郎

一九二二―二〇一五。政治家。元東洋大学総長、元財務大臣。著書『佳き凡人をめざせ』（生活情報センター）『ある凡人の告白』（藤原書店）。

私の日記術

藤原書店から名著の書評を書けとの指示をうけた。私は本を読むことを楽しみ、いろいろな事項を知る喜びで本を読んでいるので、乱読で手当たり次第、感覚で選択して本を購入している。又、時々書店に立ち寄って、新刊の書棚や新本を無造作に積み上げてある売り場を無心になって見て廻る。その結果、予期せず思わぬ本を見つけて棚から引き出す時、その本からのある種の印象で、読む以前からの読後感の予想に満足することがある。書店で本を選考することは、私にとって一種の癒しである。

今回名著の書評との要請があるので、私の書斎をかき廻して二、三の古典的な書物を引き出したので、この書評は次回私が担当する本欄でその由縁と評価を発表することとし、今回は私の日記について紹介することでお許しを得たい。

私は昭和四十二年一月から衆議院議員を務めたが、その四、五年後、国会での役割を分担するようになってから毎日日記を書くことにした。日記を考えるとき例えば、『土佐日記』のようなロマンチックな文学とか、或いは『原敬日記』や『木戸日記』、最近では『楠田実日記』（佐藤栄作総理首席秘書官）のように歴史的事実の貴重な文献となるもの等が連想されるが、私の日記はそんな大げさなものではなく、あくまでもプライベートなものである。毎日毎日が自己そのものを表現しておれば良いのであり、自分だけに通用する記録で充分と心得ている。従って美辞麗句の引用で文章を修飾しようとも思わないし、又この記録で禍福変転するような事態を誘因することは全く無縁であるから、他人のことを配慮する必要がなく気楽なもので、取り越し苦労の必要は一切ない。事実の記録に徹底している。最初はよく書き忘れて数日分空白のときもあったが、習慣とは恐ろしいもので、早朝忙しく書く時間（約二十分位）がなく外出すると気懸りになる。いまでは数日の旅行にも携帯している。

何故日記を書くようになったのか。国会議員になって先行する日程が多くなり、その為の準備も必要になったので日程をメモにしていたが、スケジュール表が必要になり手帳では不充分になった。従って最初はスケジュール表の如きもので、今後の行事や面談予定の時間と人物等、簡単に書き留めるものであったが、次第に行事の予定だけでなく内容や面談した中味、即ち要件を書くようになり、本格的に前日のことを日記にすることになった。

この記録が後日非常に参考に役立つようになってきたこと、又日記に書くことでその場で了解していた約束事を忘れていたのを思い出すのに効果がある。又、他人との会話の事実を再確認し、備忘となることの効果を体験してきたこと等、日記を書くことの有意義が次第に習慣になってきた。又日記の効用として、無為に過ごしている時に過日の日記を読み返すと新しい発想も湧いてくるし、過ぎ去ったことの反省にも大いに役立つ。私は自分の日記が私の生涯を語るものと意識し、単にメモ的なものでなく、当事者としての感想や判断した理由等を丁寧に書くようにしている。いま利用している日記は、博文館製の大きい紙面で頑丈な装丁で目方も充分にある。

次に私の日記書きの実況を申すと、その日の行事や交渉面会等の出来事は翌朝に書く。その日のことをその日には書かず、一日曝す。それによって昨日の事項に反省と対案が湧いてくる。「昨日あのことで何故立腹して暴言をはいたか」「もっと丁寧に話すべきであった。補足の説明をしておこう」又「約束ごとは忘れず受け止める」等の反省もする余裕が出てくるのである。

愛用の「博文館当用日記」。「函がしっかりしていて、机にぽんと置くと、気持ちいい音がする。朝はその音で、すかっと目が覚めるんや」。

早朝、昨日のことをすぐには思い出せないこともあるので、私は日記をひらいて先ず昨日の昼食で何を食べたかを思い出す。それに連鎖して午前の行事や面会人を思い、一日の流れが走馬灯となって廻想される。更に当日の人事や、行事等の数字は必ず書き留めておく。悪事で検察の捜査があれば、私の日記で私のすべてが判明するであろうと自負している。更に約束事は、鉛筆で該当の予定日に記録しておくのである。私は新聞や雑誌に寄稿をたのまれることが多いのであるが、日記を探って想いを仕込むことが多い。私の日記活用は実用的で、非常に効果が大きい。

今回藤原書店からの指示で、過去に読んだ名著を探索しているが、四年前に読んだ福澤諭吉先生の名著で、慶応二年に上梓した『西洋事情』に強い印象を受けているので、これを読み直したいと思っている。福澤先生の若い時代の著書は漢文調で格調高く平易ではないが、造語の達人であっただけに含蓄に富む名文が多く、改めて読み直し書評したいと思っている。

福沢諭吉『西洋事情』

私は学生時代には福沢先生の書は授業のとき読んだ程度で、殆ど真剣に読んだことがなかった。戦時中の緊迫した世情であったことと、先生の著作が若干むつかしく馴染めなかったことによる。

一九九三年頃バブル崩壊、不況突入のとき、私や綿貫民輔氏、赤松正雄氏等が発起して「福沢の勉強をしよう」と衆参国会議員に呼びかけ超党派で『学問のすすめ』を月例会で勉強した。毎回十名前後参加し、十七項目の一節ずつを朗読し、福沢諭吉研究センターの教授に解説をして貰った。先生の文章は徹底的な漢籍調であり、独特の造語もあり丁寧に読まなければならぬが、教授の有効な解説を聞き理解を深めた。福沢先生の先見と事柄の認識がまことに正鵠を得た考察の論理を展開しておられ、指導されたこと多々あった。引き続き『文明論之概略』に進もうと思った時に、衆議院解散選挙となり立ち消えてしまったのは残念である。

二〇〇二年、『福沢諭吉著作集』（慶應義塾大学出版会）が発売されたので早速購入した。第一巻が本書である。一見難解そうにみえ、文章に語彙が沢山続いているので躊躇したが、読むにつれて次第に興味を覚え、折々読み返して熟読した。

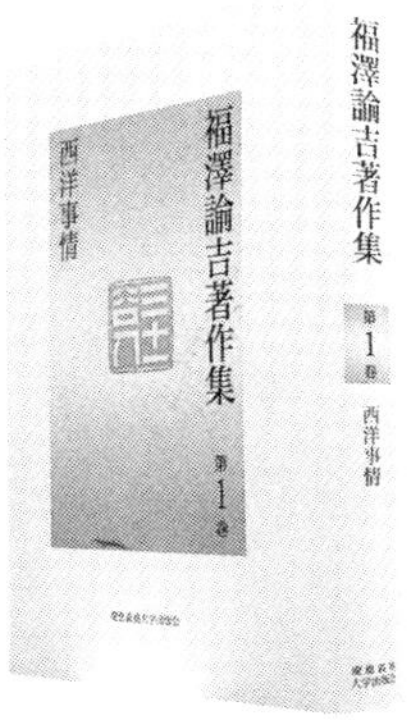

本書は、西欧の政治経済社会の現実と制度の起源や現実の役務の効果等を、事実を事実として素直に解説しているもので、先生の意見や指導的意見は余り含まれていない。従って西洋の物真似をせよとは全く言及していないし、わが国の長所も併記されている。慶応二年、大政奉還以前の出版であるから、日本の政治や社会制度がどう変るかわからない時期であり、あえて先生は論評を避け、西洋事情を紹介する書となされたと思う。

冒頭は政治について。三様の政治、即ち立憲君主制、貴族会議制、更に門地貴賤を論ぜず人望の属する者をたてて国民協議する共和制がある。文明の政治の原則は、ヨーロッパの政治学者の通論として、次の六か条であるとする。第一は国民の自立任意の尊重。第二条は信教の自由を確保する。第三条は技術、科学を尊重し新発明による人類の発展を図る。第四条は学校を経営して人材を育てる。第五条は政治が安定して国民の信頼を得ること。第六条は貧民を助けて福祉を充実すること。封建制体質の社会では想像もつかない警告であり、先生が本当に国民に警鐘を鳴らしたのが本書であろう。

福沢先生は三回も外国に派遣され勉学された。二回はアメリカで一回はヨーロッパで、そのときは約一年間滞在し研修しておられる。従って当時としては正に新鮮な、しかも権威ある情報であったろう。後年の『学問のすすめ』や『文明論之概略』等では先生の意見や指導力が強く表明されているが、『西洋事情』は実に直感的なもの、直視したことを書いておられる。各種民族の風俗に進歩蛮野の差異があろうが、永年のうちに政治の努力で切磋補完をかさねて文明の境地に到ったのであるから、この沿革を探求することと最大の課題である。学者の高論よりも蒙昧夷俗の風を改善することこそ政治に求められていると言う。

本書の初巻は西欧文明の個々の紹介、例えば政治の制度や状況、兵制、学校、病院、博物館、蒸気機関や蒸気船等の文明の利器や実験のノウハウ等の紹介であり、当時のわが国の読者には隔世の感ある書だったろう。

第二巻からは内容が変り、アメリカ建国の経緯。特に独立戦争のときに仏国に支援を得たこと等がある。フランスの歴史では、中世からの周辺諸国、特に英国との戦争の歴史が記述されている。ただ両国の建国の経過のみならず、国富のための貿易や安全保障となる軍備の編制等にも詳細に記述している。

四〜六巻では、ロシヤやポルトガル、プロシヤ等欧州諸国の建国動乱の時代から革命を経て近代化(十九世紀)に到る国勢の推移や、国王を中心とした封建制崩壊の道筋を史実を丹念に追求している。部分的に物語・伝説的な興味的な部分もあるが、重要人物の紹介やエピソード等が多用され、現代に読む西洋史と違った真実性を感じる。幕末にこの書を読んだ人々の感動と好奇は如何であったと思う。

福沢先生らしく、自由の尊重と権利の保護について各国の皇帝や国王がどのような配慮をしたか詳細に記述している。例えば所有の権利について、一般物品のみならず知的財産たる発明の免許等は充分に国法によって保護されるべきである。又物品税は不正に陥る弊害が多く、二重取りや税を販売原価に含める者ありと注意を喚起している。英国の財政や皇帝経済を論じたなかで「政府をして余剰の金を貯えしむるは、徒に有害無益の権威を付与しその乱暴で道理に反するを恣にするの資なりと云うべし」。政府には余分な資金を持たせてはならぬと警告している。

福沢先生の初期の、警世的な論文というよりもガイドブック的性格の書であるが、当時の閉塞された封建社会のわが国を根本的に改革し、一五〇年前に文明国への扉を開いた開明の原典であると信じ、必読をすすめる。

松元　崇『大恐慌を駆け抜けた男　高橋是清』

私は昨年、麻生内閣から鳩山内閣へと政治貧弱になったので、その反動で明治維新や明治の隆盛期に関する文学書を耽読した。まずドナルド・キーン先生（文化勲章受章者で東洋大学の学術顧問）から『明治天皇』の贈呈をうけた。九〇〇頁の大作であるが文章が非常に上品で、読者を牽引する力が強い。続けて司馬遼太郎の『竜馬が行く』や『坂の上の雲』、更に『正伝　後藤新平』（藤原書店）と引き継いだ。いずれも以前に読み終わっているのだが、再読しても興味津々である。これらの偉人は藩閥の仲間ではなく、その識見と能力を評価され重職に就いた人々であるので、自信と信念をもって豊かな個性を発揮している。しかも人生観では厳粛な哲学を示している。幕末・維新時代はわが国民が一番燃えた時代であるから、それを扱う作品には迫力があり魅力が溢れている。しかも史実を探求して資料を忠実に扱っているので勉強になる。将来古典として愛蔵される書であると思う。特に義務教育で残念乍ら、わが国の近・現代史を教えないという間違った教育方針であるから、この時代の文学書や小説等で青少年を教育すべきである。

これらに引き続き、松元崇氏から寄贈された『大恐慌を駆け抜けた男 高橋是清』を読んだ。著者は大蔵省審議官を経て、いま内閣府の官房長であるが、ライフワークとして財政史を特別研鑽している。

高橋是清は、ペルーの銀山開発事業で失敗し零落していた時、友人から某県の知事に就職を勧められて、「私が官途につくのは衣食のためではない。上官の言い分がもし間違っていたら敢然として議論し所信に憚るところなきよう務めたい。衣食を求める就職は、精神的に国家に尽すことは出来ない」と明言している。

その後明治二十五年に、第三代日本銀行総裁川田小一郎から日本銀行本店建築監督に就任依頼された。この人事には反対もあったが、川田は高橋の公共精神とペルーで失敗した貴重な経験を評価したのである。高橋是清の財政家・政治家としての活躍はここから始まるのであるが、著者は高橋の実績記述と並行して、当時の政治と財政が如何に絡み合っていたかを詳細に述べている。大久保利通と大隈重信が行った、わが国の財政、税制、更に貨幣制度及び国債問題等近代日本建設の基盤となる諸制度の改革や、公務員たる武士階級の俸禄改正、永年の経済不況からくる国民の不満、それが導火線となった西南戦争。それから時代一変して官僚台頭する推移等を興味深く記す。

高橋是清の伝記ではあるが、背景となっている社会の変化、政府の消極姿勢に対し高揚する国民感情等についても詳細に述べている。日露戦争は紙一重の幸運と必死の団結で勝利したものの、ロシヤの執拗な東進政策や米国の満州鉄道合弁事業介入に対する拒否等、国際関係に緊張が続き、その対策もあって財政経済は戦後一層深刻化した。一方国民は、戦勝の意気高揚し政府に対する不満が充満し、世相が乱れてきたので戊申詔書が渙発された。その根底に経済不況があったので明治四十五年、高橋が日銀総裁に就任したと同時に、金融を通じて殖産振興、政府需要創出等に努力した。一例として民営鉄道の買上げで全国ネットワークをつくり、国土の均衡ある発展を推進したが、その決断の速さは彼が若い時代、大隈財政と松方財政の手法とその政策的効果、それに伴うわが国勢の変化等を充分に勉強していたからである。

幸いにして第一次世界大戦の結果、わが国は思わぬ漁夫の利を得て財政は立ち直り、民心の安定を得たが反面、強大国意識が芽生え、当時世界的流行であった移民運動と植民地争奪、帝国主義経済政策にあおられて、わが国の進路は危険地帯に踏み込んで行った。高橋はこの傾向を非常に憂慮し政界に警告を発していたが、時の勢いとは逆行することになった。

日英同盟破棄後、大正から昭和初期にかけて日本は一等国としての軍備に狂奔、満州の実質支配等に大きな無理があった。こんな時、財政運営、経済政策をめぐって井上準之助と意見が相違し、毎年激論が展開された。両者ともその基本は軍縮であり緊縮財政で共通していたが、景気浮揚策、財政の健全化、為替と金融問題等経済政策に関する哲学の相違であった。

高橋は、日露戦争当時にユダヤ系商会に外債を引き受けさせて、財政家として華々しく脚光をあびた。その後たえず政府の要人として活動し得たのは、国際事情を正確に把握し無私無欲で国政に尽したからである。その憂国の精神は軍部に曲解され、二・二六事件で暗殺されることになる。高橋逝去のあと日本はどうなったか。松元氏はそれを最近上梓した続編で訴えている。

暗殺された邸宅跡（赤坂七丁目）はいま、記念公園として巨樹が鬱蒼と茂る。若いサラリーマンの憩いの場であるが彼らは「高橋是清」を知っているだろうか。非藩閥、非軍人の国士は余り恵まれていない。そこに近代国家日本が偏向した病弊が潜んでいたのだと思う。異常事態のいまの日本で高橋是清が生存して指導してくれたらなあ！と痛感する。

住谷一彦

一九二五年生。立教大学名誉教授。社会思想史・歴史民族学。著書『マックス・ヴェーバーと日本』(みすず書房)『河上肇研究』(未來社)。

大塚久雄『近代欧州経済史序説』(『大塚久雄著作集』第二巻)

敗戦後東大に復帰した私は、東大書籍部に長い行列をつくった学生たちに交って、その日発売された大塚久雄『近代資本主義の系譜』(学生書房、一九四七年)を購入した。それが私の本を介しての大塚先生との最初の対面であった。当時私は本郷追分にある東大基督教青年会(YMCA)寄宿舎に住んでいた。昔父が学生時代にここに住んでいた縁によってであった。ここから東大までは歩いて一〇分足らずで行けて、大変便利だった。その上、私はここに住んだことで大変な幸運にめぐまれた。というのは、寄宿舎の管理責任者が劇作家の木下順二さんであったこと、それに三階にはデカルト研究で有名な森有正さんが住んでおられ、寄宿舎の裏にある二舎には大塚久雄先生御一家が住んでおられたからである。森さんは食事のとき丼《どんぶり》を部屋に持ち帰り、そのまま戻さなかったので、しばらくすると丼が足りなくなってしまい、私たちは森さんの部屋に行って、そこにたまっている丼を持ち帰ることが習慣になっていた。大塚先生御一家の住んでおられた部屋も狭く、御一家も住むのも大変だっただろうと、今は思っている。

私はときどき大塚さんの部屋を訪れてお話しを聞くことがあったが、たまたま二一番教室で服部之聡さんの講演を聞いていたとき、途中で痛烈な大塚史学（この命名者も服部さんだった）の批判をはじめたのに驚いて、息せき切って走り帰り、大塚さんの部屋に飛んでいって、それを報告したとき、そこに同席していた内田義彦さんと眼を見合わせて、「いかにも服部さんらしいね」と言って笑ったことが、今でも強く印象に残っている。内田義彦さんとお会いしたのも、そのときが最初だった。それが縁となって、内田さんともそのあとしばしばお会いすることになった。

私はそんなわけで大塚さんの書いたものでは『近代資本主義の系譜』が最初に読んだ書物であった。

これは論文集で内容はきわめて高度であり、当時の私の知識水準でどれほど理解できたか分からないが、一生懸命読んだことだけは覚えている。それを手がかりに次々と大塚さんの書いたものを渉猟していった。大塚さんの書いたものは皆読んでみたいという衝動に駈《か》られたからだった。それほど大塚さんの書いた論稿には、私たちの心を惹きつける何かがあった。この本の裏表紙に「今度

の不幸な戦争で死んだ人たちに捧げる」と書かれた一文にも心痛むものがあった。

次に読んだ『近代欧州経済史序説』は、論文集でないだけに読みやすかった。私は投網《とあみ》を大きく放って、ぐっとひきしめていく手法に惹きつけられた。そうなると、たまらない。私は次々と大塚さんの書いたものをあさっては買っていった。私の書いた文章も何時の間にか大塚さんの文章スタイルを真似たものになった。

大塚さんは、こう書いておられる。「近代欧州経済史の研究にあたってわれわれの『問題』的関心は何に向かって集中さるべきであるか。端的にいって、何がわれわれの『問題』たるべきであるか」と。その答えは、こうであった。「ヨーロッパ、とくに西欧の近代経済社会がもつ世界史的意義の一つがその勢力圏の極めて執拗な世界的規模への拡延と膨脹であった事実は、すでに周知のことに属するであろう。ところで、西欧における近代経済社会はそのような世界史的膨脹をいかにして達成したか。その現実的基盤をなすものは何であったか。それはいわゆる経済史の範囲内ではいかなる事実に求むべきであるか。著者はそうした『問題』をもって出発した」と。そうして、その解決の「鍵」を、「かの近世初頭における地理的発見以降西欧諸国の間に世界的規模においてたたかわれた国際的商業戦とその覇権の帰趨、という歴史的過程のうちに探究しようとしたのである」。

それが本書『近代欧州経済史序説』であった。これは著者が長い入院での病床生活にあって、一日一枚あるいは二枚と書き続けた著者執念の書物である。著者はそれを「私は小著を書き改めねば、死んでも死にきれない気持であった。それで暫定稿でもと思い、医者にゆるされると、病床のまわりに書物やノートを積み上げて、一日に一、二枚ずつ原稿を書きはじめた。そしてできたのが『近代欧州経済史序説』である」と述べておられる。はじめ本書は「上巻」となっていて、下巻が予定されていたが、結局それは果たされないままになってしまった。その間には著者自身の関心に微妙な変化が生じたことも、あずかって力があったようである。『大塚久雄著作集』第二巻では「上巻」の字も削られてしまった。

このようなわけで、本書は完成態ではないけれども、内容からみても、著者の著作集全体のなかで依然として代表作であることには変りがない。本書を選んだ理由である。

伊波普猷『沖縄歴史物語──日本の縮図』(『伊波普猷全集』第二巻)

「本書は、昭和三年の秋から翌年の春にかけて、布哇及び北米を漫遊して、沖縄人のプランティションギレイヂで講演したときのテキスト『沖縄よ何処へ』──琉球史物語──を参照して執筆したものである」と、伊波普猷は『沖縄歴史物語──日本の縮図』の凡例で述べている。これは伊波普猷が自らの思い入れもこめて書きあげた沖縄通史であり、ここには「自分の運命を自分で決定することの出来ない境遇におかれてゐる」という悲痛な自覚のもとに、「どんな政治の下に生活した時、沖縄人は幸福になれるかという問題は、沖縄史の範囲外にあるがゆゑに、それには一切触れないことにして、こゝにはたゞ地球上で帝国主義が終りを告げる時、沖縄人は『にが世』から解放されて、『あま世』を楽しみ十分にその個性を生かして、世界の文化に貢献することが出来る」との思いを吐露している。したがって、『沖縄歴史物語』は普通にいう沖縄通史ではなく、伊波普猷に独自な歴史観にもとづいて書かれた沖縄史なのである。

ごく一般的にいうと、沖縄は南方から日本列島に北上する日本民族が南西諸島のそこここに落ちこぼれのように残してきた諸種族であるという柳田国男の「海上の道」にみられる見解への批判もこめて、むしろ「筑紫の海岸にゐた彼等は、多分石器時代から金属時代に這入りかけた頃、頻出した動乱を避けて、南島に移動した」(『伊波普猷全集』第二巻、平凡社、三四六頁)という南進論の立場をとっている。そこには、あるいは伊波普猷の沖縄人の自立性への思いがこめられているかもしれない。それは伊波が琉球処分は一種の奴隷解放だと前向きに捉える立場と連動しているとみることもできよう。

『沖縄歴史物語』を一読すれば明らかなように、伊波はそこで沖縄の歴史を略述しながら、沖縄人の奴隷根性を叩き直そうと叱咤激励している。それは島津氏の沖縄支配を鋭く厳しく批判しているところからもうかがわれる。伊波によれば、島津の沖縄支配は、琉球王国を破壊することでなく、日支貿易という密貿易を営むための「王国のかざり」として利用することにあったのである。「爾来沖縄人は思ふ存分に搾取されて、たゞ食ふ為にのみ生きてゐるといふ有様であった」（前出書、四一四頁）。それは沖縄人の奴隷根性を一層助長するものであった。そして、このことは伊波にとって到底我慢のできる事態ではなかった。日支貿易の間に介在している沖縄の境遇は、さながら売笑婦のそれのようだったと、厳しく批判している。

伊波は沖縄の万葉集といわれる『おもろさうし』の研究家としても知られているが、そこでは女神アマミキヨが沖縄諸島の住民の祖神とされ、この神が奄美大島の東北隅にある海見《あまみ》嶽に天降《あも》りて南方へと、その種族が展開していったという伝承を紹介している。伊波は著書『日本文化の南漸』の中で「あまみや考」という章節をもうけて文献学的、言語学的、民俗学的考証をおこなっている。『沖縄歴史物語』で伊波がとくに力点をおいているのは、沖縄がずっと海外貿易センターとしての地位を維持しつづけたということであった。第一尚氏の三山統一後沖縄の南蛮貿易は一入盛んになったことは、

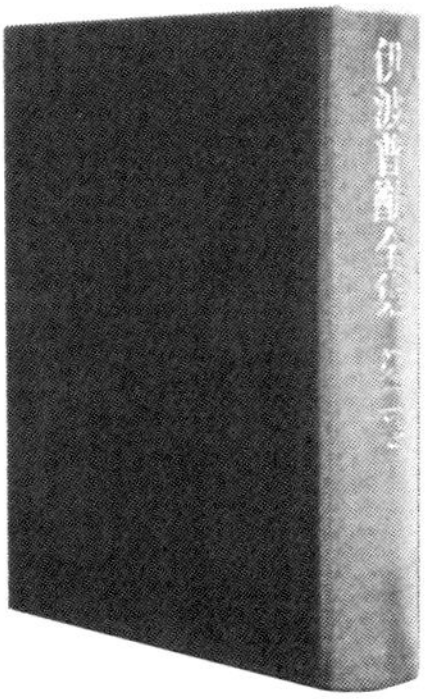

沖縄の古文献や歌謡に現われているばかりか、中国やヨーロッパの文献や記録にも出ている。琉球船がマラッカを往来していたことは明史に記されているが、沖縄人が南蛮諸国の産物を支那に売り、支那の産物を日本に転売していたことは、東恩納『琉球史概観』に書かれているごとくである。『成宗実録』（巻一〇五）の記事をみると、当時の沖縄が貿易面で盛大であったことが描写され

ている。

「国中に市がある。魚肉、塩、南蛮図斑絵、綿布、磁器等々。」

「唐の商人も来て、商館を開いている。その建物は全部瓦葺で、規模は宏麗である。」

「江南人も南蛮人も皆来って、商館を開いてゐる。往来が絶えない。」

「弓矢、斧、鉅刀、剣、甲冑がある。」

以上のことからも、当時の開港場であった那覇に、唐、江南、日本、南蛮の商館の、或る役所の一隅に臨時に設けられたことがわかる。

三山統一後、第二尚氏の時代、一五〇九年に建てられた百浦添之欄干之銘によると、この時代の政治の特徴が、こう記されている。（一）宗教では特に仏を信じる、（二）租税を軽くし、上下和睦したこと、（三）領土所有権の確定、（四）風俗改良、非戦主義の実行、（五）階級制度の設定、（六）王都の公園化、（七）社交の円滑化、（八）中国との交通を一年一次にしたこと、（九）中華の文物の輸入、（一〇）中華の宮室の制度を模した。

とにかく、沖縄の海外貿易は最初から国家事業であって、沖縄人は倭寇のように略奪などはしなかったから、各方面から大いに歓迎された。伊波は、そのことに注目していた。

石田英一郎『河童駒引考——比較民族学的研究』

石田英一郎の名著『河童駒引考』は、はじめ昭和一九年柳田國男先生古稀記念論文集のために書かれたのが枚数が増えて遂に独立の一書となって刊行された。石田は自ら本書の意義を、こう述べている。『河童駒引』といふ様な我が山村僻陬の民間伝承を捉え、之を亜欧大陸の東西に亘る資料と比較しつつ、問題を人類文化史の重要な一側面にまで展開せしめた本書に、もし取るべき意義があるとするならば、それは主として、人類文化なるものが、時間空間の両面に亘って一個の連続した全体を成してゐるといふ認識に、新しい証憑を提出した点にあるであらう」と。ただ当時は「戦争完遂には不急不要の書といふ理由で出版会を通過せず、そのまま沙汰止み」となり、「終戦後一年有余を経た昨年の秋、蒙古から引揚げて上京した後、旧稿に補足訂正を加へ、茲に改めて世に問ふ」に至ったものである。

石田は自らの意図を、こう強調している。

「人或は、民族学は歴史学に非ずといふ。だが『歴史学』の名に於てこれまで為し遂げ得られたものは、文字を有する高文化民族の、而も限られた一部少数階級層の関心事と、人類発生以来経過した年月の数十分の一にも足らぬ時間的限界との框内を幾許も出で得ない文献的記録中心の研究ではなかったか？　此の限界を乗超えて、我々人類の書かれざる全史を具体的に把握せんとする学問的欲求は、およそ思考する人間と共に本然的なものであり、将来諸学問の分野と境界に新しい改編の行はれない限り、何人も今日、民族学と称ばれる学問が、その十九世紀以来の伝統を逐うて、先史考古学・体質人類学・比較言語学などと連携協力しつつ、此の文献史学から取残された厖大な時間と空間との両域を縦横に探求せんとする努力を拒否するの権利を有しないであらう」と。

柳田國男は『山島民譚集』で、日本の水精である河童伝説は、河童が水辺の牧に遊ぶ馬を、水中にひきこもうとして失敗したというパターンが全国にひろがっている事実から出発して、この伝説と、水辺に雌馬を牧して竜または水神の胤《たね》を得るという思想、および池月磨墨のような駿足が水中または水辺より出現したという俗信とが、もともと一つの源泉から発した一群の民間信仰にもとづくのではなかろうかと示唆したが、石田はそれらとユーラシア大陸の東西にわたる資料と対比しつつ、それらが結局いかなる根源に帰着するかを探求したのであった。

石田は牛や馬が水神または水怪の性格をそなえるに至った経緯について、チグリス－ユーフラティス河流域で先史時代から牛の飼育とその宗教的崇拝が行われてきたことに着目する。「その崇拝たるや、牛を多産豊饒の体現者として神聖化する思想にもとづくもので、この点において生殖力のシムボルたる原始母神や、信仰上、女性と不可分の関係にある月および大地の豊饒力の観念と一体の結合を示す。

そしてこの月と大地と女性と牛と豊饒力とをむすぶ複合の基礎が、植物の栽培−農耕にあることは、すでに文化史上明らかな事実であって、したがって植物栽培民にとって生命の源泉たる水が、民族学上から農耕的・女性原理的・月神話的とも名づくべきこの信仰複合体の中で、月や地母神とともに、牛と密接な関係に入ることは、自然の過程であった。こうして多産生成の原始の力を代表する牛は、同時にまた水神の聖獣として、あるいは河伯の犠牲に供えられ、あるいは水精そのものが牛の姿をとるにいたった」のである。

石田は言う。「筆者はユーラシア大陸の全土にあまねく分布する、水神と牛馬との密接な結合なるものが、もと農耕社会の豊饒儀礼に占めた牛の中心的役割にはじまり、後に馬がこれらの農耕地域に進出してくるようになって、あるいは牛に替り、あるいは牛とならんで、河海湖沼の霊怪ともなれば、また水神への供犠獣ともなったものと解釈する」と。

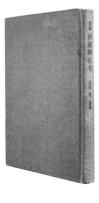

そして、「本書の主題たる河童駒引伝説もまた、その本質においてユーラシア大陸全般にわたる、水精と馬との結合を語る伝承の一類型にすぎぬことを知りうるであろう」。

他方で猿そのものも本来水辺の動物として、みずから水中の霊怪たらんとする傾向を有している。牛や馬が水神あるいは水神の聖獣として深淵碧潭に出没したことは大陸各地における同様であったが、わが水神の零落したあるものは、みずから猿猴のような異形と化して、さかんに牛馬、ことに馬を水底にひきこもうとした。「これがすなわち、わが国独特の水精である河童、一名エンコウの駒引伝説生誕の経路である」。

私は石田が柳田の『山島民譚集』のコメンテーターにとどまったことを惜しむ者である。何故なら私は彼がそれを全面的に彼の目線から書き換える学力を有していることを認める者だからである。石田がそれを果し終えたなら、どれほど学問的貢績であったことか、惜しみても余りある事案である。

柳田國男『海南小記』

柳田國男の『海南小記』は、次の言葉ではじまっている。

「ジュネヴの冬は寂しかった。岡の並木の散り尽す頃から、霧とも雲の屑ともわからぬものが、明けても暮れても空を蔽ひ、時としては園の梢を隠した。月夜などは忘れてしまふやうであった」と。この本は「日本の久しい友、ベシル・ホール・チェンバレン先生」に捧げられている。そして、柳田は自らの書を、次のように特徴づけている。「海南小記の如きは、至って小さな咏歎の記録に過ぎない。もし其中に少しの学問があるとすれば、それは幸ひにして世を同じうする島々の篤学者の、暗示と感化とに出でたものばかりである。南島研究の新しい機運が、一箇旅人の筆を役して表現したものといふ迄である」。だが、柳田はそれにつけ加えて自負するところを、こう述べている。「唯自分は旅人であったが故に、常に一箇の島の立場からは、この群島の生活を観なかった。僅かの世紀の間に作り上げた歴史的差別を標準とはすること無く、南日本の大小遠近の島々に、普遍して居る生活の理法を尋ねて見ようとした」（傍点引用者）と。柳田は自らの書を「至って小さな咏歎の記録」と言っているが、そこには「大小遠近の島々に、普遍して居る生活の理法」を探求しようとする大きな狙いが、かくされていたのである。その所以をこうも述べている。「久しい孤立に馴らされて小さな陸地を国と名づけ、渚から外をよそと考へた人々の、離れ〴〵の生涯の労作が、果していつの世になったら融け合うて一箇の完成と為るのであろうか。私は斯ういふ外国の学者（チェンバレン氏のこと。引用者）の老境を眺めるにつけても、散漫なる今までのディレッタンティズムの、罪深さを感ぜざるを得なかったのである」（傍点、原文）。何故柳田は、そこに「罪深さ」を感じたのか。それはチェンバレンの本だけが所謂珍本と為って、読みもせぬ人の本箱の底に追々と隠れて行く事態への慨嘆があったからである。これは柳田にとって「言ひやうもない寂しさ」であった。「運命は此の如く、時としては人間の書斎までを支配する」。

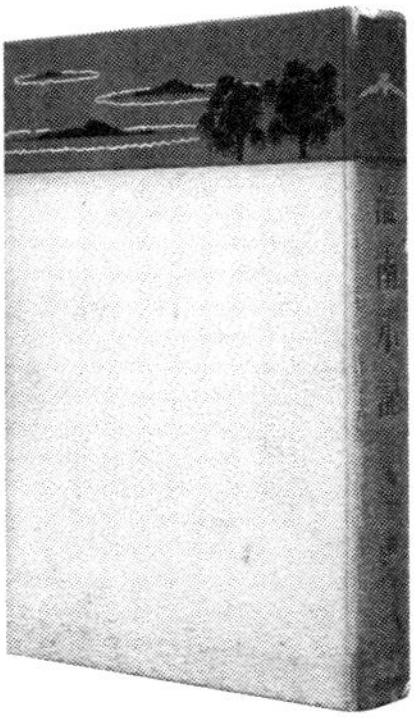

『海南小記』は、内容豊富な学的述作であるが、もともとは大

正十年一月四日に沖縄に向けて旅立ったときの旅行の印象記録であった。ただ、さきにふれたごとく、柳田はそこに普遍している生活の理法を追求したために、単なる旅行記に終わることにはならなかったのである。

柳田が南島への旅行で一番心がけたことの一つは、石敢当《せきかんとう》の所在であった。私も調査旅行のときにいやでも目についたので、当然関心はあった。柳田も「南の島では到る所、多くの石敢当を見てあるいた」。この石敢当を建てるということは、日本の近世では全国的な流行であったらしい。石敢当は多くはT字路の突当り、人家の表口または石垣の角などに建てられて、古くはピジュルともいわれていた。柳田のみるところでは、T字路の衝などに石を立てて、目に見えぬ邪神の侵入を防ぐ古い風習であったらしく、その名に石敢当の三字を刻する行事は新しい。九州国頭地方にはピジュルと名づくる信仰上の名があり、祈願有る者が両手で持上げ、その重さ軽さの感じで、心中の祈念が叶うか否かをトするために用いられた。日本の村々にあるいわゆるハカリ石である。これは上古以来の石占である。

柳田は一小節を割《さ》いてニイルピトの風習にあてている。この風習は石垣島の宮良、近くの新城島、西表島の古見などにみられる怖《こわ》い風習である。私も調査旅行で体験して、その印象は強く今も残っている。ニイルは常世の国を意味しているから、ニイルピトはこの遠くの国から来る神の意であろう。この神が生誕するのは、村はずれのナビントウという海際にある僅かの木社を負うた崖の岩屋である。

「毎年六月穂利祭《ポーリ》の二日目の暮方に、赤又黒又の二神は此洞から出て、宮良の今の村の家を巡ってあるく。必ず月の無い夜頃を択ぶことに為って居る。夜どほし村の中をあるいて、天明には又洞の奥に還って行くと、次の日は村の男女が此に参詣する。佐事と称する六人の警固役が、杖を突いて其途に立って居り、常に行ひの正しい者で無いと、何と言っても通ることは許さぬ」。「此夕は家を清め香を焼いて、早くから神の来臨を待って居る。二色人《にーるびと》が前盛の家へ来て、謂ふ詞は一定して居るが、其他の家々では形式が色々ある。不幸の有った者は慰める。無事の者は激励する。さうして何れも次に来る年の、更にめでたく又豊かであることを、親切に且つ面白く、謂って聞かせるのださうである。……夜も早東雲に近くなり、愈々もとの洞に還ろうとするのを見ては、又来年もおわしませと、落涙する者すらも尠くは無いさうである」。

『海南小記』は長篇であり、ここにその全部を紹介することは不可能である。ただ、柳田の最晩年の作品である『海上の道』と並んで柳田の多くの作品の中でも代表的な作品であることは、確かである。「名著探訪」の一書として挙げた所以である。

高橋英夫

一九三〇年生。文芸評論家。著書『時空蒼茫』(講談社)『偉大なる暗闇』(新朝社)『母なるもの』(文藝春秋)『文人荷風抄』(岩波書店)。

林　達夫『思想の運命』

この「名著探訪」欄を引受けたとき、名著とは何だろうとまず考えた。どうも名著の規定にははっきりしないところがある。歴史的評価が定まった著作が名著であろうが、その範囲は明確ではなさそうだ。文芸作品ならば、たとえば鷗外の『渋江抽斎』など名作とは言っても、名著とは普通言わない。過去に遡って『おくのほそ道』は名著か名作かと考えると、これはどちらとも言えそうである。しかしもっと昔、『徒然草』あたりになると、これはもう古典で、名著でも名作でもぴったりしない。名著の適用範囲は歴史的にさほど広くはないのだ。

広くはないが、今日の世に名著は少なくはない。少なくないうえ、千差万別である。たとえば西田幾多郎『善の研究』や九鬼周造『いきの構造』を私は戦争直後、十代後半のころ街の古本屋で入手したが、当時の粗末な紙で、造本もペラペラのものだった。でも本文の組みは初版のままだった。『いきの構造』については「何とも薄っぺらな本だけど、これが音に聞こえた名著なのか」と少年的感想をもったものだった。外見、体裁がどうであれ、最初に出たときの原型そのままに通用し続ける書物、これは文句なしの名著といえただろう。

けれども今、そうではない名著も存在するのでは、という気がしている。ここで取上げようとしている林達夫の『思想の運命』がそういう種類の一冊だったのではなかろうか。一九三九年（昭和十四年）七月、岩波書店刊、四六判よりもやや縦長の四七四ページ、手にとると中身の詰まった充分な重さが感じられる。私はそのころ小学三年生だったから、この本に同時代的記憶はないのだが、ああいう時勢によくもこんな内容の書物が出せたものだと驚かされる。すでに戦争の時代で、出征する軍人、兵隊が街や駅でよく目についた。ヨーロッパでは第二次世界大戦が直前に迫っていた。

その中で評論・エッセイ集『思想の運命』は、マルクシズムの文芸理論家フリーチェを——批判する立場からだが——七〇ページ強も論じ、それを巻頭に置いている。さらに「アミエルと革命」「社会主義者アミエル」などがあり、方々にマルクス、共産主義などの文字が見える。だがそれと同時に「主知主義概論——ヴァレリーの場合」「思想の文学的形態」「芸術政策論」「子供はなぜ

自殺するか」などが目を惹き、発刊当時には実にスリリングな目次だったに違いない。リベラルな傾向の学生、知識人は多くの刺戟をうけたはずである。短い新聞でのコラムを含め、長短五五篇がぎっしりと詰まっている。著者が親愛をこめて「ハヤシ・タップ」と呼ばれるようになったきっかけは多分この本からだったろう。喫茶店の一隅、寮の廊下などで「ハヤシ・タップ読んだ？」「すごい裏読みをしてるね。ハヤシ・タップは」といった私語が交されたことだろう。

林達夫は講壇アカデミズムには属さなかった。幼時に父（外交官）の任地アメリカ・シアトルで育ったこともあって、生来西欧指向だったが、知的遊撃派、知的逍遥派のスタンスで通した。アリストテレスの弟子らの逍遥学派《ペリパトス》とはニュアンスが異るけれども。同時に雑誌『思想』の編集経験からジャーナリズム、エディターシップに通じていた。論壇・文壇・社会の観察を通じ、知（学問）と人間性と制度の間に生ずる背馳と癒着に探針を穿入させる知的診断者。そうした細部の触知と読みから歴史をふりかえって、歴史がいつしか鬱積させた歪みや断裂を言いあてる、もしくは暗示的に方向指示を与える。が、いつまでも一つ所に止まらず、関心の足を速めて新たな対象に向かってゆく。そうしたフットワークのいい知的ペリパトスの遊歩や快走の跡を読めるのが『思想の運命』だった。

しかし現代の新しい世代には、何だか古めかしいページが多いと感じられるかもしれない。文体は実にいいのだが、時代による関心の移動という避けがたい問題が介在するのだ。「哲学は神学に従属する」と論じた十一世紀の聖職者ペトルス・ダミアニ、孤独で内面的な『日記』を書き続けながら、革命を思い続けていたアミエル、第一次世界大戦後、『不安と再建』で不安の文学を説いたバンジャマン・クレミュ……テレビのスイッチ一つであらゆる映像に染まってゆく現代人の心が、林達夫の語るそれらの「歴史」と「人物」に入ってゆくのはおそろしく手間がかかるだろう。

『思想の運命』は一冊丸ごと、現代人に推薦したい名著とは言いにくいが、心ある眼はこの本から、時代と言論のかかわりの深い地層を感知できるだろうと言いたい。もう一つこれがいわゆる雑纂《ミセラニー》として編成されているのも、今日の読書界と波長の合いにくい理由になるが、私は前から雑纂の重要性を指摘してきた。そういうときいつも『思想の運命』は脳裡にしっかりと置かれた書物の一つとなってきた。

R・シューマン／吉田秀和訳『音楽と音楽家』

これはドイツ・ロマン派音楽の中心人物シューマンの名著として選んだわけではない。シューマンとは何であったのかという問いも奥の院への思いとしてあるのだが、直接のきっかけは訳者吉田秀和の最初の出版物がこれであったという所から発している。しかしこの訳業の意味はあまり考えられずに来たのではないか、と私は思っていた。そこへあるとき、シューマン・吉田秀和という複合体《コンプレックス》、この考えが浮かんだ。同時に、モーツァルト・小林秀雄という複合体、これも言えそうだと感じた。複合体といっても深い仔細はなく、なかなか奥深い、不思議な結びつき、というぐらいのことである。

『音楽と音楽家』は昭和一七（一九四二）年に創元社から刊行され、のち昭和三三年に岩波文庫に入って普及している。後者は創元版から多くの個所を削り、音楽用語（術語）を中心に訳をかなり改めている。ところが吉田秀和は岩波版あとがきでこう言っていた。

「……原文の調子は、できるだけ保存した。この訳は、私の最初の本であり、当時私は、ドイツ・ロマン派音楽家の青春のスタイルを、何とかして、いきいきと日本語にうつしたかった。それが、どれだけ成功したかは読者の判断をまたなければならないけれども、私としては、これ以上のことはできなかった……」

大きな自負である。たしかに、言語におけるシューマンの青春は、吉田秀和によって見事に日本語になっている。そこにはあのドイツ的な晦渋、難解、抽象語の羅列は見当たらず、若々しい意気がある。快活なフロレスタン、冥想的なオイゼビウス、おのれを二分割して対話させたシューマンの言語表現能力を吉田秀和は受けとめ、シューマンの言葉を演奏（翻訳）することで、その批評のキャリアを開始したのだ。

ふつう吉田秀和の最初の作品は、第一評論集『主題と変奏』の冒頭の文章「ローベルト・シューマン」（初出は昭和二五年『近代文学』）とされる。その通りだが、翻訳『音楽と音楽家』と評論「ローベルト・

シューマン」だったと、時間差まで含めて通観したらどうだろうか。

ロマン主義の確立、それは人間の華であり、人間的逆説でもあった。様式と歴史への反逆だったからである。その代り、内なる心の動きが緻密にとらえられたが、内と外の、時間と空間の狭間の出現も避けられなかった。そこに殉じたシューマン、しかし『音楽と音楽家』が取り上げるのはシューベルト、メンデルスゾーン、ショパン、やがてブラームスと、これは篤い友情の書になっている感じがする。音楽批評であって友情の書、その全体はロマン派の巻物ふうクロニクル。それを自家薬籠中のものとし、さらに音楽のより広い領域へ、各ジャンルへと向かっていった吉田秀和、このイメージが見えてくるだろう。

『音楽と音楽家』から、「箴言（ダヴィッド同盟員による）」の一節「依存」を引用してみる。

ベートーヴェンは（いつも題目なしに）多くの作品を書いた。しかしシェークスピアがいなくてもメンデルスゾーンの《真夏の夜の夢》は生れたろうか。
そう考えると憂鬱になる。

フロレスタン

そうだね——なぜ他人の自我に依存して初めて、自律的になるといった性格が多いのだろうか。たとえば並々ならず偉大なシェークスピアにしても、周知のように、その戯曲の材料はたいてい古い芝居か、小説のようなものからとったのだしね。

オイゼビウス

オイゼビウスのいう通りだ。多くの精神は、まず制約を感じた時に初めて自由に動き出す。

ラロー

先行作品や脚本があることは音楽にとって憂鬱だろうか。思索し体系化すべき問題をもった哲学者も憂鬱だろうか。味わい、評価すべき作者と作品に対しては、批評家も申し分なく憂鬱である。だからこそそこに自由がある、とシューマンはラローを通じて語った。

シューマンから始まった吉田秀和の批評の歩みも、自由を求めて動く。ベートーヴェンへ、モーツァルトへ、ブラームスへ。ジャンルをまたいでセザンヌへ、マネへ、世界の旅へ。

しかし、やはり人間へ、人間たちへ。人間、この矛盾したものへ向って。シューマンの『音楽と音楽家』が最初の本として現れたとき、吉田秀和はまだ二八歳（満年齢）だった。それ以前、学生のころ、六つ年上の中原中也ともつきあっていた。別に詩人吉田一穂に傾倒していた。成城高校でのドイツ語の師阿部六郎に惹かれ、その家に下宿していた。師弟関係まで含め、広い意味での友人の世界をもっていた。シューマネスクだ。初出版《はつしゅっぱん》だった創元社の『音楽と音楽家』のあとがきには、紹介者阿部六郎への謝辞が記されている。さらに奥付うらの広告ページには河上徹太郎訳、パウル・ベッカー『西洋音楽史』、大岡昇平訳、スタンダアル『ハイドン』が載っていた。創元社と縁が深かった小林秀雄の名も自ずと連想されよう。日本の芸術批評の、一連の芽生えの情景を、私はそのあたりに感じとっている。

富士川英郎『江戸後期の詩人たち』

本書の表題は一見したところ、何も変わったところがなく、自然に受けとられるだろう。無意識に頭の中に入ってゆくだろう。それでも中には、おやといった感じを抱く人もいるかもしれない。目次をみると、これは天明寛政のころ京都で詩名の高かった天台宗の「六如上人」から始まっているが、そのあとの目立った名前を抜き出してゆくと「菅茶山」「柏木如亭」「菊池五山」「広瀬淡窓」「田能村竹田」「頼山陽」「梁川星巌」といった具合で、目次に名の挙がっている「詩人」たちは、数えると五十人に近い。

とすると、この本は「江戸後期の漢詩人たち」なのではないか、そう感じたときに、表題が「詩人」であって「漢詩人」ではないことに引っ掛かるか否か、そうした心的さざなみが生じただろうか。私はしかしその点は気にならなかった。「漢詩人たち」ではなくて「詩人たち」なのだな、とさえ意識しなかった。思えばそこに、著者富士川英郎の何らたくらみのない自然さがあった。

明治になって登場した島崎藤村以下、萩原朔太郎、宮沢賢治らはいわば明治以降の「新」詩人であった。江戸のころには全く見出されなかった「新」である。江戸のころ詩人といえば、歌人、俳人（および狂歌作者）を別にすれば、漢詩人であるに決まっていた。漢詩人以外の詩人はいなかった。その人々を、後生の読者たるわれわれが「漢詩人」と呼ぶか「詩人」と呼ぶのか、どうでもいい瑣末事のようでいて、富士川英郎の著書がはからずもそう題されていたことによって、私などは今「まさに彼らが江戸の詩人たちだったのだ」と得心してしまう。同時にそのあたりに、ポエタ・ドクトゥス（学匠詩人）としての富士川英郎を思いえがく手掛かりもひそんでいる感じをうける。

富士川英郎はそれまでリルケの専門家として知られていた。日本のリルケ受容史は森鷗外に始まり、茅野蕭々『リルケ詩抄』（一九二七年）で燃えあがり、以後堀辰雄、片山敏彦らが登場してきた。富士川英郎は堀より五歳若く、日本のリルケを集約する位置にいた。それのみか、彼は鷗外にも蕭々にも実際に会っている。子供のころ父富士川游と東京の市電に乗ったとき、乗りあわせた鷗外と父が話すのをそばで見ていた。父の游は医学者、医史学者であり、富士川英郎は「家学」を継ぐべき意識をあえて心の底に沈めて、「詩」へと向かう。この「詩」の成立に何か貴重なものを私は感ずる。ただはじめてそのことが分ったのは、リルケから一転した『江戸後期の詩人たち』の刊行（一九六六年）によってである。

それ以前の富士川リルケ学も、解釈や叙述は淡々として平明清素だったが、忽然現れた江戸詩学も、その点少しも変わらなかった。近代読書界の大半は――荷風、石川淳などを別にして――見過してきた江戸詩人が、かくも平明清素であったことに驚かされたといえる。

備後国神辺に私塾「黄葉夕陽村舎」を開いた菅茶山、富士川の最も好んだ詩人だが、そのうちの一篇の原文と訓みを挙げてみよう。

溪村無雨二旬餘
石瀬沙灘水涸初
滿巷蟬聲槐影午
山童沿戸賣香魚

渓村　雨無きこと　二旬余《にじゅんよ》
石瀬《せきらい》　沙灘《さだん》　水涸《か》れ初む
満巷《まんこう》の蟬声　槐影《かいえい》の午《ひる》
山童　戸《こ》に沿うて　香魚《こうぎょ》を売る

このあと読解と鑑賞が続き、夏の午《ひる》さがり蟬の鳴きしきる中、軒の蔭をつたわって若者が香魚《あゆ》を売っている、「中国地方特有」の情景が「眼に見え、耳に聞えるよう」だと述べる。この読解も原詩と同様に感覚が新鮮、表現は平明、それでいて何か渾然たる詩境が現出している。一例だけでは読者の胸に浸透しにくい憾みがあるが、これが茶山の枠であり、それを淡々と語るのが富士川英郎の「詩」でもあったと私は見る。

言い方を少し替えよう。作品としての詩を書く人が詩人なのは勿論だが、詩の研究家、読者の中にも、厖大な堆積物の底の一粒の砂金のように「詩を書かない詩人」がひそんでいるとは言えないか。短いために、カテゴリカルな瞬間性や閃きを帯びている詩の場合、「詩」と「詩人」の間の融解さえ成立しうるのである。「詩」は「詩人」になろうとするし、「詩人」は「詩」を目指す。いったいこれは何だという眩暈、そこに詩なるものが漂う。富士川英郎は自ら詩をつくることはなかったが、限りなく詩を読み味わい続けながら、表芸のドイツ文学（リルケ）以外はあえて人に語らず洩らさず、六十歳近くになってはじめて『江戸後期の詩人たち』を世に問うた。読書界は驚倒した。

こうした極端な消極性、隠者性には不思議なまでにおぼめく光がさしている。世に知られたポエタ・ドクトゥスたちの多くが、ぎらぎらと自我を発散してきたのとは異質な富士川英郎だったことを、以上で、いくらかなりとも語りえただろうか。

川村二郎『日本廻国記　一宮巡歴』

『日本廻国記　一宮巡歴』の刊行は昭和六十二（一九八七）年。この批評家の前半と後半の境目だった。そのころ「面白いですね、あの本は」と言ったら、「いや、あれはホビーなのでね」と、やや照れた様子ながら、幅ひろい好評に気をよくしていた。これは書き下しの本で、川村二郎には例外的なケースである。それだけに、手だれの批評家にしてなおかつ、読者の反応・反響から「自分は何をやったのか、何をやって行くべきなのか」とはじめて了解し得たところもあったのではないか。いま川村批評の全体を振り返って、そんな思いがしている。

本書出版のあと、川村二郎はこの仕事を基にしてシフトを変えた。個性は一貫して不変という印象の強かった人でも、やはり変わるということはあったのだ。これ以後、主題はゲニウス・ロキ、すなわち土地の守護神、土地の霊（精霊）と定まった。八百万《やおよろず》の神々のひしめく日本は太古から、それ以前から、それぞれの土地に守り神やら祟りをなす神やらがいて、人間を揺さぶり、それぞれに発する独自な気を漂わせてきた。だが土着の神はけっして安泰ではない。

海上からも山の彼方からも、新来の強力な神々が襲い、古い神々を追放し、滅ぼし、支配者となる。姿を変えて生き残った古い神もある。守り育《はぐく》む力、滅び去るさだめ、この二つがまとわりついたものがゲニウス・ロキなのだ。

川村二郎の関心のきっかけは何だったのか。彼のさまざまな文章を思い出して要約すると、戦時中の軍事国家の弾圧、戦後の民主主義とデモ隊の怒号、どちらも堪えがたく不快で嫌悪した彼は、イデオロギーとは相容れない否定の論法、曲折の美学を身につけてゆく。それはすべての否定の後で一点の輝きへと逆転的に収斂する言語美学である。

だがそのとき、政治からもイデオロギーからも無視された人々も向こうの方に見える。彼らを守ってもいるが、守ってくれないことも多いゲニウス・ロキもそこにいた。いわば神々の中の敗者なのだが、敗者として消滅はせず、敗者として残り続けている。それを感得するには、限りなくうねくねとそれを言葉で辿ってゆける曲折の美学が必要だ。というより、ここは曲折の美学しかありえない。

川村二郎は初期の『銀河と地獄』では、幻想文学論の形で折口信夫、柳田国男、南方熊楠を論じたが、やがて『語り物の宇宙』では説教節を「語り」の宇宙という異界と捉え、文字通りそこに向って歩き始めた。甲賀三郎や小栗判官の故郷への旅である。旅行嫌いから一転、日本全国六十六所の一宮巡りの構想が前面に出てきた。曲折の美学にとって、これ以上ふさわしい題材はなかっただろう。

一宮は体系的・体制的なものではない。紛糾さえしている。下総の香取神宮、常陸の鹿島神宮のように天孫降臨のお膳立てをした祭神もある。ところが一方大和・大神《おおみわ》神社の祭神は山の神の大物主《おおものぬし》で、これは典型的な地の神、地霊である。方々で祀られている素戔嗚《すさのお》や大国主《おおくにぬし》も、天孫系によって追い落される幽冥界の神なのだ。各地の住吉の神、八幡神も、諸説あるにせよ結局は正体不明の存在、この不明な奥行きの深さが批評の心を揺さぶった。批評家は書斎を出、全国を可能な限り鈍行列車やバスでめぐり、多くの距離はてくてく歩いた。天孫系の社は足早にすませたが、一つも省略しなかった。川村二郎を特徴づける独語めいたぶつぶつ、疑問、皮肉、一刀両断だけでなく、時として神社のたたずまい・建築への賞讃が憚りなく語られるのが驚きであり、爽やかだ。文学作品ではかくも熱い感嘆と共鳴を語ることの稀だった批評家が、土地に根ざし、自然と諧和し、しかし歴史において敗れ去ったゲニウス・ロキを慈しんでいるのは美しい。否定の魔、曲折の美学はそういう所まで達した。

例をあげよう。備中、吉備津神社の廻廊に「不思議な無限の感覚」を触発され、図形としては円や雷文として完結する迷路が、線としては無限であるところに、「完結と無限」の対立の包摂、融合があると述べる個所など、美の海に漂う批評のすがたが見える。

長門の住吉神社本殿（南北朝時代の造営）の次の一節もそうである。

「十一月の晴れた朝の空気の中で、巨大な楠や椎の大枝小枝を洩れてくる陽ざしにやわらかく潤され程よい湿りを帯びたかのような屋根の檜皮の反りが、ことに横から眺めると、端の所で心持ちふくらんでからなだらかに流れ落ちるのが、ほ

とんどなまめかしい……」

江戸前期に『一宮巡詣記』を書いた橘三喜、江戸後期の国学者伴信友、この二人の先達を承けて、川村二郎は現代人にとっての一宮という問いを抱いて歩き続けた。美に憧れやまぬ思い、ゲニウス・ロキを懐しむ気持ち、その二つに浸《ひた》りながら、川村二郎は日本廻国の旅を歩き続けた。歩く川村二郎、歩行と思索だ。この歩行と思索、それは批評そのものと言い換えられる。

辻井 喬

一九二七―二〇一三。詩人、作家。文化功労者。芸術院会員。詩集『鷲がいて』（思潮社）、『生光』（藤原書店）、回顧録『叙情と闘争』（中央公論新社）。

『古事記』に教わる

長い間、『古事記』は私にとって禁忌であった。『万葉集』は読んでいたのに、それは斎藤茂吉や中西進といった先輩たちの解説のお蔭もあって、古典というよりわが国の詩の原典として親しんでいたから、禁忌であったのは『古事記』という書名で、そのなかには『日本書紀』もずっと後世の『大鏡』『増鏡』『神皇正統記』、源頼朝と武家支配の成立を描いた『吾妻鏡』ぐらいまでが含まれている。

比較的長く続いた自民党全盛期の佐藤栄作首相に、読んでもいないのに「どうですか、『大鏡』の心境にはなりませんか」と藤原道長の歌などを引用して揶揄したりしたことを覚えているから、最悪の反古典派だったような気が自分でもしている。

しかし、それでいて『平家物語』や『方丈記』などは読んでいるのだから、古典への禁忌といっても正確には歴史物嫌いと言った方が事実に近く、不勉強をそのまま曝け出すようだが『古事記』もその中の代表格として長いこと含めて考えていたのである。

それがどういうきっかけからか、当時河出書房にいた樋口さんに薦められて『古事記』を題材にした小説（『ゆく人なしに』一九九二年）を書くことになった。自分が書いた「あとがき」によると、その少し前にたまたま知り合った中村勘九郎さんのために「スミレ」という舞のための歌詞を書いたのがきっかけになった、というから、まさに縁は異なもの、と言うしかない。

その頃、私のなかに稗田阿礼と作者と言われる太安万侶との間には恋人のような関係があったに違いないという推測があった。私の父親の出身が彦根市の在で、当時、琵琶湖畔には多くの帰化人、主には朝鮮半島での権力闘争に敗れた百済からの人が多かったはずだが、彼らは今でいう文化人で、私の父親のような彦根の在の人間とは訳が違うはずだという、父への反抗心もそのなかにはいくらか混じっていたかもしれない。

そんな経過があって読みはじめてみると実に面白い。

私のように学生時代革新的な運動ばかりやっていた上での中途退学の知識では古文をそのまま正確に読む力がないので、岩波文庫の他に、新潮日本古典集成『古事記』、筑摩書房古典日本文学全集『古事記』をはじめいく冊もの解説書を副読本のように使って読んだのだが、これは最初から堂々たる文学作品だ、という印象を持った。

例えば最初の部分に、早死したイザナミ姫のことが忘れられず黄泉の国までイザナギ神が追いかけていく場面が出てくる。彼女は、「一度黄泉の国に入ってしまうとすぐ外に出るという訳にはいかない。皆と相談するから少しここで待っていてくれ」と言って洞の中に戻る。ただし、決して後を振り向かないようにと言い残すのだが、長い時間待たされたイザナギ神は禁を破って後を振り返ってしまう。するとそこには、

「蛆たかれころろきて、頭には大雷居り、腕には火雷居り、腹には黒雷居り、陰には拆雷居り――」

といった凄まじい有様なのだ。

ここまでなら、まだ簡単な話なのだが、自分の頼みを破って私に恥をかかせたとして怒ったイザナミとイザナギの間に談判がはじまる。今でいう離婚訴訟というところだろうか。

ここから先は興味を持った方は原文を読むことを薦めるが、私はこの『古事記』の面白さに引かれて全体を六章にまとめるのがやっとという感じだった。その理由のひとつは、登場する神々が皆個性を持っている点にあった。私の「あとがき」にも、「ゆめのあとに」の章の、サホヒメが城壁に立って叫ぶ場面は、塩野七生氏の『ルネッサンスの女たち』から、「神の細道」のソトオリ姫と軽太子の心中事件については三島由紀夫氏のエッセイからヒントを与えられた、と書いたように、

それぞれの神がひとりひとり読者に新しいイメージを喚起するのである。

それはシェイクスピアの原作を読んだ時の印象に共通していると言ったらいいだろうか。一人一人の登場人物が実にどこにでもいる人のようでいて個性があり、あとあとまでその存在感が消えないのである。むしろ強くなっていく場合もある。

神は具体性に宿る、とも真理は細部に在りとも言われるが、そうなるとモダニズムの作品はどこへ行ったらいいのかと少し不安になるのは私ばかりではないかもしれない。最後にもうひとつ、古典はいわゆる「あらすじ」を読んで読んだ気になったら絶対にいけない、ということである。人生にあらすじがないように古典にもあらすじはない。よく受験用に、あらすじだけを覚えるノウハウものがあるようだが、そんなものに手をつけたら、その人間は内容のないあらすじ人間になってしまうことだけは確かである。

M・ヴェーバー／大塚久雄訳『プロテスタンティズムの倫理と資本主義の精神』

はじめてマックス・ヴェーバーの『プロテスタンティズムの倫理と資本主義の精神』という著作の存在に触れたのは、大学一年、高橋幸八郎の「欧州経済史序説」の講義の時であった。

当時私は著作を読んで興味を引かれた学者の講義だけを聴くことにしていた。例えば大河内一男の「社会政策」、有沢広教授の「経済理論」、学部は違うが川島武宣の「民法」、中村真一郎講師の「フランス文学」等である。およそ優等生になろうという志向の見られないなまいきな知の楽しみ方だったと、今になって思う。

そんな私だったから、今から二十年ほど前非常勤講師として同じ大学へ教えに行って、教室の空気が一変しているのに驚いたのだ。

前三列ぐらいに少し年配と思える学生が並び、後ろの方まで学生がいっぱい詰まっている。その上、私が話し出すと、皆背中を曲げて一斉にノートを取る。私はすぐ話をやめて、

「講師の話などは、聴いて自分なりのレジメを作ればそれで充分。後は、本を読んでレジメの足りない部分を補充しておけばいい」

と言ってみたのだが、学生たちは一向にノートをやめない。そこで、

「どうしても君たちがノートを取るのなら少しゆっくり喋った方がいいかな」

と聴くと、一斉に、

「お願いしまーす」

という声が起こって、私は二度目に驚いたのだ。そこには、教授や講師の話をきっかけにして、知的な楽しい時間を持とうという空気は全くないのである。しかし、前の方の三列ぐらいの聴講生はそれほど一所懸命にノートを取るふうもなかったので、終った時、

「あなた方は研究室の方ですか」

と質問してみた。すると返ってきた答えが、

「いいえ、僕は六浪です」「僕は三浪です」という答えで、一番年長の学生は「九浪です」と言っていた。つまり大学に入るために九年間受験勉強ひと筋の浪人をして来たのである。

これは私にとってもうひとつの打撃だった。

もし、こうした空気のなかでマックス・ヴェーバーの講義が行われたのだったら、私がそれ以後のようにマックス・ヴェーバーに拘泥し、私が卒業してから健康を回復された丸山真男先生を囲んで勉強会をやるというようなことは起らなかったかもしれない、と思った。

それは私にとっては紛れもなく幸運であった。

周知のように、M・ヴェーバーの理論展開は極めて周到であり手堅い。その上で、どこまでも拡がる射程距離を持っている。

たとえば有名な『職業義務』(Beruf) については、

「このように、経済生活の全面を支配するにいたった今日の資本主義は、経済的淘汰によって、自

分が必要とする経済主体――企業家と労働者――を教育し、作り出していく」とあり、

「資本主義の特性に適合した生活態度や職業観念が『淘汰』によって選び出される――すなわちその他のものに対して勝利を占める――ことが可能であるためには、そうした生活態度や職業観念があらかじめ成立していなければならず、しかも、それが個々人の中にばらばらにではなく、人間の集団によって抱かれた物の見方として成立していなければならない、ということは明瞭だろう」と続くのである（M・ヴェーバー『プロテスタンティズムの倫理と資本主義の精神』大塚久雄訳、一九八八年四月二六日版、岩波書店）。

ここには、きっちり隊伍を整え、「資本主義の精神」という実在に向けて論理を進めてゆく、M・ヴェーバーの思考の美しさが読む者に伝わってくる。その美しさはリアリティに裏付けをされている。この点は例えば、この少し後で「工場主は誰でも知っているように、こうした国々（たとえばドイツに比べてイタリア）では、労働者の『良心的であること』のなさが、資本主義の発達を妨げる主要な原因の一つとなっていたし――」

というような記述が、ひょいと出てくる。

私は常々学問についても発想の新しさは同時に思想展開のリアリティによって支えなければならないと考えるようになっているが、この点、M・ヴェーバーは際立っているように私には見える。その

お陰で、彼のイタリアについての記述は今日「たとえばドイツに比べて」の続きは、日本人労働者の「良心的である」と同時に過度の従順さが逆に日本の発達を妨げている、と読み替えることも可能になるのだ。そうしたM・ヴェーバーに比較すると、二十世紀最大の哲学者ハイデガーの『存在と時間』さえも、ロマンチシズムへのゆとりがあるように読めてくるのだ。何はともあれ、私はM・ヴェーバーに知的楽しみの空気の中で接触できたのは大変恵まれていたことだったと思っている。

魯迅／竹内好訳『阿Q正伝』

いくつかの名著と違って、魯迅は少しずつ私に近付いてきた。最初読んだ時、よく分からないがなんとなく気になる作家だという印象であった。少し経ってビジネスの世界に入った時、よく分らない人物に会うと時々阿Qを思い出した。相手は一般労働者、サラリーマンであった。

やがて、日本と中国との間の文化交流を目的とする団体に所属することになって、今度は魯迅の文学の坐り場所を自分の中で何とかしなければならない、という気分になった。ということは、それまでに魯迅のなかに中国人の在り方、個性、特徴を理解する要素が含まれているという認識が私のなかになんとなくではあれ形成されていた、ということである。

こうした経過を辿ってみると、魯迅は最初から〝まれびと〟として私の前に姿を現したのではなく、なんとなく気になる隣人として存在し、やがてその隣人が大きな存在として意識されるようになった、と言ったらいいだろうか。

今回はその中でも主著のひとつと考えられる『阿Q正伝』を取り上げたい。というのは私自身のなかに「阿Q」的要素を発見しているからであり、もっとも変革からは遠く、愚かなのに気位の高い、言い換えれば指導者にとってもっとも扱いにくい存在なのに、そのような人々を率い、前近代から近代へ、そして現代へという革命を成功させた歴史上の事実のなかに阿Qが立っているように思うからである。

周知のように阿Qには家がなく、その土地の小さな廟に間借りして住んでいる農業労働者である。

「阿Qはまた自尊心が強くて、未荘（阿Qが住んでいる村の名前）の住民はことごとく眼中にはなく——」

と魯迅が書いているように、頭の数ヵ所に疥癬のあとで毛が生えない禿げがある以外に何の欠陥もない気位の高い男である。

その彼にはひとつ独特の才能があった。それは「敗北をたちまち勝利に変えることができる」能力であった。精神勝利法と呼んでもいい手法を自在に使う能力であった。言い換えれば社会的に敗けても自分本人は敗けたと思わないで済む処世術である。

しかしこれは権力にはもっとも従順な被支配者の特技なのだ。

この小説の後半で阿Qは革命に捲き込まれる。勿論、阿Qには革命の本質は分らない。村の富豪の趙家が掠奪されるのを見て胸がすく思いをし、かつ恐怖を味わっているうちに阿Qは捕えられてしまう。偽革命の悪い部分の責任をかぶせられたのである。

この小説の終わりの部分は、

「世論はどうかといえば、むろん未荘（阿Qがいた村）ではひとりの例外もなく阿Qが悪いとした。銃殺に処せられたのが何よりの証拠」

と書かれ、城内の阿Q観は「銃殺は首斬りほど見ておもしろくないから。それになんと間ぬけな死刑囚ではないか。あんなに長いあいだ引き廻されながら、歌ひとつうたえないなんて。これでは歩き損じゃないか、というのだ」

で終わっている。

暗い作品である。小説の構造が暗いのではない。主人公である阿Qの愚かさが暗く、阿Qが住む村の生活全体が暗いのである。その上に作者の社会のゆくすえを判断する目が暗いのである。

古今東西を通じて、暗い作品はたくさんある。しかしその多くは、描かれた事実がそうなのであって、作者が描かれた社会に絶望を感じているがゆえの暗さであることは少ないと言えるのではないだろうか。

こう書いてきて思い出すのは、かつて一九六四年九月一四日の『週刊読書人』に三島由紀夫が大江健三郎の『個人的な体験』の書評に「――すばらしい技倆、しかし――」として、

「この小説は技術的にすばらしいものである」

と書き出し、作品の秀れたところを「鶏群の一鶴」と評価しながら、結末の部分で「ニヒリストたることをあまりに性急に拒否しようとする大江氏が顔を出し」ている部分を指摘して、

「暗いシナリオに『明るい結末を与へなくちやいかんよ』と命令する映画会社の重役みたいなものが氏の心に住んでいるのではあるまいか」

と批判した三島の批評の鋭さである。

この批判に対して数十年後、大江が長篇作品で見事な回答を与えたことは、わが国の現代文学のひとつの美談だと思うが、そのひそみにならって言えば、魯迅には「映画会社の重役」のような存在はいなかった。そのことが、作者にとってどれほど厳しいことかを考えれば、それに耐えて文学精神を示し続けた魯迅は、まさに中国近代文学の開祖であるばかりでなく、文学者として社会変革に参加したという意味で、現代における文学者全体に強い影響を及ぼしている作家として、今後も存在し続けるのではないかと私は思っている。

J・W・v・ゲーテ／大山定一訳『ファウスト』

時々ゲーテの作品や生き方を考えたりする。彼は一七四九年に現在のドイツのフランクフルトに生れ、働きざかりの四十歳の時に隣国でフランス大革命が起こる。もともと彼が生れたのが、長く続いた三十年戦争が終わり、近世ドイツの国家体制が整って間もなくであり、その「近代」ドイツが大革命によって激甚な影響を受けた。そうした時代変化のなかで、彼自身は革命思想や社会革命運動に深く入り込むことなく、古典的なドイツ文化の近代化を通じて新しいドイツの基礎を固めようとした文化的リーダーのように私には見えるからである。

もっとも、若い頃『若きヴェルテルの悩み』のような小説を書くことで、一時は疾風怒濤《シュトゥルム・ウント・ドランク》の旗手のように扱われたのであったが、彼は決して文学上の特定の主張に身を委ねることなく、常に独自の立場を保ちながら、大革命に反対するためのナショナルな戦争計画には制止する態度を示したのであった。

この『若きヴェルテルの悩み』のモデルは宮廷の主馬頭《しゅめのかみ》の妻、七歳年上のシャルロッテ・フォン・シュタインと言われているが、彼女以外にも断片的にモデル造形に役立ったのではないかと思われる女性もいて、青春時代ゲーテがどんな女性観を持ち、その女性像を通じてどんな未来、社会を想い描いていたのかを知るよすがになる。

たしかにゲーテの生涯は恋多きものであった。最後は彼の最晩年、保養地マリエンバード（現チェコ領）で当時七四歳の彼は旧知の人々と過したその夏、一九歳の少女ウルリーケ・フォン・レーヴェツォーに恋をするのだ。

結婚を申しこんで断られたという説と、自制してそこまでの行動はなかったという説もあって具体的には定かではないが、この悲恋を背景にした『マリエンバードの悲歌』は、六十代半ばにまとめられた『西東詩集』とは打って変わって悲しい別離の主題に彩られており、まもなくこの世を去らなければならない老人の独唱曲のようにさえ読めるのである。

ゲーテの病は今日で言えば結核ではなかったかと想像できるが、その間、時の皇帝に失望してイタリアに行ったり、自然科学者として色彩論を書いた時期も含めてゲーテにはファウストの主題があったように私は思うのである。

周知のようにファウストは一、二部に分かれ、かなり長い年月をかけて完成されているが、その基調をなしているのは、歴史を人間の意志を超えた自然と観じた思想のように見える。

こうした態度に対して疾風怒濤派からは大きな不満や非難の声

があがったらしいが、ゲーテは動かなかった。政治の日常茶飯事と異なって、近世から近代へとヨーロッパの社会構造、文化が動いていく大波のなかにあって、文学的思潮やそれに伴う形式の変化を人間の意志を超えた自然と達観するのはそれほど容易なことではなかったに違いないのだが。

ゲーテのこの時代の生活と文学に対する姿勢を見て、突飛な連想かもしれないが、私は革命期における中国の魯迅と毛沢東の関係を思い出したのだった。毛沢東は太平の乱から一九四九年の中華人民共和国成立までの変革の過程を本質的にはブルジョア革命と認識していたと私は思う。そのためには、外交的な視点を加えて、毛沢東は蔣介石と国共合作の政策を採り続けるのだ。何度蔣介石に裏切られても、また今ここで戦闘をやれば勝てると分かっていても、外交、民衆の気分、経済の構造が熟していないかぎり国民軍政権の軍隊との大規模な戦闘を始めなかった。

一方魯迅は「水に落ちた犬は叩け」と、毛沢東の戦略が平和主義に誤解されるのをチェックし、毛沢東はこれに応えて『延安における文芸講和』を発表するのである。

こうした二人の関係を知っていると、フランス大革命の時期に、革命とあるべき文学者、詩人の関係という点からシラーとゲーテの友情を想起してしまう。

シラーはゲーテと共著の形で四一四篇からなる『クセーニエン』を発表し、神様のお告げに従って生命を投げ出す『オルレアンの少女』『ヴィルヘルム・テル』を発表する。

ゲーテはシラーについて「若い頃のシラーは肉体的自由であったが、晩年においてはそれは精神的自由であった」として、彼の文学者としての活動全体に理解を示すのである。毛沢東と魯迅、ゲーテとシラーは、革命についての積極性においては大きく異なるが、社会変動と文学との関係については相通じるものがあったように私は思う。

いずれにしても、文学と革命思想の関係はガラス細工のように微妙な要素を常に孕むが、文学に対してスターリンのように過度の政治主義を導入しないかぎり、共存共栄の関係が可能なことをこの二組の指導者の姿が示しているのではないか。そうした点から見ても、ゲーテの『ファウスト』は尚深く研究されるべき作品のように思われる。

角山 榮

一九二一—二〇一四。経済史。著書『茶の世界史』（中公新書）『茶ともてなしの文化』（NTT出版）『新しい歴史像を探し求めて』（自伝、ミネルヴァ書房）。

A・G・フランク／山下範久訳『リオリエント——アジア時代のグローバル・エコノミー』

「本書の試みは近世の経済史にグローバルなパースペクティブを提起することにある。具体的にいうと、人類中心的なグローバル・パラダイムでもって、ヨーロッパ中心的なパラダイムに立ち向うことを目指すものである」。

これは著者の「日本語版への序文」のなかのほんの一行にすぎない。この一行文を読んだだけでも、歴史学の分野で長年に亘り支配してきた西洋中心主義史観に対する著者フランクの闘志満々の批判とはいったい何を語ろうとするのか、それだけでも読む前から心わくわくする著作である。

ところで私たちは近世世界経済の発展をヨーロッパ中心の歴史として学んできた。例えば世界ヘゲモニーの推移として、ふつう十六世紀のポルトガルとスペイン、十七世紀のオランダ、十八世紀のイギリスがあげられるが、世界経済からみても、また政治的にみても、いずれも生産、技術、生産性であれ、また人口一人当りの消費の点からも、いかなる点でも「ヘゲモニー」ではなかった。

それでは誰がヘゲモニーを握っていたかというと、フランクによれば実はアジア経済であって、中国の明・清朝、インドのムガール帝国の方が、ヨーロッパよりはるかに先進的であったという。さらにこれまであまりにも歴史家たちから無視されすぎてきたのが、東南アジア、日本であるという。

そもそも東南アジアは、その地理的な位置によって、世界交易の自然発生的な交差点ないし合流点となった。その最盛期は「長期の十六世紀」(一四五〇―一六四〇年)で、とくに中国、南アジア、西アジアさらにヨーロッパからの香料、胡椒の需要の増大に応じて拡大したのが繁栄の原因である。その結果人口一〇万内外の交易都市が多数出現した。例えばシャムのアユタヤ、スマトラのアチェ、ジャヴァのバンタム、セレベスのマカッサル、こうして中国やインド商人はもとより琉球や日本の商人も活発に交易に参加した。

ところで一五六〇年以降の日本は、まず銀の、ついで十七世紀後半は銅の世界的な大量生産者であり、大量輸出者となり、その多くの部分は中国、東南アジアに送られた。銀・銅のほか硫黄、樟脳、鉄、刀剣、漆などを輸出し、見返りに中国、ベトナムなどから絹やインドの綿、鉛、染料、砂糖、水銀などを輸入した。

このような近世日本交易の中でとくに日本が中米のメキシコ・アカプルコ、南米ペルーのポトシの銀山と肩を並べるような産銀国であったということは、一部の人は知っていたかと思うが、つい最近に到るまで日本の中学校、高等学校では教えられてこなかった。私の手もとにある中学・高校の日本史のテキストを補う参考書のひとつ『総合日本史図表』(坂本賞三・福田豊彦監修、第一学習社、一九九四年)には、日本の銀や銅の話はまったく出てこない。いうまでもないが、ユネスコの世界遺産に最近登録された石見銀山、この銀山こそ日本を代表する銀鉱で、当時の世界における全銀輸出量の三分の一を輸出していたといわれるが、それも掲載されていない。従って石見地域の人を除く、殆どすべての日本人は、明治維新以来、ヨーロッパ中心(優越)の歴史観で教育されてきたから、日本は資源の乏しい貧しい国としか頭に入っていない。だからフランクが何といおうが、当時の世界における銀の重要性が教えられていない限り、あまり大きな反響が日本から起らなかったにしても已むをえないであろう。

ところで近世初期におけるアジアの経済発展が、ヨーロッパを上廻っていたことはよく分るが、そうであればその延長の上に、アジアは世界経済進展のリーダーシップを発揮してもよかったのに、どうしてアジアとヨーロッパの地位が逆転するのか。

この問いに対し、フランクは一八〇〇年以後の「西洋の勃興」と「東洋の没落」は、人口増加率の違いで明らかだとする。すなわちアジアの人口増加率低下はアジア衰退の表明であり、一方、一八〇〇年以降速くなったヨーロッパの人口増加は、その増加人口によって労働集約的な技術、安価な動力発生装置などの資源利用・処理の革新が支えられ、産業革命が進行したという。

しかしフランクが主張したかったことは、一八〇〇年以前のアジアはヨーロッパ中心主義によって「アジア的生産様式」とか「永久停滞社会」と言われたりしてきたが、実はヨーロッパを上廻る、すぐれた経済発展が見られた地域であるということだ。現代のアジア地域は再びかつてのような繁栄の時代を迎えつつある。二十一世紀はヨーロッパ中心主義でもアジア中心主義でもないグローバル・エコノミーの時代を迎えるのである。

G・パーカー／大久保桂子訳『長篠合戦の世界史——ヨーロッパ軍事革命の衝撃 一五〇〇〜一八〇〇年』

ジェフリ・パーカーの原書名はそのまま直訳すると『軍事革命——軍事革新と西洋の勃興、一五〇〇—一八〇〇』となっている。それがどうして日本の長篠の戦い（一五七五年）がタイトルになって出てくるのか。武田勝頼軍が長篠城を攻め、来援の織田信長・徳川家康と戦ったのが長篠合戦である。連合軍はマスケット銃兵を横列に並ばせて、つぎつぎと発射させる斉射戦法をとった。斉射戦法を世界で初めて実施したのが日本である。ということは、ヨーロッパではその作戦を考案したのが一五九四年、ひろく普及したのは一六三〇年代とされているのに対し、日本では既に一五七五年に実施して勝利を占めていたのである。

パーカーは十六世紀の軍事革新によって日本が西洋と同じく世界に躍進したといっているわけではない。原書の題名で分るように、中世までは東洋に遅れていたかもしれないが、近世初期から十八世紀の間のヨーロッパ人は世界進出をなしとげ、非ヨーロッパ世界の征服の結果、地球の陸地の三五％を支配していた。その後一九一四年には世界支配率は八四％に拡大していたのである。後者の支配拡大の原因はひと言でいえば産業革命といって差し支えないとすれば、前者の三五％はどのようにして西洋は支配下に置いたのだろうか。その答えが軍事革命だというのである。

ところで日本は軍事革命の一翼を担ったように見えるが、ヨーロッパ諸国とともに外国の領土支配に動いたわけではない。日本の鉄砲は徳川時代に入り平和の訪れとともに、ヨーロッパとは逆に生産は無用となり、武士の魂は日本刀に返ったのである。こうしてヨーロッパの軍事革命の波は、日本を除く無防備の平和なアジア各地域に侵入してきた。

一五〇〇年以後の大航海時代に、ポルトガルを先頭にインドからマラッカをつうじ、はじめて東南アジア海域へ入ったとき、パーカーが強調しているように、アジア文明は外からの攻撃に対して無防備の状態であった。従ってアジアでは攻撃者に対し、とりあえずその場で降服するか、逃げるかであった。一五一一年ポルトガルの小艦隊がマラッカにやってきたとき、マラッカのムスリム支配者は、しばらく抵抗したが、ポルトガル人はただこの町の略奪にきただけで、事がすめば立ち去るだろうと考え、一日ほど旅に出たところ、予想に反して彼らは強力な砦を築きこれを領土にした。こうしてアジア各地は到るところヨーロッパ各国の砦によって支配下に置かれるに到った。

十七世紀初めの朱印船貿易時代は、パーカーによると、日本の朱印船には大砲を積もうとすれば可能なことを敢て採用しなかった。その代り朱印船が大砲で攻撃を受けたときには、日本の交易には参加させて貰えなかったと断言している。そして日本の防衛の最終的砦は、日本全体を外に向って鎖国することであった。その日本と友好関係を結んだ国は、長崎出島に入港を許された西洋諸国ではオランダ、アジアでは中国船だけである。それだけではない。パーカーが鉄砲の普及・領土占領を中心に軍事革命を主張するなら、それはヨーロッパを中心に世界史を見ていることにすぎず、それとまったく逆の近世アジア・日本の歴史は、武器による軍事革命ではなく、武器の不利用・放棄の平和文化の成立が日本・アジアから生まれたことに注目したい。

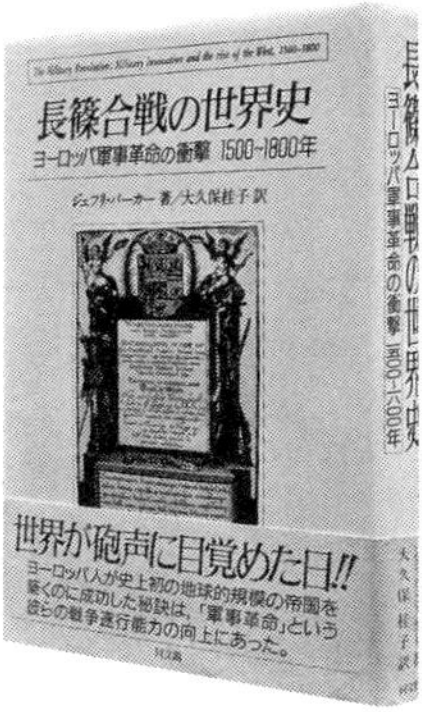

軍事革命によって一五〇〇―一八〇〇年の間、ヨーロッパ諸国では国内はもとより世界各地で領土をめぐり戦争につぐ戦争で、十年と平和な時代はなかった。それに対し鉄砲を所有し操作に独自の方法を開発した日本は、恐らくヨーロッパより大量の鉄砲生産都市・十六世紀堺では、ヨーロッパ人の一品注文生産方式に対

し、鉄砲の大量生産に社会的分業による部品互換方式を開発し、十九世紀中頃のアメリカンシステム・オブ・マニュファクチュアより三百年も早く大量生産システムを立ち上げたのである。しかし徳川時代の平和とともに不用になった鉄砲は、一つは堺打ち刃物として継承され、また明治以後現代までは自転車とくに部品生産者として継承され、そのなかでは本社を堺市に置く株式会社シマノ製造の部品（デュラエース）は自転車愛好者なら知らない人はないといわれるほど世界で有名である。また火薬の利用は平和のシンボル・花火へと転化し、江戸時代はもとより現代も世界各地のイベントで日本花火は親しまれている。

いずれにしてもパーカーの西洋勃興の軍事革命論は、現代においてはヨーロッパ中心（優越）史観として相対化されることは明らかであるが、一方アジアとくに日本においては軍事革命のもう一つの道である国際平和・文化への道を辿ったことに注目したい。原子爆弾によって西洋的軍事的物質文明が行き詰った二十一世紀は、アジア・日本の時代であり、そのことはかつ平和と文化の時代であることを意味する。パーカーの著作は現代のいま、読み返してみると興味がつきない。

J・ロドリーゲス／佐野泰彦・浜口乃二雄・土井忠生訳『日本教会史（上）』

お茶についての研究者ならジョアン・ロドリーゲスの『日本教会史』を知らない人はいないだろう。ところが最近茶の歴史研究がグローバルに進展する状況の中で、本書を知っているのは日本人だけで、外国人（日本語ができる人は除く）の研究者はいまのところ誰もいない。どうして日本人だけがロドリーゲスを知っていて、外国人が知らないかというと、『日本教会史』の原本三巻は、リスボンにあるアジュダ文庫所蔵の十八世紀転写本として存在していて、それを岩波書店が大航海時代叢書の一冊として日本語訳を出版したものである。因みに英語訳その他欧州語訳はいまのところ未発行と思われる。

どうして日本人がロドリーゲスの『日本教会史』に強い関心をもったかというと、当時の日本茶の生産や最盛期の茶の湯に関する数少ない資料がそこに収容されているからである。もっともよく引用される箇所は「市中の山居」である。それは市中における茶道の隠者的個人的修行の場面であるが、こうした茶道とは別に、もう一つの茶の文化としてロドリーゲスが注目したのが、人間関係をつくる一期一会、和敬清寂のお茶によるもてなしの文化である。ロドリーゲスは『日本教会史』第一巻の大部分を費やして、日本人の日常生活習慣である贈り物のやりとり、及び宴《うたげ》に呼んだり、呼ばれたりする生活習慣をとりあげ、それについて詳しい説明をしている。そして宴会が終ったところで「一切の締めくくり」として提供されたのが、お椀に入れたお茶というわけである。そのお茶が宴会から分離独立して特別に設けた小さな狭い茶室小屋を中心に、客人をもてなすための特別の儀礼が成立した。それが「茶の湯」または「数寄」とよばれる儀礼であると、ロドリーゲスはいう。

それでは宴の「締めくくり」のお茶が、茶の湯成立へ移動した背景に何があったのか。ロドリーゲスはとくに言及していないが、十五世紀後半の応仁の乱以後、下克上を含む無秩序の戦国時代が百年以上も続くなかで、宴が事実上成立しなくなったこと、そうした戦国時代の安全が確保されないなかで、武器を一切持ち込めない茶室においては、安全が保障される唯一の聖なる空間となった。しかもそこには儒教の「五常」の倫理と哲学を含め、宴のもてなしのエッセンスがすべて凝縮されていることを知り、ロドリーゲスは感動するのである。いや、日本の茶の湯文化の本質をそこまで理解していたのかと、私はロドリーゲスの哲学と茶の湯文化論にすっかり感動してしまった。

そうであるだけに、この名著がどうしてロドリーゲスの生前に刊行されないで、一六三四年の死後刊行扱いになっているのか。その謎を解く鍵《かぎ》はあるのか、あるとすれば何であるのか。

そこでジョアン・ロドリーゲスの来日とイエズス会宣教師との関係に遡って見てみたい。ロドリーゲス（一五六一―一六三四）はポルトガルの山地帯出身で、一五七七年十六歳のときに来日、イエズス会に入会して府内（大分市）の学林で学を修め日本語に熟達した通事となった。これに対し他の来日ポルトガル人はイエズス会宣教師として、それぞれ入会試験に合格した司祭、司教、修道士たちであった。その中で名実ともに中心人物はヴァリニャーノ（一五三九―一六〇六）であった。彼は日本布教に三回も訪れる苦労を重ねる一方、一五八二年には天正遣欧使節を伴って長崎を出発している権威・指導者である。ところでヴァリニャーノは『日本巡察記』（東洋文庫）のなかで、日本人はヨーロッパ人を驚かせるに足る秀でた面を有するとする反面、悪い面を七つ八つもあげて攻撃し、日本人に対しきわめて厳しい態度で臨んだ人物である。その中で茶の湯とその道具をとり上げ、これらを彼らの立場で「児戯に類する笑い物」として激しく攻撃している。これがイエズス会を代表する茶の湯の定説とすれば、ロドリーゲスの立場とまっこうから対立することは明らかである。そもそも宣教師でもないロドリーゲスが何をいおうが相手にされる状況にない。敢ていえば、彼が生きている限り禁書といった状況に置かれていたかと思われる。

しかしロドリーゲスが学んだ日本茶のもてなしのこころは、ポルトガルにおいてはのちにイギリス国王チャールズⅡ世のもとに嫁ぐブラガンザのキャサリン（一六三八―一七〇五）に継承される。キャサリン王妃がロドリーゲスの著書を愛読したかどうかはともかくとして、茶の愛好家キャサリンを中心とする宮廷の女性たちのティ・パーティの影響は、イギリス貴族階級の女性たちの間で次第に人気を集め、お茶のもてなしの文化はイギリス人のライフ・スタイルの中で独自の花が開く

ことになるのである。

本書は、日本国内だけに限定して日本茶の研究対象としている研究者には、あまり興味がないかもしれない。しかしヨーロッパとくにイギリス史の専門家にとって、日本の茶の文化がイギリス紅茶社会に与えた影響は想像以上のものがあり、きわめて興味深い。

坪井良平『日本の梵鐘』

私は過去六十年以上に亘って経済史研究の道を歩んできたが、その中でも中公新書から出版された『時計の社会史』（一九八五年）は、その後の著作『時間革命』（一九九八年）『シンデレラの時計』（二〇〇三年）などとともに、経済史を専門とする私にとって、異端というべきものである。というのは、これら著作はモノの生産を中心とする従来の経済史とは異なり、時間の消費の日常生活を対象とする成果であって、当時ではまったく未開拓の社会史、生活史の視点から研究したものである。そして研究過程で発見した資料の名著が、ここでとりあげる坪井良平の『日本の梵鐘』（一九六九年）である。

時間の歴史といえば、時間を計る時計の歴史から始めるのが常識であるが、時計の刻む時刻を広く知らせることによって一般の生活が営まれるのであるから、時刻を知らせる鐘や太鼓の音が時計と一体となって生活史を創ってきたといってよい。

ところで時計の歴史は水時計、日時計、香時計、砂時計などから始めて、機械時計を創出したのは十四世紀初めのヨーロッパである。それとともに新しい時報手段として登場したのが、いまでも観光客の人気を集めている市庁舎の上に聳え立つ時計塔で、時刻がくれば流れる音楽に乗って時計塔から出てくるのはからくり人形であった。

それに対し日本の不定時法時刻制度のための機械時計＝和時計の出現は江戸時代に入ってからである。和時計出現後も、いや古代からも生活者に時刻を知らせたのは、日本では主として寺の釣り鐘であった。とくに江戸時代には地域を管理する行政センターの役割をしていたのが各農村の寺であった。全国の農村の数は約五万といわれ、その殆どが寺の梵鐘によって時刻を知らせていた。そのうち江戸時代になって新しく製造された梵鐘は約三万といわれる。「鐘一つ売れぬ日はなし江戸の春」と詠まれたように、江戸時代中期の日本が鐘の大量生産・大量販売国であったのは、日本が銅の世界有数の産出国であったこと、及び農民の時刻ニーズに対応できた多数の優秀な鋳物師の存在であろう。とにかく日本の梵鐘は毎日の生活の中でもっとも身近な鐘として親しまれたことは確かである。そのお寺の鐘の長年に亘る調査研究の結果でき上がった名著が、坪井良平の『日本の梵鐘』である。

本書は戦前の著書の『慶長末年以前の梵鐘』が中心になっているが、その後の成果を加え、六〇〇頁を越える大作となった。本書の内容を目次によって説明すると、大きく分けて（1）日本梵鐘の考古学的考察、（2）梵鐘の鋳物師、の二章から成る。そして付表として掲げた年表が二つ。「I 慶長以前現存紀年銘鐘年表」においては現存の慶長末年（西紀一六一四年）以前の梵鐘四四七個を紀年の順序に配列した年表である。最も古い梵鐘は、紀年、戊戌《つちのえいぬ》年四月十三日壬寅《みずのえとら》収（西紀六九八年）、現在の保管者は妙心寺、京都市右京区花園妙心寺町。鋳物師、空欄。銘文に『春米連広国鋳鍾』とあるを以て広国を鋳物師とする説あり」と。この例で分るように現存の梵鐘四四七個について坪井氏自身が個々の実物と銘文を調査して記録している。

もう一つの付表は「慶長以前佚亡記念銘鐘年表」である。この年表は慶長末年以前の紀年銘のある鐘と鋳造・奉献の年月のわかる鐘で、現在所在不明のものを年代順に配列したものである。その所在不明の実物とは、関係のある文献に依拠したもので、古くは天長四年五月（西紀八二七年）の近江比叡山延暦寺から始まり、慶長十九年美濃本巣郡の西順教寺に至る五九〇個の寺の鐘とその所拠文献、鋳物師が記録されている。従って本書は日本の鐘のなかでもその歴史と文化を代表する文化財に関して、可能な限りすべての資料を収集・調査した資料集であり、その上に立って梵鐘の歴史と文化を解説したものである。

このような資料集がどのような役に立ったかというと、戦時中の昭和十六年十月に梵鐘供出令が発令された時であった。そのとき当局が一線を画する決め手になったのが、かの「慶長末年以前の梵鐘」であった。すなわち本書に記載されている現存の四四七個の殆どが、文化財として供出を免れたのである。

そうであれば坪井良平という方は、東京のどこか有名大学に籍を置く教授かと思って調べたところ、大学とか研究所に属する学者先生でないことが分って驚いた。坪井氏は実は明治三十年（一八九七年）一月の大阪市東区出身で、大阪の大倉商業を卒業後はいくつかの職場を転々と渡り歩いたが、いずれの職場も考古学、梵鐘とはまったく無関係の職場であったと知って更に驚いた。こうして下積みのサラリーマンとして勤務する一方で、最高級の考古学者として研究に没頭された努力に心から敬服し、感動したのである。

永田和宏

一九四七年生。京都産業大学教授。京都大学名誉教授。細胞生物学。歌人。著書『タンパク質の一生』（岩波書店）、『細胞の内と外』（新潮社）『永田和宏作品集Ｉ』（青磁社）、歌集『夏・二〇一〇』（青磁社）他。

木村　敏『時間と自己』――『時間と自己』を詩論として読む

木村敏の『時間と自己』ほど繰りかえし読んだ本は、ほかにはあまり思いつかない。赤線やいろんな色のマーカーペンなど、その時どきのマークの付け方を見ると、おのずから本書の読みの時間の堆積が感じられる。

「あとがき」を読むと、編集者から時間論の依頼があったものを数年にわたり、ぐずぐず延ばしていた。それを、ある夏「一念発起、一息に書き上げてしまったのがこの本である」という。一気に書いたという「あとがき」や、新書の一冊だという気やすさで読みはじめると、最初の数ページでたちまち目がくらむ。言葉の密度の濃さに、溺れるように引きこまれ、圧倒されるのである。私の本には、ほとんどどのページにも線が引かれているが、どれも、箴言的な響きを持っている。

本書は、まさに時間とは何か、自己とは何か、時間と自己とはどのように関係するかを、精神医学者という立場から、個々の臨床例を基盤に据えながら論じたものである。新書一冊の分量であるが、この本を要約することはむずかしい。まして本稿のスペースではほとんど不可能である。

名著というものは、多くの場合、その著者の全体像のなかに置かれたときに立ちあがるものではなく、その一冊だけが独立して読まれて、なお感動を与えるものである。さらに言えば、名歌がさまざまな読みを許すように、著者の意図するところとは違った読みをも許容するものであろう。

私自身、これまで（申し訳ないことながら）著者がこの一冊で言いたかったことをトータルに理解しようという形では、この本に接して来なかった。私だけのわがままな読み方で、その都度刺戟を受けてきたのだと言えよう。

本書はまず「ものとこと」の違いから説き起こされる。リンゴが木から落ちるという事態を考える。リンゴが木から落ちるということと、木から落ちるリンゴというものとは決定的に異なる。単に名詞的に表わしたということではなく、木から落ちるリンゴは客観であるのに対し、リンゴが木から落ちることは、それを経験している主観のなかにある。

木村敏はそれを次のように述べる。「つまり、それをなんらかの形で経験している主観なり自己なりがなかったならば、木から落ちるリンゴというものはありえても、リンゴが木から落ちるということは叙述されえない。リンゴは向う側、客観の側にあるものであるけれど、それが落ちるという経験はいわばこちら側、主観の側にある。あるいは、こう言ってよければ客観と主観のあいだにある。」

私などは、こういう一節にたちまち反応してしまう。歌を作るとはまさにこういうことなのではないか。〈写生〉は短歌の表現論の一つである。対象をよく見て詠えという。茂吉なら「自然自己一元の生を写す」と言うだろう。しかし、対象をいくら詳細に見てもいい歌にはならない。対象とともに、それを詠っている作者が同時に詠われていなければ、歌は成立しないのである。歌が表現しようとするのは、私がそこに対象を見ていることそのものなのであるから。

著者はさらに言う。「ことがこととして成立するためには、私が主観としてそこに立ち会っているということが必要である。」そして、「ことが純粋なこととしてとどまりうるためには、それはいつでもものとして意識化されうる可能性をもちながら、しかも意識の集中をまぬがれた未決状態におかれているのでなくてはならない。」

これは、まさに詩の表現の現場そのものではないか。対象を見る。見るときに、対象が純粋な客観として描写されるだけなら、詩は（私の場合は歌だが）成立しない。詩が、歌が成立するのは、対象と、それを見ている自己とが「意識の集中をまぬがれた未決状態」を形成しているときに限られるのである。実作者なら誰もが納得できるところであるはずだ。

本書は決して詩論でも歌論書でもないが、表現とはどういうことなのか、そのもっとも本質的な部分がここにある。

「詩がふつうの文章と本質的に違っている点は、詩がことばというものを用い、しかも多くの場合さまざまなものについて語りながら、ものについての情報の伝達を目的とはせず、ことの世界を鮮明に表現しようとしているという点である。」このような角度からなされた詩の表現論、これに匹敵する詩の本質論を私は知らないと言ってもいいのである。

おこがましいことを承知で言えば、木村敏さんとは同僚であった期間があった。同じ医学研究科のメンバーであった時期があるのである。会議場の向うのほうで一筋の煙が上がると、そこに木村先生が居られた。

木村先生は、また妻河野裕子の主治医でもあった。乳がんの手術後、一種の鬱状態から攻撃性が顕わになったとき、木村先生に診ていただいた。それは河野の死まで続き、河野の死の二日前にわが家へ見舞いに来ていただいた。家族以外で河野が会った最後の人となった。

本書を読んだのは、これら個人的付き合いのはるか以前のことである。後年そのような付き合いができるとは夢にも思わず、この一書と格闘し、みずからの歌論を研いでいた時代があったのである。

馬場あき子『鬼の研究』――鉄輪の女

馬場あき子は二〇年以上にわたって、現代歌壇を牽引してきた女流歌人である。くわえて、その評論活動は歌壇外からもつねに大きな注目を集めてきた。

はじめての評論集『式子内親王』からはじまって優に三〇冊を越える単著の評論・エッセイ集があるが、私は長く『式子内親王』『鬼の研究』『日本女歌伝』を、そのベストスリーだと思ってきた。これはもちろん私の個人的な思い入れであるが、今年に入って『日本の恋の歌――貴公子たちの恋』『同――恋する黒髪』の二冊が同時刊行され、「私の三冊」の選択がいささかぐらついている。三冊を択べと言われれば、残念ながら『日本女歌伝』を外すほかないだろうか。

しかし、『鬼の研究』が馬場あき子の著作中、第一のものであると言いきることにはいささかの躊躇も感じない。

『鬼の研究』は、わが国の歴史のなかで「鬼」と呼ばれつつ忌避されてきた存在とはどのようなものであったのかを、『今昔物語』を初めとする多くの説話集や、謡曲、和歌集などを丹念に辿りながら考究したものである。まずその資料の収集力に圧倒されるが、歌人でありつつ、能、謡曲にも深い造詣を持つことから、それらを自在に取り込み、また広げつつ、歴史の暗部に押し込められていた「鬼」

という存在に光があてられる。

まず「鬼の誕生」から本論は始まるが、馬場は、鬼を、民俗学上の鬼、山伏系の鬼、放逐者としての鬼、盗賊など人鬼系の鬼、変身譚系の鬼などに緩く分類しながら、それぞれについて「なぜ鬼となったか」「ならなければならなかったか」を丹念に考察する。

鬼は、人びとに危害を加えることから（例えば「鬼に食われた人びと」などという章もある）、怖れ、忌避される対象であった。しかし、馬場あき子は、鬼を加害者の側に置くのではなく、鬼としてしか生きる術を持たなかった存在、むしろ社会から締め出された存在として描こうとする。殊にも摂関家の絶対的な権力のもとにあった平安朝という時代にあって、止むなく社会の暗部、裏側あるいはその外側にはみ出さざるを得なかった一群の人々として「鬼」という存在に光があてられる。そこには社会に縛られた人間たちの生彩のなさとは裏腹に、親しみと哀れさと、かつ憧憬に近い輝きをさえ持った、馬場あき子の「鬼」がいきいきと描かれるのである。

「思えば、こうした個人的な私怨がからみあって公けが成立していた世のなかこそ〈鬼の世〉なのであって、そうして秩序をはみ出して破滅した〈鬼〉が殊更に哀れに美しいのは、むしろ人間的真実の心がそこにあったからではなかったか」と言いきる馬場あき子の語りには、単なる考究の対象を越えた〈鬼〉への篤い心

寄せがある。

それら多くの鬼の記述のなかにあって、ひときわ強い光を放っているのは「愛の変節を責める女の鬼」として紹介される「鉄輪《かなわ》」の女であろう。この章における馬場あき子の文章は、それまでとは大きく異なり、内部からこみ上げてくる衝迫に抗しきれずに筆を進めたかのような悲しいまでの切迫感が強い印象を残す。私は長く、この章を書きたいがために、『鬼の研究』一巻が書かれたのではないかとさえ思ってきた。

男の不実のゆえに貴船に籠り「生きながら鬼」となった女が、男の枕頭に立ってまさに命を奪わんとする。そのとき不意に愛《かな》しさがこみ上げるのである。この部分を叙した馬場あき子の文章は、一巻中もっとも美しいと私には感じられる。

「捨てられた怨み、離れて生きる恋しさなどを、つくづくとつらね口説いたのち、やっと『白菊の消えなむ命は今宵』と急迫して迫りながら、その一瞬、怒濤のような愛がかえって来て、『痛はしや』と、急転して涙をあふれさせざるを得ない。鬼となって生殺与奪の力を得たその両の手を垂れて、女は夫の枕頭にしみじみと泣くのである。その時、殺意を宿した手はふいに抱擁のあたたかさを思いおこし、御幣《みてぐら》に在る守護神の責めに怖れをなす以上に、女は混乱するみずからの愛の行方に困じはてていたのではなかろうか。私は女の鬼について考えるとき、いつもこの〈鉄輪の女〉の殺害未遂に終った場面を、ことさらにかなしく美しく思い浮べる。(中略)たとえもう一度、いや何度試みたとしてもとうてい夫を殺すことはできそうにないその心は、鬼と化してもなお深く愛しきっている弱さにおののいている。」

馬場あき子には、後に第三歌集『無限花序』に収められることになる主題制作「橋姫」がある。これは『鬼の研究』が書かれる七年も前、昭和三八年に発表された定型短詩であるが、そこには橋姫という素材を借りて、「鉄輪の女」の情念が見事に短歌として提出されていた。

以後、馬場あき子は「鬼」に象徴されるような、世の規矩の外側に追いやられた人びとに心を寄せながら、そしてまた「待つ」存在としての女に強い傾斜を見せながら、作品評論活動を展開することになる。まさにそのような馬場あき子のその後の活動の原点にこの『鬼の研究』があったと言って過言ではないだろう。

P・ピアス／高杉一郎訳『トムは真夜中の庭で』

一九八四年から八六年まで、私たち家族は合衆国ワシントンDCに近い、ベセスダという小さな町に暮らした。米国国立衛生研究所（NIH）のなかの、国立がん研究所（NCI）に客員准教授として赴任し、研究に携わったのである。

わが家の子供たちは小学校の三年生と五年生。月曜日から金曜日までは現地校に通い、土曜日だけは日本語学校に通っていた。ワシントン日本語学校。ジョージタウン大学の付属高校を、土曜日だけ借りて、その日本語学校はあった。

一週間に一度だけ、思う存分日本語を使える楽しみに、どの子も喜んで日本語学校に通った。図書館で本を借りられることも、日本語学校の大きな楽しみであった。夏休みの前などになると、一人で十数冊も借りだしてくる。日本から持って行ける本の数は限られているので、子供たちが借りてきた本は、当然のように家族の誰もが読むことになった。

フィリパ・ピアスの『トムは真夜中の庭で』もそんな本の一冊であった。弟がはしかにかかってしまったので、別の町のおばさんの家に預けられることになったトムは、そこでひと夏を過ごすことになる。せっかくの夏休みを弟と隔離され、狭いアパートに閉じこめられることになったトムは、退屈きわまりなく、少しも楽しくない。運動不足で夜も寝つけない。

階下の広間には、管理人のお婆さんが大切にしているという大時計があり、寝つけないままにその時計の打つ音を聞いていたトムは、それがなんと十三時を打ったことに気づくことになった。そんなバカな。冒険心を抑えようもなく、時計を調べに階下へ降りて行ったトムが、裏口のドアを開けてみると、昼間は狭い裏庭だったところに、見事に美しいヴィクトリア朝時代の庭園が広がっていることを発見する。広い芝生のあちこちに花壇があり、花が咲き乱れ、何本ものイチイの木が枝を茂らせていた。

広間の大時計が十三時を打つと、毎夜、その庭園を探検に行ったトムは、やがてハティという女の子に出あう。女の子が一緒に遊んでいる従兄弟たちには、トムが見えないのだが、まだ幼いハティにだけはトムが見えるのであった。さびしい孤児であったハティとトムは遊び友達となり、二人で秘密の冒険を続ける。木に登って、ある時はハティが落ちて怪我をしたり、遠くの池まで出かけたり。しかし、そんな楽しい時間は長くは続かない。トムは夜ごとに、ハティの違う時間に遭遇することに気づくようになるが、やがてトムを追いぬいて大きくなっていくハティの眼には、だんだんトムの姿が薄くなってゆく。「ほんのわずかのあいだに、トムはおよそ十年はあると思うハティと庭園の「時間」を見てしまったわけだった。そのあいだにすぎていったトムの「時間」は、夏休みのあいだの、ほんの二、三週間にすぎないのに。」

最後に二人が遊んだのは、一八九五年、イギリス全土が凍結に見舞われた冬のこと。半日ほどをかけて、凍結した川をスケートで滑りくだり、イーリーの大聖堂まで行った二人は、そこでハティに好意を寄せる青年の馬車に乗せてもらって帰宅する。その途中で青年とのおしゃべりに夢中になっていくハティには、ついにはトムが見えなくなってしまっていた。

結末はあえて言わないほうがいいのだろうし、最後の数ページに到るまで、物語の構造をトムと同じ目線のままに宙づりにしておくというピアスの周到な構成に敬意を払って、解説も控えたほうがいいのだろう。

『トムは真夜中の庭で』は、カーネギー賞をも受賞し、イギリスの児童文学の代表的な作品であるが、子供にだけ見える世界の、そしてやがて否応なく失われてゆく〈子供の時間〉の物語である。

時間を扱った物語は、浦島太郎やリップ・ヴァン・ウィンクルなどを持ち出すまでもなく、数えきれないほどあるだろう。刻一刻失われていく以外ない〈時間〉の問題は、少年に限らず、人間という時間内存在にとっては永遠のテーマであるが、殊にも成長するという形で、〈時間を脱ぎ捨ててゆく〉ことになる幼年時代の時間は、後に振り返って、何ものにも替えがたく切なく悲しい。結末に近く、トムはハティと劇的な再会を果たすことになるが、そのときハティが言った「トム、そのときだよ。庭もたえずかわっているってことにわたしが気がついたのは。かわらないものなんて、なにひとつないものね。わたしたちの思い出のほかには」という言葉は、私たち誰もが持っている時間への思いでもある。

それら同じ主題を扱った多くの物語のなかで、私にとって『トムは真夜中の庭で』は特別の意味を持っている。トムの夏は、また私たち家族の夏でもあった。この物語を読み返すたびに、私たちにもあった若い家族の時間が、ありありといきいきと、しかしすでにかぎりなく遠くに思い出される。この本を読んで、それが切なく悲しく感じられるかどうか。それはまた、私が精神的に老いることなく、まだ若いナイーブさを身のうちに残しているかどうかを判断するバロメーターともなっている。

多田富雄『免疫の意味論』

研究者は、自分の研究を文句なくおもしろいと思っている。特に自然科学、なかでも実験を伴うような研究の現場では、少しでも自分の研究に興味を持てなくなると、研究活動はとても続けられない。研究の現場はかぎりなくハードである。

一方でそのおもしろさを、サイエンスに関わっていない一般の人びとに語ることは、きわめてむずかしい。自らが感じているのと等量の重さをもって、そのおもしろさを伝え得るサイエンティストはまことに少ないと言わざるをえない。多田富雄はそのような稀有なサイエンティストの一人であった。

多田富雄の多くの著作のなかで、『免疫の意味論』をそのもっともすぐれたものとして挙げることに異論はないだろう。何度読んでも、わくわくさせられる。私の持っている初版本には、いくつもの違う色の線が引かれ、書き込みがなされている。

多田富雄は東京大学医学部の教授であり、国際免疫学会の会長も務めた免疫学者である。サイエンスの第一線で仕事をしている研究者が一般向けの本を書くことは、多くの場合、マイナス評価に繋がるものである。そんな暇があるなら、研究をと誰しもが思う。多田もそれはよくわかっていただろう。しかし、一九九〇年代初頭、日本は「脳死」問題に揺れ、科学的な基本知識さえないがしろにした議論も多く行われていた。それらを見かねて、重い腰をあげて書かれたのが『免疫の意味論』であった。テーマは、「〈自己〉とは何か」という命題である。哲学的には、自己は脳のつかさどる領域である。しかし、多田は「自己」を規定するのは「免疫」であると言いきって憚らない。それは決して多田が免疫学者だから、というものではない。現代の生命科学の知識に基づいてなされる体系化の中から、必然として得られる結論として語られる。

免疫反応は、病原菌などの異物、毒物を攻撃することにより、それらの侵入から個体を守るものであり、私たちの生存にとって必須の生体反応である。しかし、免疫は、「自己」は攻撃せず、「非自己」だけをやっつける。きわめて厳密な「自己と非自己」の識別がなされている。

免疫学の最大のテーマは、「自己」と「非自己」の認識である。本書は、免疫における「自己と非自己」とは何か、そしてそれを見分ける機構はどうなっているのかを、最前線の知識を動員しながら述べたものである。教科書としてももちろん正しいが、単なる知識の紹介ではない。随所に、多田富雄の免疫観が顔を見せ、そして「自己」という哲学的命題への解答を出すべく考察がなされている。

本書は一般書ではあるが、科学的知識を説明する筆致に妥協や手加減がない。やさしく説明はしても、アナロジーや比喩だけのいい加減さはない。それが貴重なところである。一般の読者が知らないからと言って、説明をはしょったり、まあこの辺でと妥協したりしては、サイエンスの本当のおもしろさは伝わらないものだ。本書にはそれがない。

免疫学の専門書にも、これほど明確に一本の線を貫きつつ書かれた本は、皆無と言ってもいいだろう。知識として知っていても、その知識から世界を見まわすことは、また別のことである。ほとんど哲学書と言ってもいいかもしれない。

免疫においては、自己というコンテキストのなかに異物が挟まれた場合にのみ、それは非自己として認識可能となる。アプリオリには自己も非自己もないのだ。非自己が入ってきても、〈私〉という自己がなければ、それは非自己として認識されることがない。これはまさに我々人間にとって、「私とは何か」という問題と同じ位相の思考回路にあるものだろう。

読めば読むほどに、免疫という機構の精巧さに感心する。しかし本書では、そのような免疫学の王道の説明だけがなされるのではなく、精巧な機構であるにもかかわらず、そのシステムが破綻する場合が多く紹介される。破綻は、考えるまでもない自明のことと見なされがちな「自己と非自己」という概念が、実は生物学的にもそれほど明確なものではないことを厳しく私たちに突きつ

ける。

たとえば、「非自己」が免疫の監視網から逃れて生きのびる例としての癌。癌細胞の産生するある種のタンパク質は、胎児の作り出すものと類似しているが、癌が監視の目を逃れるように、胎児もまた母親の胎内にあって、「非自己」とは認識されない。逆に、攻撃してはいけない「自己」を攻撃してしまう場合もある。リウマチもその一つだが、自己免疫疾患と呼ばれる一群の病気がその代表である。中には、自らの遺伝子ＤＮＡそのものを免疫系が攻撃してしまうという過激な例もある。自らの設計図そのものを破壊してしまう。何と言うことはない、これではまったき自己否定である。自己否定は必ずしも脳内の出来事ではなく、免疫システムにも存在する現象なのであった。

「私とは何か」といった思考が、閉鎖的な密室性へと収斂してしまいがちなとき、免疫というすぐれて科学的な事実の世界が、そんな恣意的な思考に大きな風穴を開けてくれることは間違いない。

中村桂子

一九三六年生。生命誌研究。JT生命誌研究館館長。著書『生命科学から生命誌へ』（小学館）『自己創出する生命』（筑摩書房）『小さき生きものたちの国で』（青土社）。

E・ケストナー／池田香代子訳『動物会議』

この雑誌で名著と認められるものをあげる自信はないがお許しいただきたい。最初にあげるのは、エーリヒ・ケストナー著『動物会議』だ。

「ある日、動物たちはもうがまんができなくなりました。」「あきれたやつらだ！人間ときたら、気もちよくくらせるのに！（中略）それで何をしでかすんだろう？」「戦争さ！」「ぼくはただ人間どもの子どもたちが気のどくなんだよ。」と始まる。書かれたのは一九四九年である。第二次大戦の終戦から四年、自由主義諸国が占領したドイツ西部で憲法が制定されドイツ連邦共和国が発足するや、ソ連（現ロシア）の占領地域であった東部も憲法を制定し、ドイツ民主共和国が誕生した。ベルリンの壁に象徴される東西ドイツの分離は、世界での東西両陣営の間の冷戦を反映したものだった。その時期に書かれたケストナーの『動物会議』は、人間の国際軍縮会議から始まる。この会議、意図はよいのだが、各国の思惑で少しも進展しない。そこで、これでは子どもの未来はないと心配した動物たちが会議を開き、さっさと結論を出す。「国境をなくして戦争をなくそう。」この決議を人間に渡し、決断を迫るのだが、ああだこうだとのらりくらりしている。

日々、生きものを眺め、生きものについて考えることを仕事にしていると、動物に近寄るのだろうか、私の気持は動物側だ。なぜ、戦争が止められないのだろう。何もわかっていないね。人間社会はそんな単純なものではないよという説明が山ほど返ってくるだろうことはわかっている。山の向こうの恐ろしげな人たちから我が身と仲間を守ろうとか、食べるものがなく食糧を奪いに行くとか……世間が狭かった時代には仕方のないことだったかもしれない。でも、宇宙から地球を眺め、携帯電話で地球の反対側の人とメールのやりとりができる時代に、なぜ戦争が止められないのだろう。私の疑問はともかく、動物たちに戻ろう。彼らは一向に動かない人間に業を煮やし、子どもたちを連れ出して楽園に送り込み、言うことを聞かなければ子どもは返さないと脅す作戦に出た。結局、親たちは動物の提案した以下の条約にサインすることになる。

①国境の杭や見張りをなくす。国境はない。
②軍備を捨てる。
③秩序を保つのは警察である（弓矢で武装）。警察は科学・技術が平和に使われるよう監視する役目

もする。

④役人の数、書類の数を最小限度にする。役所は人間のためにあるのであって、その逆ではない。

⑤最もよい待遇を受ける役人は教育者である。子どもをほんものの人間に教育する任務は最も重要である。教育の目的は、悪いことをだらだらと続ける心を許さない人を育てることだ。

④と⑤が気に入った。戦争をしなければよいというものではないのである。

一八九九年にドイツのドレスデンで生れたケストナーは、まさに二十世紀を生きた人だ。一九二八年に『エミールと探偵たち』を書いて人気作家になっていた彼は、ヒトラーによる思想弾圧が始まった時、亡命をすすめられる。しかし、ベルリンに残り、反ナチ作家として活動した。事実、ナチスの秘密国家警察ゲシュタポに捉えられている。しかもナチスは、ドイツにただ一人残った国際的文化人を利用しようともしたのである。出版禁止という命令を受け、焚書の現場を見つめたケストナーにとって本を著してよいという条件での取り引きは魅力的だった。しかし、

……クラウス・ユードン著のケストナーの伝記(和訳『ケストナー、ナチスに抵抗し続けた作家』那須田淳、木本栄訳、偕成社)によると、彼は筋を通した。この伝記は、「傷心を演じるのはやめなさい。生きながらえよ、悪人どものじゃまをするために!」という彼の詩の一説で終っている。武器など持たずとも悪とは闘えるというメッセージだ。

子ども向けの物語と言ってしまえばそれだけのことだが、動物たちがあげた五項目の約束事は、二十一世紀に入った今、改めて読み返す意味がある。

ケストナーはくり返す。「親愛なる子どもの皆さん、そして、子どもでない皆さん」と。後の方の呼びかけは、「子どものころのことを忘れないで下さい。大人になっても子どものような人だけが人間なのです」という意味を含んでいる。

彼は「人は子どものころに、正義感やものごとをありのままに見つめて感じる能力を養う。それが子どもの心だ」と言っている。子どもの頃に人間としての本質を身につけ、それを一生大事にして過し、生きながらえよと言っているのだ。

今、私たちがやらねばならぬこと、二十世紀から学ぶべきことをみごとに示している。若い時からわけ知り顔をして世間はそんなものさという生き方をするのは止めよう。ベルリンの壁は壊されたが、戦争はなくならないだけでなく、環境問題など緊急の課題は多いし、何より子どもの未来を明るく考えにくくなっている。ケストナーと動物から大切なものをつかみたい。

W・ハイゼンベルグ／山崎和夫訳『部分と全体』

仕事とはふしぎなもので、少しずつ前へ進み、新しい知識が増えるとどこか行き詰まる。何か異質のものを探し出さなければ先へ進めなくなるのである。そんな時、取り出して読む本の一つが、W・ハイゼンベルグの『部分と全体』だ。

「科学は人間によってつくられるものであります。これはもともと自明のことですが、簡単に忘られてしまわれがちです。このことをもう一度思いかえすならば、しばしば嘆かれるような人文科学・芸術と技術・自然科学との二つの文化の間にある断絶を少なくすることに役立つのではないでしょうか（中略）。自然科学は実験に基づくもので、それにたずさわってきた人々は、実験の意味することについて熟慮を重ね、お互いに討論しあうことによって成果に到達していくのです。この本を通じて、科学は討論の中から生まれるものであるということを、はっきりさせたいと望んでいます。」

始まりの文である。特別なことが書いてあるわけではない。科学が人間によってつくられるものであること、熟慮を重ね討論することによって生れるものであること。基本の基本だ。しかし、人間、熟慮、討論という文字を並べた時、これらは現在の日本の学問の中で失われていると言わざるを得ないのが残念だ。

ハイゼンベルグは一九〇一年に誕生し、七六年に逝去。師としてまたは先輩としてのボーア、シュレディンガー、アインシュタインなど物理学の巨星たちと出会い、会話を楽しむという星の下に生まれた幸せが羨ましい。二〇世紀前半、それまで物理学の世界を支配してきたニュートン力学に対して量子力学が誕生し、アインシュタインの相対性理論が提唱され、物理学が輝いていたと同時に、新しい知を求めて模索をしていた時の様子が、研究者の生の言葉で語られており、何度読んでも胸が躍る。

各章の標題がすべて魅力的である。たとえば「現代物理学における〝理解する〟という概念」。ボーアの新しい原子論が提示した原子は、粒子でもあり波でもあるという考え方をどう受け止めたらよいのかと迷う仲間のいる中で、ハイゼンベルグは肯定的である。そして、「ボーアは、自らの中に矛盾を含むような仮定から出発しているが、そこから原子現象の描像に到達するための確かな直観をもっている。芸術家のように心眼に描像《イメージ》をあらかじめもっていれば、それを筆と絵の具によって他のものにも見えるようにすることができる」と語る。科学の理解――ここでの理解は既存の学問を学ぶのではなく、新しいことを見出し、それを人々と共有するという意味だが、そこでは直観と推測が一つの役割を果すというのである。このような見方をする若いハイゼンベルグとの対話をボーアは楽しむ。徹底的に話そうと散歩に誘うのである。

手入れの行き届いた森の小径を歩き、語り合う姿が想像できる。本書を通し、美しい自然の中でゆったりと考え、討論することによって新しい知が生れる現場に立ち会えるのが楽しい。各章の中でも私が最もしばしば読むのは、「生物学、物理学および化学の間の関係についての対話」なのだが、前半は別荘の暖炉の前、後半はヨットの中での語り合いだ。ヨーロッパの人々の生活の中では、別荘もヨットも決してぜいたくではない。生活のゆとりの表われである。研究者もそのゆとりの中にある（最近、〝あった〟になりつつあるらしいという情報が流れてくるのが気になる）。この章や「実証主義、形而上学、宗教」「素粒子とプラトン哲学」などでは、とくに生物に対する考え方が話し合われている。

「核酸は一方において一つの物であり、他方において全生物学に対する基本構造を表わしているのだから、それをゲーテの意味において原始生物と名づけることができるだろう」。もちろん、現在の生物学が明らかにしたところから考えて、これをそのままの形でとり入れることはできない。しかし、生物を生物たらしめる基本物質を手にしたことによって、生命の理解を一歩進めたいと考えた時、そこでは、実験事実の積み重ねだけでなく、推測と直観によるイメージづくりが不可欠だ。その推測と直観が筋のよいものであるためには、熟慮と討論を重ねるしかない。

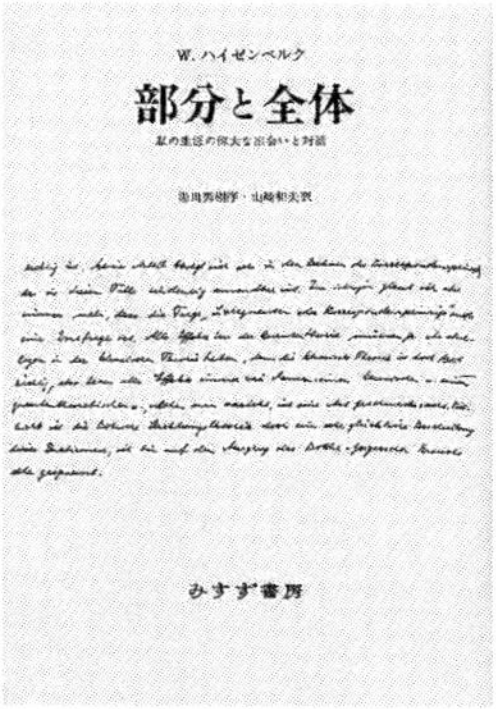

本書は考えるための手引きであり、引用すべきところはいくらもあるのだが、今回はここにしよう。「専門家とは、その専門とする部内において起こり得る最も重大な間違いのいくつかを知っており、だから、いかにすればそれを避けられるかがわかる人で

ある」「ボーアはいつも〝ただ事実だけが明晰さに導く〟と言っていた。ゲーテは〝賢者の他は誰に告げてもならぬ、ただ凡俗は嗤うだけだろう〟と言う。若者には、絶対的に真面目でありたいという願望から大きいことを熟慮しようとする人がいる。そのときに、人数の多少などは問題ではないのだ」。

専門家の傲慢ではない。真摯さと責任だ。専門家にはこれだけの覚悟が必要であり、社会もそれを認めることが重要なのである。

今西錦司『生物の世界』

今西錦司という名前は、ダーウィンの進化論に異を唱えた人を思い浮べさせるだろう。そこで、その説を異端と受け止める人と巨人ダーウィンに勝負を挑みそれを越えたものと賞讃する人とに分れるのである。

ところで私は、今西の本質を知るには、進化論を意識せず、魅力的なナチュラリストとして捉えるのがよいということに気づいた。一九四一年、三十代最後の年に出版された『生物の世界』を読んだからである。今西のすべてがここにあると言ってもよい。

序文に「この小著を、私は科学論文あるいは科学書のつもりで書いたのではない。それはそこから私の科学論文が生れ出ずるべき源泉であり、その意味でそれは私自身であり、私の自画像である」とある。カゲロウの幼虫の研究で理学博士号を取得した直後であり、研究者の道を歩み始めたばかりのところで、なぜこのようなものを書いたのだろう。一九四一年という年に解答がある。

「今度の事変が始まって以来、私には何時国のために命を捧げるべき時が来ないとも限らなかった。私は子どものときから自然が好きであったし、大学卒業後もいまに至るまで生物学を通して自然に親しんできた。まだこれというほどの業績ものこしていないしやるべきことはいくらでもあるのだが、私の命がこれまでのものだとしたら、私はせめてこの国の一隅に、こんな生物学者も存在していたということをなにかの形で残したいと思った。」

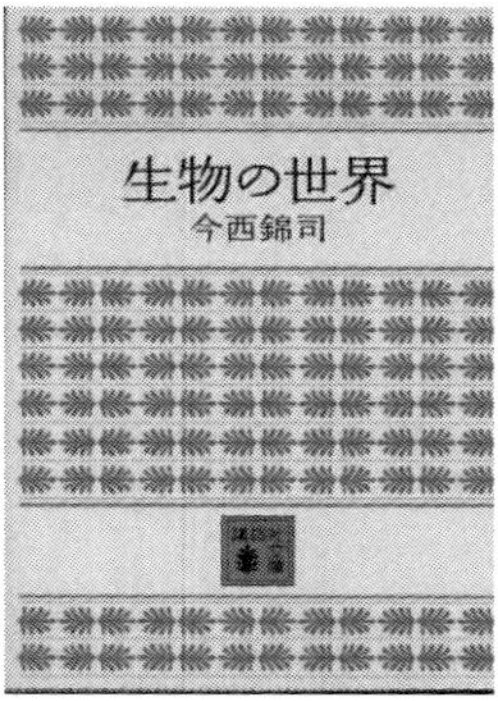

夢を持って、専門分野に進んだところで、命を失うかもしれない状況に置かれた時、常に我が身と共にあった自然や生きものについて存分に語りたいという思いをこめて書かれたのが『生物の世界』なのである。

「相似と相異」「構造について」「環境について」「社会について」「歴史について」の五章から成り、そこには、今西の自然観がみごとに出ている。

とくに書き出しが魅力的だ。

「われわれの世界はじつにいろいろなものから成り立っている。いろいろなものからなる一つの寄り合い世帯と考えてもよい。ところでこの寄り合い世帯の成員というのが、でたらめな得手勝手な烏合の衆でなくて、この寄り合い世帯を構成し、それを維持し、それを発展させて行く上で、それぞれがちゃんとした地位を占め、それぞれの任務を果たしているように見えるというのが、そもそも私の世界観に一つの根底を与えるものであるらしい。」

寄り合い世帯という言葉がくり返されるが、生きものと親しく接してきた今西らしい味のある表現であり、それが烏合の衆でないという認識が重要だ。

今西は、それぞれの生物をそれぞれの立場に置くことが、生物の類縁関係のより正確な把握を意味すること、その類縁関係の中にわれわれ人間も存在することを指摘し、それを知ることがわれわれの本質について深く反省する資料を与えると述べている。

近年の生物学研究は、この指摘が的を射たものであることを明らかにしているが、それが人間の本質への反省を促し、われわれの行動を変える力になることはなかなか難しい。地球環境問題への対処などがそれを示している。死を意識した若いナチュラリストの思いを、今またここで真剣に受け止めたいものだ。

今西は、無秩序でない生物界の構造は、生物が受精卵という一つの細胞に由来するゆえに生じることに気づく。そして、この世界は一つのもとから生成発展するようにできており、その要素である生物は一つの細胞から生成発展するよりほかに成立の途がないからそうなるのだと言っている。発生と進化を結びつけ、生成発展にこそ生物の特徴があるという視点はみごとだ。ただここで、そうなるより他に途がないからそうなるのだというところが今西の特徴であり、データこそ科学と考える科学者に評判が悪い所以である。データの積み重ねが、世界観につながらなければ無意味なのだが。

今西のもつ鋭い直観が産み出したのが「種社会」という切り口であり、それは「生物の認識しうる環境のみがその生物にとっての環境であり、それがまたその生物にとっての世界の内容でもある」という環境観に支えられている。そして、「種社会」とは、「生物がいたずらな摩擦をさけ、衝突を嫌って、摩擦や衝突の起こらぬ平衡状態を求める結果が必然的に作らせるもの」という考えを生むのだ。

生物とはなにかについての素直な思いを書き進めていく文の持つリズムに惹かれて、引用をしているうちに紙幅が尽きてきた。内容の紹介としては不充分になってしまったが、自らの観察を基盤にし、東西の自然観を学んだうえで生れた自然観を述べた名著である。世間が貼ったさまざまなレッテルに惑わされて敬遠することなく、是非読んで欲しい。短い文の中に考える素材が豊富にある。

M・ポラニー／佐藤敬三訳『暗黙知の次元——言語から非言語へ』

「人間の知識について再考する時の私の出発点は、我々は語ることができるより多くのことを知ることができる、という事実である。この事実は十分に明白であると思われるかもしれない。しかし、この事実が何を意味しているかを正確に述べることは簡単なことではない。」著者が、〝暗黙知〟と名づけたこのような知の存在は、日常、多くの人が気づいている。たとえば、友人や家族の顔を他人と間違える人はいない。しかし、なぜそれが区別できるのかを説明することは難しい。いや、説明できないと言った方がよいだろう。このような例はいくらもある。

病気の症候などもそうであり、それをどう認知するのかを伝えるのは難しい。しかし、医学の研修では教師がそれを言葉で教えている。言葉で教えるほかないからである。それができるのは、教師が示そうとしていることの意味を生徒がつかもうとする努力があるからだと著者は説明する。言葉によっては伝えきれないものをも受け手が発見するのである。つまりここには、統合、別の表現をするなら能動的形成があり、それが知識の成立にとって不可欠な暗黙的力なのである。ここで言う知識には、理論だけでなく実践の知識も含まれているのはもちろんである。

生命科学という世界に入って十年ほどが経過し、生命現象のすべてを遺伝子で説明できると信じて進められていく研究に、どこか違和感を覚え始めていた時にこの考えに接し、「暗黙知」という言葉に惹かれたのを思い出す。近年、研究が進むにつれて、生命現象の複雑さやあいまいさが見えてきて、研究者の中でも、やっと〝統合〟の必要性が言われるようになってきた。

そこで改めて本書を手にとり、以前読んだ時にはあまり気にしていなかった部分に眼が止まった。著者がなぜこのような知に思い至ったかの説明である。

ソ連の指導者の一人ブハーリンが「それ自身のために探求される科学という観念は社会主義の下では消滅するであろう、なぜなら科学者の関心は、進行中の五ヵ年計画の問題に自ずと向けられるであろうから」と語ったのに衝撃を受けたと書かれている。「科学的見地が科学それ自身にはいかなる場所もあたえないような機械論的な人間観、歴史観を生み出した」と思ったからだそうだ。筆者は今、民主主義と呼ばれる社会で科学を行なっているが、これと同じ感覚を持っている。五ヵ年計画ではないが、自由主義経済のためにこそ科学があるとされ、科学そのものは消えているとしか思えない状況になっているからである。科学者の関心は、お金に向いている。ポラニーは、決して特定の政治的立場を語っているのではない。科学、さらに広く言うなら思考の重要性とその自立を主張しているのであり、それは今に通じる。

事物の集まりが全体として持つ意味を理解するには、それを眺めるのでなく、その中に潜入しなければならない。総合的な研究が独創的であるためには問題が見えていなければならない、かくれているなにものかが見えなければならない。ここに暗黙の知が関わり、そこから科学における客観性にかわる理想を見出す道が提示されると著者は言う。今、筆者が生命誌と名づけて求めている過程が、半世紀も前にかなり特異な社会情勢の中で、考え出されていたことにある感慨をおぼえる。そして著者の示した暗黙の知を、現在の社会情勢、知のありようの中で考えてみることが重要であると実感する。

まとまりをもつ存在を暗黙知が知るよい例として、生命体の理解がある。生命体には階層があり、下位のレベルの原理では上位のレベルの現象を説明できない。上位のレベルが、下位レベルを支配する原理では決定されない周縁条件を制御するのである。そこには常に「創発」がある。新しい機能が、それがまだ見られない形の中で創発し、次第に強化されていく。その結果生れた人間の知性は道徳的意識を持つものになるか否か。この新しい問題にどう答えるか、より深く考えなければならないと著者は言う。難しい課題であるが、筆者も是非考えてみたい。

これまでも述べてきた「暗黙知」「創発」という切り口を踏まえ、最後の章は「探求者たちの社会」となる。科学論であり、科学と社会論であるが、ここで使われている「探求者」という言葉もまた、現代の科学のありようを考える時に気になる言葉である。本書は、イエール大学での講義をもとに書かれたものであり、そのタイトルは「思考の中の人間」だったのである。そこでのテーマは、人間ににおける存在と思考の論理的関係であった。宇宙の中で生命が誕生するところにまで戻って、生命誕生と共に生れた意味、それが人間に続いていく過程を支える原理を考えようとしたのである。ここでいう思考は、広い意味をもち、原生生物も学習すると考えているので、そこからは潜在的思考にとりまかれた人間というイメージが生れる。

生命体の一つとしての人間という捉え方も生命誌との重なりを感じる。生命の中に入りながら生命の歴史を支える原理を探求するには暗黙知を考えなければならないと再認識した。

芳賀 徹

一九三一年生。国際日本文化研究センター・東京大学名誉教授。比較文学・近代日本比較文化史。著書『絵画の領分』(朝日選書)『藝術の国日本　画文交響』(角川学芸出版)。

寺田 透『文学 その内面と外界』『繪畫とその周邊』

寺田透——その名を書物の背文字に見つけたとき、たちまち心身のうちに走る緊張と愉悦への予感を知る人など、いまの日本にどれほど生き残っているのだろうか。

寺田透は世間普通の呼びかたで言えば文藝批評家であり、バルザックからランボー、ヴァレリーまでを論じかつ翻訳もする仏文学者であり、戦後まもなくからの旧制一高のフランス語教師、そして新制東大の教養学部のフランス語また同大学院での比較文学比較文化の教授でもあった。

小林秀雄を上まさる晦渋で執拗な文章でバルザック、スタンダールを語り、夏目漱石や徳田秋声も、ドストエフスキーやルオーも、鳥海青児や道元や白隠をも論じた。古今東西の美術作品また文学テキストを眼前において、息をつめ舐めるようにして読みかつ見ては、自分の感性と思考の力をその対象のなかに投げこんで、やがて自分なりの反応をそこから掬《すく》いとり、ゆきつもどりつしつつそれを語り、自分の文章に綴ってゆく人――そのような批評家であり教師であった。

だが、生前に一度、『寺田透・評論』という分厚い十巻余りが、愛弟子大岡信らの編集で出たことがあったが、その後はほとんどその名を聞かない。手もとの人名辞典を引いてみて、一九一五年（大正四）という生年とともに一九九五年（平成七）歿とまで出ていることに、私はあらためて驚いた。寺田さんがなくなって、もうすぐ二十年にもなるのか、と。

この寺田先生にはじめて相まみえたのは、新制東大の駒場に創設された教養学科のフランス分科教室においてだった。アランの『バルザックとともに』という「原書」を読みつつ、その書中に論じられるバルザックの作品を片っぱしから読んでゆく、という授業だった。旧制高校風そのままの、強引な、苦行ともいうべき授業だった。

さらに強烈だったのは、比較文学の大学院での寺田さんの演習だった。私自身は留学から帰国して後、これに参加したのだが、ランボーの散文詩集『イリュミナシオン』を読むというものだった。この難解な詩篇の語句と映像一つ一つに、教師・学生ともどもにこだわって、フランス語知識と想像力を総動員して解を試みてゆく。「神秘的」という一篇であったか、土手っ腹できれいな

紋様が翻っているというような表現があり、寺田さんはこれを土手に草食む牛の斑紋様のことだと言いだした。すると学生のT君（田代慶一郎）はこれまた強引な反論を展開し、ほとんど口喧嘩のようになったこともあった。実に面白い演習だった。

授業の帰り道にはよく渋谷駅構内の喫茶店で談論風発をつづけた。私が高橋由一研究を始めたと告げると、愉快がって、すぐに中野重治が斎藤茂吉論のなかで由一について「物狂い」との言葉を使っていると教えてくれた。寺田氏に限らず、竹山道雄、富士川英郎、市原豊太といった元旧制高校の先生たちというのは、いくらでも「専門」を離れて談論をひろげるのをよろこび、学生どもを励ましてくれたのである。

寺田さんに『寺田透文学論集』などの本がすでに何冊かあることは知っていたが、私には高嶺の花だった。そこに一九五九年（昭和三十四）の一月、六月と相ついで重厚な二冊が出たのはわがことのように嬉しかった。『文学その内面と外界』、『繪畫とその周邊』の二冊である。どちらも私の一高以来の学友小野二郎が弘文堂社員となって実現した評論集だった。

寺田さんはたとえば池大雅の山水画を論じて、「かれの繪は、見るものの心を、鐵齋の場合のやうにその繪にではなく、その繪をきつかけとして躍り入るべき大きな空間にあつと言ふまに運びこんでしまふのである。気がついて見ると、われわれはなだらかな、しかし力一ぱい引かれた雄大な曲線に沿つて、超世間的な輝かしい幸福の唯中にすでにおかれてゐるのだ」と書く（「大雅管見」『繪畫』）。

――これを読めば心は躍って、すぐにでもお寺か美術館かに大雅の『宮島図』でも『蘭亭曲水』でも見に飛んでゆきたくなるではないか。

また一九五〇年代を蔽った思想史、文学史上のイデオロギー的裁断の流行を批判して、「実際には人間は、歴史的条件に助けられてしかじかのことをなしうる場合が多いだろうのに、これらの批評にあっては、歴史的条件は、全能無欠な人間、ではないまでも、評者が歴史的条件を捨象して構想しえた可能〔性〕、乃至評者の理想に対する敵でしかないのである。だからこそ、挫折という言葉が、それらの批評の好んで用いる言葉となる」と指摘する（「文学批評の問題」『文学』）。――これを読んで私は当時すでに大いに共鳴し、その頁の上欄に「家永三郎とその一派」などと書きこんでいる。

寺田透はいまも忘れることのできない私の恩師である。対象に肉薄しようとしてやまないその文章は、あの眼鏡の奥の渋い微笑とともに、いまも私を励まし、東西古典への鋭い示唆を与えてくれる。

金素雲訳編『朝鮮詩集』

萩原朔太郎の『月に吠える』も佐藤春夫の『殉情詩集』もすばらしい。永井荷風の『珊瑚集』や斎藤茂吉の『赤光』また『白き山』は私たちの知的感受性を大いにゆたかにし、強く鍛えてくれた。だが、それらの詩歌に劣らずいまなお読む者の魂をゆさぶり別世界へとめざめさせてくれる日本語の近代古典が、韓国詩人金素雲（一九〇八―八一）の訳による『朝鮮詩集』（岩波文庫、一九五四）である。この訳詩集は最初一九四〇年に『乳色の雲』と題して河出書房から出版された。同じ訳者による『朝鮮童謡選』『朝鮮民謡選』の二冊は、すでに一九三三年に岩波文庫に入っていた。

私が『朝鮮詩集』を故意に「日本語の近代古典」と呼ぶのは、これが朝鮮民族の深遠な詩魂を、人間としての愛と幽愁の切実さを、あまりにもみごとな日本語訳の一篇一篇に伝えているからだ。『乳色の雲』が出たとき、島崎藤村の序に並べて佐藤春夫が「朝鮮の詩人等を日本詩壇に迎へんとするの辞」と題する長文をその巻頭に寄せ、文末の一節に次のように讃えているとおりなのである。

「又譬へばこれは清冽な地下水である。それが日本海の海底を潜《くぐ》つて今富嶽の此方《こなた》に湧出した。正に奇蹟である。アジアの詩心をこの清泉の一掬《いっきく》によつて復活させようとする深い天意であるかも知れない。朝鮮が、かういふ方法で我々に酬いようとは！」

この最後の「かういふ方法で我々に酬いようとは！」の一句は、なかなか意味深長である。「酬いる」は恩義・恩恵に感謝するの意よりは、ここではむしろ応酬する、さらには報復するの意味なのではなかろうか。『朝鮮詩集』の表題の横には「一九〇五年―一九四〇年」の年記がそえられていた。つまり韓国統監府そして朝鮮総督府設置以来の日本植民地時代のただなかから、朝鮮の詩人たちはその痛切な亡国の思いをかくも美しい、かくも多彩な近代詩として表現し、しかもそれらをかくも清冽な日本訳として、日本読書人の前に突きつけてきた。それが彼らの、支配者日本に対する典雅なる応酬のしかたなのだ——と、詩人佐藤春夫は誰よりも鋭敏に感じとり、前後にかなりきわどい時局用語を使いながらも、真はたじたじとして記したのであったろう。

ここにほんの一篇、東京の立教大学英文科に学んだという詩人金尚鎔（一九〇二—五一）の「南に窓を」を引いてみよう。

南に窓を切りませう
畑が少し
鍬で掘り
手鍬《ホミ》で草を取りませう。

雲の誘ひには乗りますまい
鳥のこゑは聴き法楽です
唐もろこしが熟《う》れたら
食べにお出でなさい。

なぜ生きてるかつて、
　さあね――。

なんと心憎いほどにうまい、完璧な詩であり、日本語訳詩なのであろう。私はもう三十年ほど前にこの一篇についてかなり突っこんだ読解を試みたことがあるから（『文化の往還』所収、福武書店）、ここでは深く立ち入るまい。一方では陶淵明の「帰去来の辞」や「園田の居に帰る」以来の長い豊かな田園閑適詩の文脈を受けつぎ、他方では英文の学徒でもあったからアイルランドの詩人W・B・イェイツの「イニスフリーの湖島」（The Lake Isle of Innisfree）などをもおそらく念頭に浮かべて、雲を仰ぎ鳥の声を聴きながら、ささやかな自前の畑を耕して唐もろこしの種を蒔くという。京城の「日帝」の総督府のことなど、背を向けているという以上に遠く忘れさられている。

末尾の「なぜ生きているかつて、／さあね――。」など、原詩が李白「山中問答」の「笑って答えず　心自《おのずか》ら閑《かん》なり」を踏まえていることを十分に了解しながらの、訳者金素雲のみごとな日本語の離れ業である。だいたい森鷗外、上田敏以来の代々の名訳詩集は、みな近代の西洋詩を母国語に移したものだった。ひとり金素雲だけが母国の詩を、彼にとっても外国語であった日本語に訳したのである。日本および韓国の近代文学史上稀有の冒険であり、比類のない成果であった。

その日本語があまりにみごとであったからか、盧武鉉大統領治下に設けられた親日派糾弾調査室では金素雲がブラックリストに載せられていたという。素雲は「日帝」に摺り寄ったと言う人々さえいた。なんたる愚昧の挙であったろう。金素雲こそ、一九二九年、二十一歳の年の『朝鮮民謡集』（泰文館）の刊行以来、泣きつ苦しみつつ営々として、母国の近代的詩心の豊かさとするどさを、日本語で伝え、みずから言うように「日本の傲慢と尊大の前に郷土の文化と伝統の美を誇り示すことを以て任務として来」て「玄海の橋」たらんとした（一九五一、文庫版解説）人であった。日韓間の政治的軋轢のやまぬ今日、私たちの心底に依然として韓国文化への敬愛の念が宿るのは、金素雲のこれらの古典的訳業に接するからにほかならないのである。

茨木のり子『歳月』

今年の春、世田谷文学館で「茨木のり子展」が開かれた。それを見てきたばかりの『日経』の記者（宮川匡司氏）が、感に耐えたような面持ちでこの詩人の世界の深さを讃えた。

でも、あのひとの詩は初期の有名な「六月」や「わたしが一番きれいだったとき」などから、後の「倚りかからず」にいたるまで、女性の詩人にしてはあまりに背骨がしっかりしすぎていて、正義感と理想主義が強くて、倫理的にすぎはしないか。もうちょっとばかり甘美で官能的なところがあれば、もっといいのに——と私。

すると記者はすぐさま応酬した。——いやあ、そういう面も、あのかた、たっぷりおもちだったんですよ。ただその思いをこめた作品を、茨木さんは恥しがって、別な箱に原稿のまま収めて、箱に「Y」というイニシャルだけを書いて、隠していらっしゃったらしいんですよ。その箱を、茨木さんが亡くなった後に甥御さんが見つけて、最後の詩集として刊行なさった。それが七年前に出た『歳月』（花神社、二〇〇七年）です。いやあ、いい詩集ですよ。御存知なかった？

こう言われては、私だって実はひそかに茨木のり子（一九二六—二〇〇六）を敬愛する三十数年来の読者の一人なのだ、「茨木のり子展」は見そこねてしまったが、詩集『歳月』はぜひ手に入れなければならない。今春出たばかりの谷川俊太郎選の岩波文庫『茨木のり子詩集』の目次を開いてみると、その終りのほうに『歳月』から十五篇が選ばれて載っている。しかし花神社版の元の詩集を手もとにおいて、その大きなきれいな活字で茨木さんの恋の詩をゆっくりと読んでみたい。

私の家の近くの本屋ではもう詩集の類など一冊もおいていない。そこでちょうど京都に行ったとき、烏丸三条の大垣書店で見つけて買ってきた。

茨木のり子の詩の言葉はここでもすっきりと、みずみずしく立ち上がり、書いた当人にしか通じないような衒学的な言いまわしは一つもない。その真直ぐなすがすがしい言葉で、亡き夫への愛の深みを語るのだから、読む者の心を強くとらえてゆさぶる。『歳月』の頁を繰りながら、私はなんども涙を流した。隠した箱につけてあった「Y」の字は、茨木さんが一九四九年、満二十三歳で結婚し、二十六年後の一九七五年、四十九歳の年に先立たれた夫、医師三浦安信氏のイニシャルであった。庄内鶴岡の育ちで、ちょっと古風で、モーツァルトが好きで、心身ともに柄の大きい快男児だった。巻頭のお二人の写真を見ても、いかにも茨木さんが生涯にたった一人惚れこみそうな相手であった。

「これはたった一回しか言わないから良く聞けよ」／ある日　突然　改まって／大まじめであなたはわたしに／一つの讃辞を呈してくれた／／こちらは照れてへらへらし／「そういうことは囁くものよ」とか言いながら／実はしっかり受けとめた／今にして思えばあの殺し文句はよく利いた……

（「殺し文句」）

「たった一回しか言わないから……」と言って、夫が若妻に告げた愛の言葉。それがどんな讃辞であったか、なにも説明はされないゆえに一層よくわかるような気がする、大正生まれの男女二人の含羞のゆえに。

ある夏の、ひなびた温泉で、湯あがりのあなたはうたたねしてしまった。皓皓《こうこう》の満月に照らされて、水底のような静けさの中で。月の光を浴びて眠ってはいけない、という言い伝えを私はふと思い出した。それでも私は戸をしめることも、顔を覆うこともしてやらなかった——

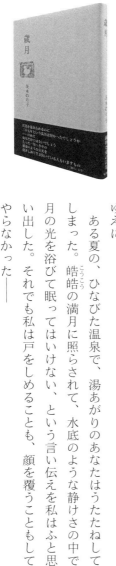

ただ　ゆっくりと眠らせてあげたくて／あれがいけなかったのかしら／いまも／目に浮ぶ／蒼白の光を浴びて／眠っていた／あなたの鼻梁／頬／浴衣／素足　（「月の光」）

その夜の二人のシルエットと、あの夜のことを思い出していま自分を責めている詩人の愛の哀切さとが、こもごもに胸に迫る。「セクスには／死の匂いがある」と、新婚の夜に男女二人のどちらが先に逝くのだろうかを問うた詩もある（「その時」）。亡夫の四十九日の前夜に、再び夫に抱かれた甘美な夢を見る一篇もある（「夢」）。シューマンなどというよりは、やはりモーツァルトの晩年の哀歌「アヴェ・ヴェルム・コルプス」を聴いているような悲しみの浄福に満ちた詩集といえよう。

私は三十年余り前、茨木さんの「六月」を論じて、最終連は当時の左翼学生の愛唱歌「セカイヲツナゲ／ハナノワニ」みたいだ、などと書いたエッセイをお送りしたことがあった。一九九一年夏、東京で国際比較文学会を主催したときには、『韓国現代詩選』を出したばかりの茨木さんにおいでいただいて、韓国の詩人や教授たちと共に韓国詩歌を大いに語って貰ったこともあった。岩波文庫版詩集の解説に小池昌代さんが「詩壇の原節子だわ！と興奮した」と回想するような「清冽な美貌」の持主で、帯に「現代詩の長女」と評されるような貫禄と才気と優しさを併せもつみごとな詩人ぶりであった。あのかたが逝いて、はや八年余り、あらためて御冥福を祈るばかりである。（追記――文庫版巻末の大岡信氏との対談は、彼女の詩風と人柄とを伝えて抜群に面白い。）

内藤鳴雪・正岡子規・高浜虚子・河東碧梧桐ほか著、佐藤勝明校注『蕪村句集講義』（全三巻）――平凡社「東洋文庫」への声援

平凡社の東洋文庫は、一九六〇年代の創刊当初から私の愛読書だった。インド、中国、モンゴル、朝鮮、日本の全アジア地域にかかわる古典、記録、回想記、旅行記などの復刻や翻訳の連続刊行という大企画である。この緑の布装、黄色い箱入りの叢書を、自分の書棚に何冊そろえて持っているか、それが現代日本の知識人としての教養度を示すことになる――などと、私はよく学生たちに語って、彼らを挑発したものだった。

そんなことを豪語しながら、自分の本棚を眺めなおしてみると、実は百冊余りしか持っていないという体たらく。私の教養度のランクはまだかなり低いことを再認識せざるをえない。

それでも、ごく初期の今泉みねの幕末回想談『名ごりの夢』などは、その語り口の美しさに恍惚としてなんど読み返し、なんど授業や講演に使い、何冊買って好きな人たちに贈り物としたことか。勝海舟の親父勝小吉の『夢酔独言』や山川菊栄の『おんな二代の記』またしかり。ケンペルの『江戸参府旅行日記』やツュンベリーの『江戸参府随行記』などは、昔私はもっぱら「異国叢書」の呉秀三訳や山田珠樹訳で読んでいたものだが、この東洋文庫で新訳が出てからは、こちらの方がたくさんの付箋を貼られたままいつも私の机のまわりにある。

イザベラ・バードの『日本奥地紀行』、古川古松軒の『東遊雑記』、カッテンディーケの『長崎海軍伝習所の日々』、川路聖謨の『長崎日記・下田日記』、それに私自身の編註の司馬江漢『西遊日記』などと挙げてゆけば、なんだ私の徳川文明史研究の少くとも三分の一ぐらいの知識とヴィジョンはこの叢書に由来していたのか、とあらためて気づく。その上に私が直接に師事した富士川英郎の江戸漢詩評釈や前嶋信次のアラビア文化史研究、さらには原勝郎、村岡典嗣、森銑三、石田幹之助、青木正児、後藤末雄といった、戦前の古きよき時代の日本の、視野広くて着眼が鮮やかで文章ののびやかな人文研究の大先達たちの古典的な著述の数々が、みな嬉しげによみがえって勢揃いしている。これも他の古典文庫や新書本には見かけないことだろう。

平凡社東洋文庫への愛着と賞讃を述べて前おきが長くなってしまったが、この叢書にまた近年、私としては見のがし難い嬉しい三冊が加わった。内藤鳴雪・正岡子規ほか著『蕪村句集講義』1〜3（佐藤勝明校註）である。これは蕪村歿後に門弟高井几董が編んで刊行した『蕪村句集』上下二巻が、長く忘れられ埋もれていた後に、明治半ばに子規・鳴雪の師弟（といっても同じ伊予松山出身の鳴雪は師匠子規よりも二十歳も年長）によって再評価され、版本そのものも再発見されて、これをめぐって明治三十一（一八九八）年一月から根岸の子規庵に子規一門が定期的に集まって一句一句の輪講・評釈競べを開始した、その討議内容が毎回子規自身や高浜虚子、河東碧梧桐らによって筆録されて、俳誌『ホトトギス』に連載された。その連載を四季ごとにまとめて単行本としたものが、今回東洋文庫に復刊されたのである。

この合評会は明治三十五（一九〇二）年九月の盟主正岡子規の歿後も続行され、『蕪村句集』に劣らぬ内容の『蕪村遺稿』の全句にも及んで明治三十九（一九〇六）年初夏に完了した（この『遺稿』の方の輪講も『句集』のそれに匹敵する質・量をもつ。編者佐藤氏と平凡社はこれをもつづけて復刊すべき責任を有する。私自身は両書合本の大正五年籾山書店版を長く愛用してきた）。

明治詩歌革新の志士正岡子規を大将にして、鳴雪、碧梧桐、虚子という錚々たる同郷門弟が彼を囲み、そこに佐藤紅緑、坂本四方太《しほうだ》、松瀬青々などの異才も出没して談じ合ったのだから、この輪講は互いに遠慮会釈もなく闊達、互いに補い合いながら充実していて、面白くないはずがない。

例えば「夏之部」（2）の「山蟻のあからさま也白《はく》牡丹」の一句をめぐって、まず鳴雪が「あからさま」の語に「聊《いささ》か滑稽のさまがある」と評する。すると子規はたちまち滑稽味は「毛頭ない」と反駁し、長老鳴雪に対してはさすがに先生と呼んで、古い物語などにある「あからさま」（露骨、露呈）の意味が先生の先入観になっているのだ、と重ねてやっつける。この舌鋒に鳴雪、「滑稽になるとどうしても諸君と一致しない」と笑いつつあきらめ、碧梧桐が山蟻の勢いの恐ろしさと凜たる白牡丹との調和がいいと主張。するとまた子規、それは勿論だが、ここはむしろ黒と白の色の対

比こそ眼目と説き、すぐに「こりゃ一匹かな」と自問する。最後に一同、「蟻の数は少くなけりやならぬ」で、めでたく円満講了となる。

その後今日まで、蕪村句評釈は幾多あっても、この子規一門の『講義』は色あせぬどころか、かえって一層の生彩を放つ。蕪村再発見による日本俳諧史の見直し、旧世代月並連への攻撃の現場がここにある。輪講当事者のみならず漱石、啄木、英人B・H・チェンバレンにまで及ぶ蕪村贔屓の波及を感知することもできる。

平凡社・東洋文庫よ、頑張りつづけよ!

芳賀 徹

速水　融

一九二九年生。国際日本文化研究センター名誉教授、慶應義塾大学名誉教授、麗澤大学名誉教授。歴史人口学、日本経済史。文化功労者、文化勲章。学士院会員。著書『歴史人口学研究』（藤原書店）。

H・ピレンヌ／増田四郎監修、中村博・佐々木克巳訳『ヨーロッパ世界の誕生——マホメットとシャルルマーニュ』

私の本棚には、この本が二冊ある。一冊は学生諸君にも読んで貰おうと思い、数十年前に備えたものので、多くの読者が接したため、だいぶ傷んでしまった。もう一冊は、枕頭の書がこのような状態にあるのが耐え難く、後日求めなおしたものである。意識的に同じ本が二冊並んでいる例は他にない。最初に本書に接した時から半世紀が過ぎたが、これ以上の「歴史書」はない、という思いに変わりはない。もし、島流しにするが、何か本を一冊もっていってもいい、と言われたら、私は躊躇せず本書を選ぶだろう。

なぜ私が本書にここまで魅せられるのかといえば、本書が、真の意味での「歴史家」の手による作品だからである。「歴史家」に求められる資質は、歴史の研究者であるばかりでなく、優れた着想の持ち主であること、そして歴史叙述者であることだろう。この点で、私は、歴史という学問は、終局的には芸術と同格ではないかとさえ思っている。

ベルギーの歴史家ピレンヌは、著書を著わすとき二度書いた。最初は文体や長さにお構いなく記し、二度目に表現や文体を考え、叙述をした。現在の歴史研究者には到底できない周到な習作であり、彼の著作を、その叙述において「芸術」の域に高める理由でもある。しかし、本書について子息のジャック・ピレンヌが、「ここに刊行される初稿は、父が自分自身のために書いたものである。考えていることを急いで表現に移そうとするもどかしさから、文章を完結させず」と述べている。この稿の完成は、一九三五年五月四日のことであり、ピレンヌは、それからひと月たたぬうちに病の床に就き、一〇月には七十二年余をもって帰らぬ人となった。本書は、ピレンヌの生の声の表出と考えることができる。まさに、自分のために書いた著作なのである。

旧来、ヨーロッパにおける古代から中世への転換は、ローマ時代の最後、四世紀後半、ローマ領内にゲルマン民族が侵入した頃とされてきた（「民族移動」「蛮族侵入」）。ローマは軍事的にこれを撃退できず、五世紀半ばにはローマが陥落する。一方、かつてのガリアの地にはゲルマンの諸部族国家が成立する。フランク族の王が、ローマ軍を破って建国したのは四八六年のことで、これがフランク王国メロヴィンガ朝の成立であり、ヨーロッパ「中世」の始まりとされる。

これに対してピレンヌは、次のような史実を見出した。まずメロヴィンガ朝期では、国王はキリスト教に帰依したとはいえ、司祭らを任免し、聖界と俗界は分離されていなかったこと、小麦やパピルスなどの消費物資は、地中海貿易によってもたらされ、そういった大掛かりな貿易に用いられる高額金貨が流通していたこと、貿易関税が国家収入の大部分を占め、土地中心の自給自足の社会ではなかったことなどである。要するに、メロヴィング朝期フランク王国は、その性格、構造においてローマ帝国と変わらない。つまり「古代」が続いていたのである。

では、「古代」から「中世」への転換は、いつ、いかに生じたのか。キリスト教化したヨーロッパが、異文化と接触することによってである。ピレンヌは、この着想を早くも一九二二年に論文として発表している。このような視野の拡大は、第一次大戦に際し、ドイツ軍の捕虜となり、収容所でヨーロッパ各地の人びとと出会い、「ヨーロッパ史」の講義まで行っていたことと無関係ではないのかもしれない。本物の歴史家は、たとえ捕虜収容所であろうと、自分の考えを結晶化させるのだ（ブローデル『地中海』が良い例だ）。

では、「異文化」とは何だったのか。それこそマホメットを始祖とするイスラムである。七世紀、アラビア半島に起こったイスラムは、アフリカ北岸を西進して七一一年にはジブラルタル海峡を渡り、ヨーロッパへなだれ込む。彼らは、たちまち現在のスペインの地にあった西ゴート王国を滅ぼし、ピレネーを超えてヨーロッパの中心

に迫る。その勢いを止めたのは、漸く七三二年、パリ近くのポアチエの戦いにおいてであった。メロヴィンガ朝は八世紀半ばに滅亡し、カロリンガ朝に移る。ピレンヌは、このカロリンガ朝期のフランク王国のあり方に注目し、「コントラスト」という言葉でメロヴィンガ朝期との相違を述べる。もはや地中海は「われらが海」ではなくなり、貿易は停止してしまう。都市は衰退し、高額貨幣は姿を消し、ヨーロッパは自給自足の経済を強いられる。土地のみが財となり、君主—諸侯—家臣の間は、土地の給付と忠誠によって結ばれる「封建社会」となったのである。

キリスト教との関係については、紀元八〇〇年にシャルルマーニュが「神聖ローマ帝国皇帝」として戴冠し、教皇が世俗の最高支配者の地位を、形式的ながらも保証することになり、ヨーロッパがキリスト教社会として一体化した。

「ヨーロッパ世界」は、このような過程を経て誕生したのだが、その誕生の触媒として、イスラムがあり、「マホメットなくしてシャルルマーニュなし」だったのである。

眞壁 仁『徳川後期の学問と政治——昌平坂学問所儒者と幕末外交変容』

最近若手研究者の書く史学関係の論文や学会発表は、ひと頃に比べて自分の分野をかたくなに守ろうとする余り、小さく固まったものが多くなってしまったし、著書にしても、同じような傾向が見える。数年で成果が出るようなテーマが選ばれ、なかなか読むのに格闘を必要とする力作にはお目にかからない。その中にあって、本書は筆者が読み、考え、感心するのにひと夏をつぶした大著である。内容をごく簡単にいえば、寛政期以降、昌平坂学問所の儒者を務めた古賀家三代の思想とその影響を掘り下げ、普く資料を渉猟し、幕末期幕府の外交姿勢の動向を読み解こうとするものである。

本書を貫く主軸は、今まで史家の注目をあまり引かなかった古賀精里（一七五〇—一八一七）、古賀侗庵（一七八八—一八四七）、古賀謹堂（一八一六—八四）三代の儒者の思想とその影響である。初代精里は、肥前佐賀藩の藩政改革で功績をあげ、松平定信の寛政改革に登用された。彼は佐賀から京都・大坂に遊学し、頼春水らと議論し、陽明学から程朱学に「転向」した。中国大陸における明朝から清朝への変動、その清朝が自らの正統性を「宋学」に求め、その書籍が印刷され、日本に渡来したことがその背景にある。定信の改革は、家格世襲に代わって、文武両道にわたる優秀な人材推挙を基準とすべきことがあげられるが、同じような形で精里が学問所儒者となった。

学問所儒者の仕事は、講義を行うだけではない。外交に関し、過去の応対、返答、翻訳、文章を調査・起草し、場合によっては自ら応接に臨んだ。開港を求めて来航したロシアのレザノフには林述斎が大学頭として応対した。諮問に応じて精里もいくつかの選択肢を用意したが、幕府の結論は「祖法」による拒絶であった。もう一つの課題、李朝朝鮮との外交儀式は、幕府財政逼迫の折、易地聘礼に変更され、朝鮮通信使は対馬どまりとなったが、対馬へ出かけた精里は、必ずしもこれに賛成ではなかったのである。

次代侗庵は、「博覧強記」、勤勉な儒者で多くの著述がある。著者はその手稿を編年的に整理し、思想形成を跡付けている。その思想の中心は、「中華思想」の否定で、日本についても「神州」「大日本」という表現をとらず、むしろ迫りくるロシアに対し、武備の劣った国として、その危機的状況を訴えている。かれはまた、世界認識を持ち、イギリス船の来航を踏まえ、その目を北東アジアから世界全体に広げた。最晩年には、アヘン戦争が起こるが、彼の洞察が現実化したのである。

彼に影響を与えたのは、ヒュブネルの地理書（ドイツ語原著のオランダ語訳）である。この書は産業革命以前の世界情勢を述べたもので、西洋優位を説いたものではない。だが侗庵の時代は、欧米列強がアジア・アフリカに進出し始めた時代であり、彼によれば、西洋は「利」を追求し、「信義」を問わない社会であった。

一八四〇年代には、清国が、アヘン戦争で軍事力によって開港を強要されたが、日本にもオランダ国王から親書が送られ、開国が促される。返書作成には侗案も加わったが、彼自身は「通商の国」は増えてもいい、と考えていた。しかしこれは幕府の採用するところとならなかった。また学問所も佐藤一斎ら水戸の斉彬に近い一派が多くなり、古賀家からの儒者も侗庵の子、謹堂一人になっていた。

オランダ国王の親書は拒否され、日本は国防に向かったが、一斎のような極端な排外説から穏健な考えまであり、学問所として意見の集約はできなかった。

一八五三年のペリー来航に対し、幕府は自力で回答できず、意見を各大名に求めたが、これは外交に関する独占権の放棄を意味した。学問所を構成する儒者十七人にも回答が求められたが、戦争回避・回答順延から早期打ち払いまでさまざまであった。謹堂は表面では回答順延を求めたが、西洋諸国の来日目的は貿易であるから、時期をみて開国し、家康の「祖法」に帰るべきであり、さらに日本は海外に「出貿易」すべきことさえ考えていた。しかし、これを実現するには、国内の武備を整え、軍船を建造すべきことを説いている。彼は自らの考えを「存念書」として大学頭に提出した。だが幕末の攘夷・開国論の沸騰のなかで斉昭の構想が勢いを得て、謙堂は孤立する。

謙堂は、一八五五年、蕃書取調所に移され、一八六二年にはその席も失う。幕末期、最も必要な国際的視野を持ち、幕府の外交政策に影響を与える立場にある学者を欠いた学問所儒者は、柔軟性を失い、時代の風を読めなくなっていた。

著者は、古賀家三代の思想に象徴される学問所を「近世」を「近代」と繋ぐ知的組織と位置づけた。幕末期十数年間を除き、学問所は、各藩、各身分から人材を集め、維新以降、活躍する人物を輩出した。こうした歴史を掘り起こす著者の卓越した研究姿勢、徹底した資料収集と史料批判、表現・説得力は処女作であるにかかわらず、

本書が「大著」たる十分な条件を与えている。筆者が、近年の日本における歴史学関係の業績に対して持っていた杞憂は、一挙に吹き飛んだ。

B・ボロテン／渡利三郎訳『スペイン革命全歴史』『スペイン内戦――革命と反革命』（上下）

圧倒される著書である。『全歴史』（The Spanish Revolution）は原著一九七九年、邦訳（六八五頁）は九一年、『内戦』（The Spanish Civil War）は原著九一年、邦訳（上・下一五八〇頁）は〇八年の刊行である。英国生まれのボロテンは、内戦時にUP特派員としてスペインにあり、その後、資料収集に全力を挙げ、十数年ごとに、スペイン内戦を書き直し、出版した。ライフ・ワークとはこういう著作にこそ用いられるべきであろう。

スペイン内戦は、続いて起った第二次大戦（スペイン内戦の終結から五カ月しか経っていない！）の陰に隠れてしまい、とくに日本では注目されてこなかった。一九三六年当時、日本では二・二六事件が勃発、ドイツ陸軍はロカルノ条約を廃棄してラインラントに進駐、フランスでは人民戦線内閣が誕生した。さらに日独防共協定が調印され、ソ連ではスターリンが反対者の粛清を始めた。世の中は次第にキナ臭くなっていた。

まずスペインにおいて爆発が起った。七月一七日、モロッコで将校による、共和派政府に対するクーデタが始まり、またたく間に広がった。

その年の二月の選挙においては、人民戦線が勝利し、学者でもあった穏健なアサーニャが大統領となっていた。しかし、アサーニャの共和国側の左翼陣営は、初めから深刻な分裂の危機にあった。ボロテンの描くのは、もっぱらこうした共和国側の事情である。

スペイン第一の工業都市バロセロナには、工業労働者が多く住み、労働運動が展開されていたが、それを主導する団体は、穏健派、急進派、社会党系、共産党系、トロツキスト系、それにスペイン特有のアナーキズム系――スペインでは、マルクスよりも初期社会主義者のバクーニンの影響が強かった――、海軍を主とする軍人など、多数に分裂し、これらの統合は不可能な状態にあった。しかも国家など、あらゆる組織を否定するイデオロギーに依拠していただけに、フランコ軍に対して共闘できなかったのである。

ここで注目されるのは、九月にロンドンで開催された英仏独伊ソを中心とする内戦不干渉委員会である。しかし「不干渉」とは名ばかりで、ドイツ軍は、フランコ側に空軍と海軍を送り、イタリアも陸軍と空軍を派遣した。他方、ソ連は、共和国側に武器を供与し、軍事顧問団を派遣し、コミンテルンは政党や組合に関与した。メキシコは共和国側であったが、道義的支援に留まった。

そして共和国側は、最後の最後まで、英仏からの援助を期待していたが、英仏は不干渉を貫いた。これは、ソ連の影響力が西欧に及ぶことを恐れ、その防波堤とすべく、対独宥和政策をとっていたためで、共和国側に加担することでドイツと衝突することを避けたかったのである。その間、ナチス・ドイツは、次々と「失地回復」し、兵器や用兵法を含め、第二次大戦を始める準備を着々と進めた。

さらに重要なのは、ソ連からの武器供給が無償でなかったことで、この年の内にスペイン中央銀行が保有していた準備金五〇〇トン以上が、ソ連へ移された。

その後、フランコ軍は、ビスケー湾沿いの地方を手に入れ、三七年中には、北部戦線が消滅した。ドイツ爆撃機のゲルニカ爆撃はこの時に起っている。

こうなると、政府の求心力はいよいよ脆弱になる。ソ連からの武器供与（実際には共和国保有の金と交換）に伴って共産党の発言権が強くなり、社会党系、あるいはアナーキスト系組織の影響力は次第に低下していった。低下どころか、三七年四月には、両派の対立が一触即発の状態となり、遂に「内戦のなかの内戦」に至る。

三八年には、ほぼ勝敗ははっきりする。そして翌年一月、バロセロナが、三月にはマドリッドがフランコ軍の手に落ち、内戦は、四月、フランコによる勝利宣言で終結する。

しかし、スペイン史における「内戦」はそこで終わったわけではない。一九七五年のフランコの死まで続いたのである。多くの知識人は国外へ亡命し、国内では反対派の容赦ない処刑が続いた。反対者の存在を許さない独裁国家は、内戦終結後、実に三六年間も続いたのである。

ボロテンが指摘しているように、スペイン内戦は、「ファシズム」対「共和国」という、通常の戦争に見られる二つの対立する国家（あるいはその連合）間の戦いではなかった。スペイン内部の、あらゆる組織――政府、政党、労働組合、軍隊――が、二つ、あるいはそれ以上に割れて戦ったのである。このような「全面内戦」は、他に見ることができない性格のものである。さらに、独伊と対抗するソ連の直接介入、そして軍隊経験は浅いか皆無ではあったが、ファシズムに敢然と立ち向かった各国の青年たちからなる「国際旅団」（形式的にはコミンテルンが組織したものであったにせよ）の参加により、内戦が国際問題化し、それだけにいっそう長期化し、陰惨な性格を帯びた。一体、どれほどの生命が失われたのか。現在もはっきりとは知られていない。

杉仁『近世の在村文化と書物出版』

筆者と本書との出会いは書店の店頭であった。江戸時代の出版とそれによる庶民文化の広がりに強い関心を持っていたので、魅力的な表題を持つ本書を店頭で開いたが、数刻で本書は常識を覆す徳川日本の文化のあり様を示している労作、という事を理解した。近代以前において、日本は異常に出版物の多い社会であり、その事が持つ意味については、すでに多くの方が述べられている。本書は、結果的に出版に至ったか否かを問わず、出版のコアになり得る地方文化のあり様を具体的にいくつか示すものである。

著者は表題にもあるように、「在村文化」という概念を用いるが、これは同氏による『近世の地域と在村文化』において自身が確立された概念である。全国の農・漁村へ広がった文化であり、その担い手は識字能力、読解力、文章力を有する上層村民であったとされている。

近世日本の文化といえば、しばしば「町人文化」とか、直接・間接に武家層が関わった文化が想定される。確かにそういった文化の存在を無視することはできない。しかし、政治権力を握ったり、経済力を持った者が、文化活動を行うのは、いわば当たり前のことであり、その結果がいかに優れていたとしても、行為自身は特別の事ではない。それに対して「在村文化」は、上層の住民とはいえ、武士や大商人のような「上からの力」を持っていたわけではない者が、それこそ自力で創造したのであり、特筆すべき事である。それが一つや二つではなく、各地に展開していた。

杉氏の著作は以下のような構成である。「はじめに」において著者の姿勢を説き、ついで、一、近世初期の文化活動、二、相模浦賀を中心とする活動、三、在村文化の「国際化」、四、信州北部における活動、五、各地在村・蚕書出版、「おわりに」において風雅と現実を順に論じている。

「はじめに」では、徳川氏の江戸入部以前から「在村文化」の存在が確認される事を述べ、房総戦国期の連歌奉納を取り上げている。房総半島のいくつかの村で、連歌を軸とし、史料のあるところだけでも、戦国末期の房総地方から、上野、相模浦賀、房総九十九里浜地帯、再び上野から東海道筋、そして長崎に至る道中、長崎における国際交流、信州中野領付近、下総、安芸倉橋島、さらにこの流れは農書・蚕書を中心とする上野・但馬へと広がる。そして、これらの地域においては、在村文化人のネット・ワークさえ出来ていた。

このような広がりを、著者は丹念に追い、それぞれの内容を述べている。たとえば、相模浦賀に集う文人は、三浦半島のみならず、房総半島一円に居住しており、氏は、このような文人サークルの存在を、南奥羽、上州、房総、信州、下野など、地図上にドットして、それが藩領域や国郡を越えて広がっていた事を実証する。

なかでも秀逸は、上野の市河寛斎という漢詩人が、中国本土では亡失した唐時代の詩篇で、日本に残るものを編纂し、出版する一連の過程である。彼は、『全唐詩逸』全三冊を編纂した。これを出版すべくその子三亥《みつい》が、原稿を持って江戸から東海道を歩き、宿々の文人を訪ねつつ伊勢四日市まで来て、名望家伊達家に止宿したところ、付近の在村文化人が集まり、出版の費用を調達できた。三亥は、これによって京都において出版の機会を得、それを携え長崎に行く。長崎で病に倒れるが、漢医の診察を得たことから、長崎滞在の中国の海商文人に出会い、渡す事ができた。それは中国に渡り、非常に高い評価を得た。いくつかの幸運があったとはいえ、どうしても出版したいという在村文化人たちの熱意、そして、彼らのネットワークにより、結局は北東アジアの文化交流にまで拡大したのである。公的には「鎖国」のはずの徳川日本であったが、文化交流は掟の壁を越えて海の向こうにも及んでいたのである。

また、徳川時代に多く出版され、あるいは筆写された農書・蚕書は、農民のあいだに「民富」を形成させる結果を生んだ。さらには、但馬国養父郡の養蚕家、上垣守国のように、関東の養蚕地帯まで出かけて実際を見分し、『養蚕秘録』(一八〇二)を出版し、これが、ペリー来航以前にヨーロッパに輸出され、フランス語・イタリー語に翻訳された例もあった。これは、ヨーロッパにもたらされた日本最初の産業技術書なのである。

幕府や藩の政治権力に頼らず、自力でこのような国際的な偉業を成し遂げたという事実に改めて驚く。

筆者には、この「在村文化」の担い手が、あたかも近代英国の郷紳層（ジェントリィやヨーマンリィ）のごとく、近代化を推進する階層となったように、明治以降も、地方名望家として、文化・教育面は勿論のこと、新しい産業勃興、交通手段の開発を進めた階層として活動したのではないかと思われ、系譜を追ってみたい衝動にかられる。同時に、杉氏自身、大学や研究機関のような恵まれた環境にあったわけではない。氏にこそ、まさに現代における「在村文人」の姿を見出すことが出来る。

原田正純

一九三四―二〇一二。医学。朝日賞。著書『水俣病』(岩波新書)『水俣が映す世界』(日本評論社)『水俣学研究序説』(共編著、藤原書店)。

石牟礼道子『苦海浄土』

一九六二年夏頃、私は水俣病の多発地区を徘徊?していた。まだ、胎児性水俣病が正式に認められていない時期である。車もなく埃っぽい凸凹の小道を歩いて患者宅を回る私の後ろから、影の如く付いて来る女性がいた。女性から付けられることは本来なら気持ちが悪いのだが、彼女の優しい眼差しが印象的で〝何者だろう〟と思っていた。それからどれくらい経ってからだろうか、あの女性が尋ねて見えた。医学用語を二、三解説して欲しいということだった。それから二、三年後の一九六五年創刊の『熊本風土記』という同人雑誌に後の『苦海浄土』の原型「空と海の間に」が発表され、それを偶然に読んで、あの時の彼女が石牟礼道子さんだったことを知った。

「湯堂湾は、こそばゆいまぶたのようなさざ波の上に、小さな舟や鰯籠などを浮かべていた。子供たちは真っ裸で、舟から舟へ飛び移ったり、海の中にどぼんと落ち込んでみたりして、遊ぶのだった。夏は、そんな子どもたちのあげる声が、蜜柑畑や、夾竹桃や、ぐるぐるの瘤をもった大きな櫨の木や、石垣の間をのぼって、家々にきこえてくるのである」。

普通の何処にでもあるような漁村に水俣病という人類史上初めての悲劇が起こるとは誰が想像しえたであろうか。当時の新聞などをみても、熊本大学の水俣病研究者以外の、例えばジャーナリスト、科学者でこの大事件に関心をもつ者は少なかった。そんな中にあって、現地に入り患者やその家族と直接語らうことで歴史に事実を残そうとした人が少数だがいた。その大切な一人が石牟礼さんであった。

「杢（胎児性水俣病患者）よい、お前こそがいちばんの仏さまじゃわい。お前ば拝もうごたる。こいつば抱いてみてくだっせ。軽うござすばい。木で造った仏さんのごたるばい」と愛情溢れる爺さまの言葉がある。

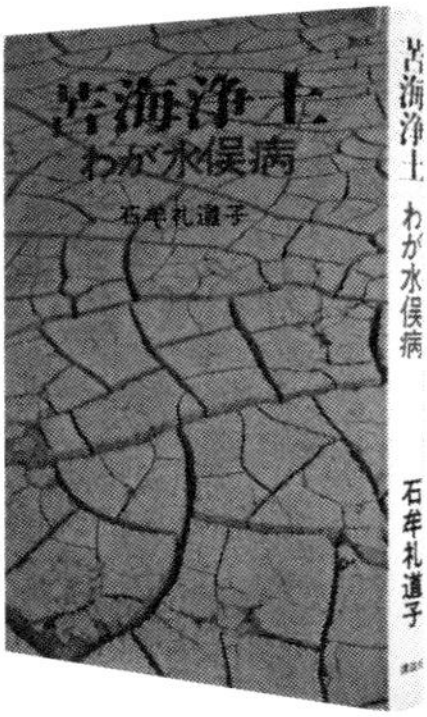

水俣病を人類の教訓として歴史に残そうと書かれたのが『苦海浄土』であるが、初期の頃、ドキュメンタリー作品（作家）と評した人も居た。しかし、現実を知る私は単なるドキュメンタリーではなく、はるかに昇華された作品であることに衝撃を受けた。恨みごとや怒り、悲しみ、絶望といった薄っぺらな感情ではな

く、じっと耐えている患者たちの仏のような姿がやさしい眼差しで描かれている。そこには怒りや悲しみが誰よりも強く、深く内蔵されている。だからこそ、人々の心深く染み渡るのである。『苦海浄土』に描かれている世界は現実ではあるが、魂の深いところに訴える文学的というか、詩的というか単なるドキュメンタリー作品を超えて人々の心に沁みる何かがあった。同時に描かれた世界が医学的（科学的）であることに私は衝撃を受け、文学と医学は人間の学問であるから融合することができるということを納得した。

九平少年について「彼の足と腰はいつも安定さを欠き、立っているにしろ、かがもうとするにしろ、あの、へっぴり腰ないし、および腰、という外見上の姿をとっていた。そのような腰つきは、少年の年齢にははなはだ不相応で、その後姿、下半身をなにげなく見るとしたら、老人にさえ見えかねないのである。近寄ってみればその頸すじはこの年頃の少年がもっているあの匂わしさをもっていて、青年期に入りかけている肩つきは水俣病にさえかからねば、伸びざかりの漁村の少年に育っていたにちがいなかった。（中略）下駄をはいた足を踏んばり、踏んばった両足とその腰へかけてあまりの真剣さのために、微かな痙攣さえはしっていたが、彼はそのままかがみこみ、そろそろと両腕の棒きれで地面をたたくようにして、ぐるりと体ながら弧をえがき、今度は片手を地面におき片手で棒きれをのばす。棒の先で何かを探しているふうである。少年は目が見えないのである」。これ以上の完璧な病状記載があろうか。同様に多くの水俣病患者を診てきたが私たちの書くカルテがなんと貧弱であることか。実態を伝え、かつ感動を与えることのできるカルテなど書けるものであろうか。

さらに予言者のように、その後、今日に至るまで未解決な未認定患者の存在も指摘されていること に驚かされる。未認定患者の問題が表面化するのはこれから十年後のことであった。

「あやつは青年のころは、そら人並みすぐれて働きもんでやしたて。今はあんころとくらぶれば半分もござっせん。役に立たん体になってしもた。親子二人ながら水俣病でござすちゃ、世間の狭うしてよういわれん。あがんしたふうにしとるのをみれば、水俣病にちがいなか」。

医学の世界では数量化、数字化できるものだけが科学的、客観的とされてきて「根拠に基づく医療(Evidence-based Medicine)」などと呼ばれて重視されてきた。しかし、最近ではその行き過ぎから「語りに基づく医療(Narrative-based Medicine)」などが重視されるようになって来た。半世紀前の石牟礼さんの『苦海浄土』こそは、単に水俣病を伝えるばかりでなく、まさに現代医療の原点というべき作品である。

針生一郎

一九二五—二〇一〇。和光大学名誉教授。美術・文芸評論家。著書『戦後美術盛衰史』（東京書籍）『修羅の画家　評伝阿部合成』（岩波書店）。

『ザ・花田清輝——大活字版　花田清輝二冊全集』

すでに十年以上前になくなった谷川雁は、一九五七年ごろ福岡ではじめて会ったとき、「君らアヴァンギャルドはどうも出自をかくそうとするなァ。花田清輝だって黒田藩の元家老職の家柄だよ。のち没落して右筆となったがね」と、いきなりわたしに先制パンチをあびせた。そういう家系は知らないが、花田清輝の特異さはまず学校遍歴にあらわれる。鹿児島の旧制七高、福岡の九州帝大聴講生、京都帝大が旧制高校出以外の入試合格者にも聴講を認めた「選科生」と、わずかに出た講義からアカデミズムの本質は形式論理とみぬき、もっぱら寮・自宅・友人と共同の下宿で本を読み、映画・演劇を見て弁証法的論理をさぐるうち、単位不足と授業料滞納で除籍される。しかも、京都で会社倒産した父から送金とだえて友人らに援助されたのち、処女小説『七』を「サンデー毎日大衆文芸賞」に応募入選して、その賞金三百円で借金清算のほか一年間生活できたが、いよいよ窮迫して東京に出たとき、左翼運動の転向か非転向かという形式論理の最大のものに出会ったという。

わたしなど花田の死後、講談社版『花田清輝全集』に、これも故人となった名編集者久保覚が附載した詳細な年譜ではじめて知ったのだが、花田が上京のとき京大の友人の縁故で右翼の大物三浦義一の家に書生として住みこんだ。三浦家を出てから、朝鮮独立運動家李東華の秘書として、その自伝完成に協力したり「満洲」に同行したりしたあと、福岡中学の先輩で大アジア主義の右翼中野正剛の秘書だった進藤一馬に紹介され、彼が編集長の雑誌『東大陸』にアジアの経済・政治を持続的に書き、やがてその編集部に入った。さらに正剛の末弟でアヴァンギャルド芸術にくわしい詩人・画家中野秀人と『文化組織』誌を発刊し、そこに花田はのちに『復興期の精神』にまとめられるエッセイを連載した。

戦後に出た思想の科学の『共同研究・転向』では、戦争中の花田清輝は擬装転向の一例とされているが、転向・非転向の二元論と同様、右翼と左翼の分類も彼には形式論理とみえたかもしれず、少なくとも『東大陸』や『文化組織』に掲載された評論に、転向のうしろめたさの影は全然ない。わたしがはじめて読んだ彼の著作は当然敗戦直後に出た『復興期の精神』だが、

そこにはクラヴェリナという海中生物が、塩水から真水に移すと衰退して単細胞のアメーバとなり枯死寸前に至るが、塩水に戻すと徐々に細胞がふえて動きだすように、ルネサンスは主体の死と再生を経なければありえない、という思想がつらぬかれている。とりわけ、その冒頭の『女の論理』は、「三十歳になるまで女のほんとうの顔を描きだすことはできない」という、バルザックの片言からはじまり、『人間喜劇』の時代は終わって今や新しい『神曲』の時代だと、ダンテのベアトリーチェ像に移りながら、女の論理は修辞ときりはなせないというあたりで、ここでの女は大衆の暗喩にほかならないことを読者に感じとらせる。

実はわたしは文庫で入手しやすい『復興期の精神』を第一回として、この書評連載を「旧刊案内」として構成しようと最初考えた。だが、第三書館から昨年『ザ・花田清輝』として、大活字版二冊全集（上＝小説・戯曲、下＝評論・エッセイ）が出たことを思い出し、これをとりあげる方がもっといい気がした。代表作を一冊に凝縮して注目された『ザ・漱石』『ザ・太宰治』などから、売れ行きのいいものを大活字版にしたのだろう。そこには花田がいち早く才能を認めた小沢信男が解説を担当して、花田が生涯どれほど芸術運動に集中したか、しかもただ議論しているだけでなく、技術の巧拙は問わずにみんな創作にとりかかれと発破をかけ、共同創作すらよびかけたことが縷説されている。

わたし自身は、一九五九年ごろ、親友だった安部公房が俳優座との関係で忙しいから、君代わりに行ってくれというので、演劇座に上演レパートリーの相談に行ったことがある。当時はやりのブレヒト以外で何かないかという要求に、戦前ならピランデルロ、戦後ならイギリス新左翼のウェスカーぐらいしか思いつかないと答えていると、演劇座がわたしを介さずに花田清輝のはじめての戯曲『泥棒論語』にきめてしまい、こんな身近にうってつけの適役がいたのかと感嘆した。しかも、その戯曲は歌や踊りのある一種のミュージカルなのに、花田の評論・エッセイと全然変らぬ文体で構成されている。これはその後の戯曲も小説も同様で、だからこそ創作と評論を読みくらべる必要がある。

わたしが東大の美学研究室に五年常勤したことを知る花田は、「君はアカデミシャンだからな」といつもたしなめたものだが、新日本文学会の大阪講演会のとき花田から、「吉野から熊野に抜ける道を小説の取材で旅行するんだが、君一緒に行かないか」と誘われた。彼の創作現場にたち会う滅多にない機会をどうしてことわったのかと、わたしは今も臍を噛む思いで悔やんでいる。

鶴見俊輔編『アジアが生みだす世界像——竹内好の残したもの』

編集グループ〈SURE〉は、亡友北沢恒彦の娘街子とその弟の作家黒川創らの協力で京都に生まれ、その編集発行した本は書店に配布せず、予約送金者に直送する仕組みだ。小田実、加藤典洋、山田稔、山田慶児、作田啓一、吉岡忍らをゲストに迎えた、〈鶴見俊輔と囲んで〉シンポジウム・シリーズなど、わたしもすでに何冊か注文入手している。

その鶴見だが、二月下旬の〈加藤周一お別れの会〉に、予定された四人の弔辞中彼だけ体調悪く、書面参加だったと、わたしは『野間宏の会会報』一六号（非売品）でも伝えた。その後ある友人が京都の鶴見宅に電話したが、夫人以下ガードが堅く、どこが悪くどの病院にいつまでいるか全然不明とぼやいていた。そこにいきなり鶴見俊輔編・SURE発行の本書が届いたが、封筒に鶴見の判があるだけだから依然体調不明だ。本書は昨年末、思想の科学研究会京都地方集会の公開シンポジウム〈竹内好の残したもの〉の記録による。竹内は一九四九年、思想の科学研究会の発会式に自主参加し、五三年以後同会会長をつとめたから、雑誌はやめて組織だけ残す同会が、死後三十年の竹内を検証する十分な理由がある。竹内の評価は近年国際的に高まるなかでも、中国社会科学院研究員の孫歌女史が、日本での取材調査を経て博士論文を補完した『竹内好という問い』（岩波書店、二〇〇五年）は出色だ。まず孫歌本を要約しよう。

――竹内は学生時代から、儒学古典の訓詁解釈を通してその「日本化」を確定する「漢学」も、科学性を基準に専門学科の細分化を放置した「支那学」も拒否して、同時代の中国作家の動向に迫るため「中国文学研究会」を結成した。だが、戦争中の一九四三年、彼がその会の解散と雑誌の廃刊を決めたのは、魯迅が主として「摔札《そうさつ》」とよぶ手続きにより他者を媒介とする徹底した自己否定を通して、他者を自足性、自己を排他性から解放しつつ再建したことを重視したからだ。一方、文学のフィクション想像力を確保するため、たえずその政治的機能を語った魯迅から見ると、日本のプロレタリア文学はあまりにも外在的な非政治的政治、疑似政治にしばられすぎる。

それに対して、竹内が真珠湾攻撃の翌月起草した、「大東亜戦争と我等の立場」という『中国文学』の宣言は、東亜解放のスローガンに引かれすぎるが、歴史の矛盾に内在者の自覚から未来をきりひらく決意は明らかだ。しかも、『中国文学』廃刊の同年末、完成した『魯迅』の原稿を親友の武田泰淳に託して中国湖北省に出征した竹内は、そこで迎えた日本の敗戦を、だれも共和国を宣言せず、欧米の「植民地化」に順応した「屈辱の体験」とよぶ。だから戦後の竹内は、戦争中抵抗の主体としては未成熟だった民族を、ポジティヴな概念としてとらえ直すことに集中する。その角度から「国民文学」が提唱され、やがて戦争中の「近代の超克」と京都学派の「世界史的立場と日本」の、悪名高き両座談会が日本文化論の原型と再評価され、東京裁判中パール判事の天皇無罪説とは別に、民衆の道義的責任として戦争責任が論じられ、安保反対闘争では新左翼諸党派の自立よりも、市民運動の民族的統一が求められた。わたしはかつて竹内が体現したのは、孫歌の書名通り解答不能な問いで、「宮刑」の生き恥をさらしながら歴史を見届けた司馬遷に倣って、亡国の生き残りの汚辱にたえずわけ入った武田泰淳にはおよびがたいという、竹内晩年の蹉嘆こそ痛切だと書いたことがある。

思想の科学シンポでは、京大大学院を出た三十三歳の北大大学院准教授中島岳志を基調報告に選んだのが、成功の一因だろう。彼はアジア主義を革命的と反革命的に二分して、前者を後者に統合したのが近代日本史だが、反革命を革命に回収するのが竹内生涯の課題だったという。そういえば図式的にみえるが、両面に歴史的問題が多くはめこまれて手ぎわがいい。

討論では、竹内が戦中の超国家主義の中から、紙一重の差にある「火中の栗」を拾い続けたという大澤真幸の指摘や、竹内の文体を分析して、否定形の連続のはてに大肯定がくるという井波律子の指摘も興味深い。だが、さりげないエピソードから竹内の本質に迫る鶴見俊輔の発言が、ここでは一番さえている。曰く、「竹内はかなりの酒飲みで、飲むなら失神するまで酔う方がいいと思っている。大東亜戦争肯定論もそういう酩酊の産物で、東亜解放のためみな出かけて、日本が滅びても本望だと思っていた。」曰く、「日記によると、竹内は戦争中横浜の卓袱《ちゃぶ》屋に出かけて、なじみの売春婦が正宗白鳥や徳田秋声も読んだけど、モーパッサンの方がはるかに深いというのに感動したという。それが彼の国民文学論の根だ。」

あとの交流会で、鶴見夫人横山貞子が、鶴見の留守を知りながら竹内が家にきて書庫をみせてくれと言い、書棚と書棚の間が通れるのに安心して帰り、それから間もなく死んだことを伝え、竹内の長女本多裕子が父の仕事を知るため、母の家で父の講演テープをみつけてもってきたと、孫歌とつきあった印象を含めて語ったのも、本書には収録されて忘れがたい。

宋友恵／愛沢革訳『空と風と星の詩人　尹東柱評伝』

愛沢革とは愛と革命をもじった気障な筆名だが、覚えやすくて通用している。大阪育ちながら早く東京に出て日本文学学校に通った彼は、植民地時代の朝鮮に育って朝鮮人男女に負い目をいだく、小林勝の小説にまず傾倒し、のち自分で韓国文学を研究すべくハングルを学んだ。一九七一年、在日の徐《ソ》三兄弟が軍政下の韓国を訪問中、北朝鮮、日本、中国、台湾との「平和」会談を提唱して長男徐勝《ソスン》と次男徐俊植《ソジュンシク》が、北朝鮮のスパイ容疑で逮捕されると、愛沢は日本で徐兄弟救援運動を組織した。だが、徐勝の公判傍聴のためはじめて韓国を訪れた彼は、金宇鍾ら五文学者の筆禍問題による逮捕を知り、日本で五人の釈放よびかけに加わった上、彼らの法廷傍聴のため再訪韓する。この二つの救援運動を通して、彼ははからずも善隣友好と言論表現の自由という韓国の基本問題にかかわった。

一九七九年、韓国の朴正熙《パクチョンヒ》大統領が腹心の部下に暗殺されると、徐俊植は投獄十七年を経て釈放され、八一年徐勝も拷問の傷痕を顔に残しながら、投獄二十年後釈放されて日本に戻った。その後徐勝は立命館大教授に迎えられ、同大に国際平和ミュージアムを新設してその所長を兼ね、自己の訪韓時提案もそこにひきついだ。三男徐京植《ソキョンシク》はその間西欧諸国を歴訪して、ナチスへの抵抗から戦後の戦争批判まで、文学芸術の動向を日本や韓国への参考に調べた著書で、文筆家としてデビュした。愛沢も韓国に一年以上滞在したのは一九八〇年代前半だが、その間の業績は玄基栄「われわれはどうなっているか」、黄晳暎「南と北はおたがいを変化させる」の評論翻訳ぐらいで、文筆活動はまだ本格化していない。

ただ帰国後の彼がある集会で発言中、わたしの隣席で小中陽太郎が「韓国民主化運動で愛沢ほど急成長した者はいないね」とつぶやいた。わたしも同感で、自分が長く議長をつとめた新日本文学会の事務局長に彼をすえた。だが、愛沢には年少の事務局員に仕事を配分して全体を統括する力量ゼロで、全部ひとりで背負いこんで孤立と停滞をなげくだけだ。三年後事務局長も局員も全廃して、会員有志交替の執務態勢に移ったのは、会の財政・運動両面の衰退にもよるが、愛沢個人の文筆業績不足が役職への信望を妨げた、とわたしも今痛感する（本書の訳者紹介には、事務局長のほか編集長も歴任とあるが、新米文筆家を編集長に選ぶはずはなく、編集部員の錯誤か）。

愛沢もそれを自覚したか一九九六年、ソウル延世大学に正式留学した。同年秋ソウルの外国人詩文コンクールで、彼が詩部門のハングル学会賞を受賞し、その韓国語熟達も公認された。留学中南廷賢の小説「許虚先生、服を脱ぐ」の翻訳や、朝鮮戦争後の韓国人ディアスポラで、中南米に渡った夫婦の二世が韓国に留学する姿など、ソウルの若者たちの生態を伝えるルポも興味深いが、金時鐘らに学んだ韓国現代詩の翻訳アンソロージーが、やはり愛沢の主業績となる。とりわけ、戦時日本で立教大、同志社大と転学中、独立運動嫌疑で逮捕され、福岡で獄死した尹東柱《ユンドンジュ》を、先駆的詩人と認識させた愛沢の功績は大きい。

ただ留学中の尹の詩稿・手記は特高警察に押収され、留学前同郷の友人に託した詩三十一篇が、尹の死後唯一の詩集『空と風と星と詩』として出版されたから、彼の伝記や時代史から推察される必要は、あの金宇鍾や早大教授大村益夫らに早く指摘された。その要請に応じたのが、祖父母の定住した豆満江の中州「北間島《プッカンド》」に関心深い、韓国作家宋友恵《ソンウヘ》の『尹東柱評伝』一九八八年初版だ。彼女は同地育ちで尹と幼時から親友の文益煥《ムンイクファン》牧師とその母金信黙《キムシンムク》に生前会い、尹家の家風と歴史、東柱の生いたちと性格を詳細に聞いた。尹と同日検挙されたが年少のため釈放された高熙旭《コヒウク》からも、日本人が発掘した当時の「特高月報」にある、彼らの取調記録や判決文を補足する重要証言を得た。

だが、こうして精彩ある初版の刊行後、「冷戦」が崩壊して中国吉林省延辺《ヨンピョン》朝鮮族自治州も外国人に開放され、著者自身北間島に赴いて尹ゆかりの地を歴訪し、関係者の証言を集めた。尹の詩は早く韓国の教科書にのり、詩集は改版ごとに拾遺作を加えて詩一一九篇散文四篇に達した反面、最初詩集出版に貢献した姜処重《カンチョジュン》の跋文と詩人鄭芝溶《チョンジヨン》の序文は、二人が朝鮮戦争中越北したためその後の改版から削除され、著者が両者の略伝を添えて文章も復元する。こうして一九九八年『尹東

柱評伝』改訂版が出たが、数年後立教大英文科で尹の後輩という楊原泰子《やなぎはらやすこ》から、戦中同大の教育と学生生活を調べた詳細な記録が届いて、著者はすぐ「再改訂版」の必要を痛感した。

まず尹家が明東《ミョンドン》村から龍井《ヨンジョン》町に移転したくだりで、著者は同町にまつわる「先駆者」の歌詞を引用してきたが、のちそれが旧「満州国」への徴兵制施行歓迎の元歌を、作曲者が勝手に歌詞と題名を変えた上盗作の曲をつけたと分ると、歴史の教訓として歌の変遷を詳しく補足した。尹と文益煥は龍井の四年制ミッション中学から、平壌《ピョンヤン》の五年制中学に転校したが、神社参拝を拒否してすぐ退学したのち、（尹だけ？）進学のため親日系中学に再入学したことも判明。尹の叔母の子で、東柱の三月前の出生から五歳まで、尹家で育った宋夢奎《ソンモンギュ》の調査も進むと、彼が龍井中学三年から朝鮮独立運動の闘士三人が講師でいる洛陽軍官学校に留学したが、済南で日本警察につかまって「要視察人」として送還された経過も知られた。だが、宋はそれにめげず独立運動に熱心で、洛陽留学前に「東亜日報」の新春文芸に当選したから文学でも尹に先行し、いち早く京大選科に合格して尹を同志社大選科に迎えた。京都の下宿で彼の独立運動や徴兵のがれをめぐる広言が警察に盗聴され、尹ら同席の数人をまきこむ検挙となった可能性は大きく、尹の懲役二年に対して宋の懲役二年半の判決からも確認される。二人が福岡刑務所で前後して悲鳴をあげて獄死したのを、血漿代用生理食塩水の注射によるという鴻巣映二説も紹介しながら、著者はけっして断定しない。尹東柱が抵抗詩人か民族詩人か、キリスト教詩人かという論争の次元をこえて、鋭敏な批評精神と一体化した「抒情」の質を追求することに、二〇〇四年再改訂版は集中しているからこそ説得力がある。ここでは再改訂版に収録された尹東柱の詩を、一篇だけ引用しておこう。

たやすく書かれた詩

故・尹東柱

窓の外に夜の雨がささやき／六畳部屋は他人の国、／／詩人とは悲しい天命と知りながら／一行の詩を書きとめてみるか、／／汗のにおいと愛の香りほのかに漂う／送ってくださった学費封筒を受け取り／／大学ノートを小わきに抱えて／老教授の講義を聴きにゆく。／／思いかえせば幼なともだちを／ひとり、ふたりと、みな失い／／わたしは何をねがい／一人ぼっちで　ただ思い沈むのか？／／人生は生きがたいというのに／詩がこうもたやすく書けるのは／恥ずかしいことだ。／／六畳部屋は他人の国／窓の外に夜の雨がささやいているが、／／灯火《あかり》をともして暗がりを少し追いやり、／時代のようにやってくる朝を待つ　最後のわたし、／／わたしはわたしに小さな手をさしのべ／涙と慰めでにぎる　最初の握手。

一九四二年六月三日

愛沢革から大阪に老母がひとり住む生家の別棟にこもり、足かけ五年がかりでようやくこの「再改訂版」の翻訳と解説を終えたから、ぜひとも読んでほしいと印刷された手紙がきて、これぞまさに彼のライフ・ワークだなと直感した。むろん、著者が愛沢の格調高い韓国語で翻訳許可を求めた手紙に接して快諾したことや、例の金宇鍾の推薦で韓国文学翻訳院の「翻訳支援対象作」に選ばれたことなど、本書を読んではじめて知ったが、内容上も知人友人のほか尹の家族の証言と多くの詩の引用でみちがえるほど充実している。書評としては異例だが、藤原書店の刊行だけに、わたしのよく知る訳者本位の論評も許されるだろう。

H・アビング／山本和弘訳『金と芸術——なぜアーティストは貧乏なのか』

日本で今起こっている契約社員切りという問題について、湯浅誠が書いた『反貧困』という岩波新書を読み、これは大問題だと思った。

芸術の問題を考えると、芸術は契約社員以前、つまりこれを買おうという近親や友人がいると商品価値が生じ、生活がどうやら成り立つ。一九六一年頃の東京国立近代美術館の美術家に対するアンケート調査で、当時その調査の対象になった美術家は五万人だが、作品を売ることで生活しているのはその一割ぐらい、後は何かのアルバイト（副業）をしている。アルバイトの中で最も多いのが塾も含めた教師で五割以上、その次が広い意味でのデザイン関係で三割程度だった。

六〇年代の高度成長を通して、大阪万博あたりから日本は経済大国だという意識が芽生えてきたが、七〇年代になるとオイルショックなどで経済大国意識は壊れ、美術家の人口がさらに増えたにしても、作品を売るだけで生活するというのは、六〇年代初めの一割から、二割まで達しないだろうと私は推測していた。

そこが諸外国とかなり違うところで、例えば欧米では全く未知の日本人の作品でも美術館長、学芸員がいいと思えばすぐに美術館で取り上げる。ところが日本はおそるべき定評社会で、マスコミが作りあげた定評でこれは大家だ、あるいは有名だということになっているか、あるいは派閥でしか通用しないような何々会の会員であるという肩書きに非常に弱い。肩書きがないと美術館は取り上げない。

本来、美術館の批評機能は無名の若者、あるいは芸術とさえ認められなかった物故作家などを取り上げる時に最も発揮されるが、これだけ公立美術館が増えていながらそういう美術館は殆どない。定評のある内外の作家を取り上げて展覧会をやれば大勢の観客を集めることができるという神話に取り憑かれている。見る方もマスコミの定評を確かめるために見に行くようなもので、自分で発見したり惚れこんだりすることがない。戦後の日本は恐るべき定評社会になってしまった。

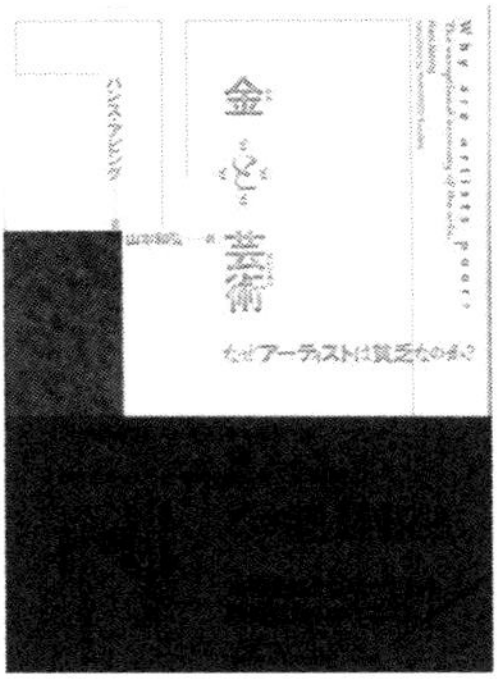

この本は、契約社員切り問題の後で私もそういうことを考えだしたものだから、読んでみて大変面白かった。筆者は経済学を専攻し、現在アムステルダム大学の経済学の教授でありながら、大学を出てから絵を描き始め、画家としても相当通用している。だから両方が

分かる。

アレックスという名前で自分の分身を登場させ、小説風に出来事を書き、その章の終わりには評論をまとめるという書き方をしているので大変読みやすい。最も面白いポイントは、「ハイ・アート」と「ロー・アート」とを分けている。つまり「ファイン・アート」と異なり、広義のデザインのようなものは「ロー・アート」、実用をめざしているから違うわけだ。デザインのようなものは直接にマーケットの論理、システムに従う。だから値段もマーケットの論理によって決まり、安いほど売れる場合もあるし、やや吊り上げたほうが売れる場合もある。いずれにしろ全てマーケットの論理である。

ところがファイン・アートは——その中には演劇や音楽、ジャズでなくクラシック音楽、あるいは現代音楽も入るようだが——マーケットの論理に馴染まない。作家が世界をこのように見れば人生がもっと豊かになるという、作品を通してある見方、そういう表現ができるというステータスを示す。そしてその好みに賛同する人が出てきて、自分の家なり会社なりに、自分がそれを理解し発見したというステータスのシンボルとしてこれを置いておきたいという欲望を抱く。

その時に取引が成立するわけで、これは本来はフランスの人類学者モースのいう贈与のシステムである。つまり贈り物としてあげるのであって、マーケットの値段に馴染まない。かつてアーティストは権力や教会、寺院などに雇われたお抱え職人であったのが、徐々に自立する。しかしそのお抱えの時代のステータス、神秘性、宗教性、神話性、あるいは孤高の質というようなものを守り、それを売り込まず、むしろ気の合った人たちに贈与するということを本来の目的にしている。神秘的、オリジナル、妥協しない、役に立たないということを、むしろ神話的に広める。取引をしないということである。

このアレックスという分身が出てくる小説的な部分（p. 057）には、銀行協会のコンサルタントらしき女性が彼の家にやって来る。もちろん作品に値段が書いてあるわけではない。耳元でこの油絵はいくら、デッサンはいくらと聞く。もっと下げればたくさん買ってくれるというなら値段を下げてもいい、とアレックスは思っているのに、それだけで部下を督促して五点ほど荷造りさせて持っていった。値段については一回ささやいただけで、それ以上のことはない。その代わり、よく知っているものだから支払いが非常に遅くなって、催促するのも贈与の論理に反するが、ずいぶん遅くなって払ってくれたというようなことが書いてある。

それからアムステルダムの市立美術館に、オランダ最大の自動車会社アウディが、金を出すから美術館の一角にレストランもあり展示場もあるような新館を造り、その前にその会社の新しい自動車を常に何台かサンプルとして並べておくという提案をしてきた（p. 134）。その展示場では新車だけでなく色んな自動車の展示もするし、また美術館が企画する車と関係のない展覧会をやってもいいということであるが、それを受け入れるかどうかという公開の討論会が開かれた。

それは五人の経済学者による討論会で、画家であり経済学者であるアレックスもその中に入っている。ところがアレックス以外の他の経済学者は全員、美術館の自立性を守ることが大事で、そんな企業メセナみたいなもので新しい建物を造るといっても、企画の自立性を損なうようなら止めたほうがいいと言う。つまり、経済的価値ではなく美的価値の方を優先し、美術館の自立性を強調した。アレックスだけが、その美術館の自立性を保つためにも、そういう建物ができて金が入れば自立性の幅がもっと広がるだろうという賛成の立場だった。

私には、マーケットの論理と贈与の論理を対比し、ロー・アートやデザインにはマーケットの論理がそのまま当てはまるが、贈与の論理が伝統的に支配しているファイン・アートには当てはまらないという、この分け方、問題提起が大変面白かった。確かに日本の画商でも、値段をいちいちの作品について明記しているのは非常に少ない。むしろ明記しないで、欲しい側の意気込みで売るか売らないかを決めるようである。

この本を読んでいくと、そういう自動車会社の企業メセナも歓迎すべきだが、もっと贈与の論理にぴったりしているのは、政府、国家が買い上げることだということになる。一九七二、三年のことだが、ベルギーの美術家組合の委員長が私に電話をよこして新宿で会った。彼が言うには、上野の公募団体展から銀座、京橋などのやや前衛的な個展に至るまで、何日かかけて全部見たが、総括的な印象としては、誰も本当に作品で勝負していない感じだと言う。それはその通りで、つまりそれこそ日本には贈与の論理に対する信頼、あるいは余韻が残っており、作品で勝負していない。だから大半が副業で暮らしていて、作品を売るだけで暮らしているのはごく一割か二割だという話をした。

ベルギーはどうなのかと聞くと、ベルギーは発表された作品の八割を政府が全部買い上げる。そして公共建造物、広場などにそれらの作品を飾る。あまりに前衛だったり異端だったりするような作品は、買い上げたまま倉庫に死蔵してどこにも出さない、そういう問題があると言う。そんな大半が政府お抱えの作家ということになったら、特に日本の場合、政府の芸術理解はマスコミの定評の追認に傾きがちだから、かえって問題がある。実はハンス・アビングは多分訳者山本和弘の招きで十月に来日し、東京芸大や国際美術館で講演した。私は政府買上への疑問からその講演会に行かなかったので「贈与の体系」の日本での生かし方をまだひとりで考えている。

平川祐弘

一九三一年生。東京大学名誉教授、国家基本問題研究所理事。比較文化史。編著『竹山道雄セレクション』(全四巻)著作『平川祐弘決定版著作集』(全三四巻、勉誠出版より刊行中)。

堀まどか『「二重国籍」詩人　野口米次郎』

文学交流史の空白を埋める大著が出た。堀まどか著『「二重国籍」詩人　野口米次郎』(名古屋大学出版会)である。

野口は明治八年生れ、慶応中退、十八歳で渡米、苦学した。ポーやホイットマンを愛読、詩人ウォーキン・ミラーの知遇を得るに及んで英語で書き始め、ついに英語詩人ヨネ・ノグチとしてロンドンでも認められた。滞米十一年、日露戦争後に帰国、慶応で日本人に向けて英文学を講じたが、同時に西洋人に向けて日本美術・詩歌・演劇などを英語で語った。自己のアイデンティティーに目覚めた野口は、誇り高いナショナリストとして伝統文化を声高に論じたのである。耳を傾けた西洋人にはイェイツもいた。百年後の今でも、外国語で講演し、その内容を外地で出版する日本人が少ないことを思うと、ノグチが一九一四年、オクスフォードで俳句について講演、それを *The Spirit of Japanese Poetry* として刊行したのは偉とするに足る。ノグチの面目は、西洋詩の洗礼を浴びた人でありながら英米詩壇に向かっては芭蕉の自然精神で切り込んだこと、そして日本語詩人としては日本詩壇に向かって英米詩のもつ思想性を持ち込んだことにある。そんな東西双方に向けて活躍した野口は大正・昭和前期は非常に珍重された国際文化人であった。萩原朔太郎も金子光晴も野口を高く評価した。だが戦後は忘れられた。忘却の第一の理由は野口が愛国詩人だったからだといわれる。評者も少年のころ日本がハワイ海戦で勝利した直後、野口がラジオで詩を朗読するのを聴いたことがある。戦争中は高村光太郎も米英撃滅の詩を読みあげた。だが単純な高村と違って、野口がドイツ軍の空爆の悲惨を叙した『倫敦炎上』など当時は稀な反戦詩であると今度はじめて知った。野口は「昔ネロは妻を殺した、都会を焼いた」と歌い、秦の始皇帝の名をあげ、続けて「ヒトラーも千年後には、倫敦を焼いたことだけしか残らないかも知れない」と歌ったのである。ただし戦後、光太郎と米次郎の二人の評価には天と地の差が生じた。大正年間には民衆デモクラシーに協力し、昭和十年代には戦争に協力し、昭和二十年代には戦後平和主義に協力した光太郎は常に時代の詩壇のトップに位置した。そんな光太郎こそ、本人は意図せずに、生涯を通じて時代のメガフォンの役を果たした人だったのではあるまいか。敗戦後二

年で死んだ米次郎はそんな真似はしなかった。

嫌われた第二の理由は米次郎の身勝手な白人女性との関係にある。最近もフェミニスト映画では、野口の子を産んだレオニー・ギルモアは自立心のあるシングル・マザーと称揚され、野口は貶められた。だが子供のイサム・ノグチは、自分を捨てたはずの父の日本芸術論にインスパイアされ、自然との一体感をもった簡潔な造形に成功した。岐阜提灯を「あかり」シリーズに生かしたイサムは父と同じく東西の狭間で苦しみつつ生きて世界的な彫刻家として認められた。そのような父子関係を巨視的に眺めれば、黄色人種の男野口を貶める伝記やそれに基づく映画こそ白人優位を潜在的に認める逆差別だったのではあるまいか。堀まどかは子イサムによって開示された父の芸術論の普遍性を高く再評価している。

忘却の憂目に遭う第三の理由は野口自身も予覚していた。「日本人が僕の日本語の詩を読むと、「日本語の詩はまづいね、だが英語の詩は上手だらうよ」といふ。西洋人が僕の英語の詩を読むと、「英語の詩は読むに堪へない、然し日本語の詩は定めし立派だらう」といふ。実際をいふと、僕は日本語にも英語にも自信が無い。云はば僕は二重国籍者だ」

東西文化をどっしりと踏まえた「二本足の人」森鷗外などと違って、米国帰りのノグチには言葉や思想の洗練に欠ける憾みがあった。大仰な彼のレトリックに違和感を覚えて私もずっと読まなかった。しかし彼の自己卑下をまともに受けてはならない。俳句をエピグラムと規定するチェンバレンに対するノグチの反論のごときはきわめて妥当な正論である。

戦中の日本には右翼や軍部に迎合する言論圧迫があった。だがいまにして思うと戦後には左翼に靡く新しい言論規制が続いた。野口が黙殺されたのは、そんな隠微なタブーのせいでもあった。小田切秀雄らが野口らをファシスト、日本主義者と弾劾したことが大きく作用したと堀まどかは見ている。だが脱イデオロギー世代の堀はそんなレッテルにお構いなく、モダニスト野口の東西詩学融合の試みを次々と発掘し、戦後思想の轍《わだち》から野口をものの見事に引き出した。とくに注目すべきはインド詩人たちとの交流の実態をポジティヴに探った点だろう。国家や文化の境界を越えて活躍した野口を調べ論ずるに際しては単なる国文科流儀の古い「近代文学」では駄目で、それにふさわしい複眼的なアプローチが必要である。著者は国文科出身だが英語もベンガル語も習い、インドにも渡り、国際政治と文化交流の狭間を生きた先人の全体像の復元を試みている。読みやすくて実がある、堂々たる一冊である。

会田雄次『アーロン収容所』

会田雄次著『アーロン収容所』は一九六二年の出版以来、中公新書のベストセラーである。国内での評価はすでに確立した。だが英語世界での評価はどうか。捕虜体験の背景をなす英国の植民地支配と日本の「反帝国主義的帝国主義」の衝突はいかなる意味があったのか。この名著再訪に際し、石黒英子の助けを得て本書を英訳したルイ・アレンにもふれ、歴史認識について複眼的な視座を提供したい。

ビルマで捕虜となった会田の体験は迫力がある。英軍の女兵士は日本軍捕虜が掃除に部屋に入ってきても全裸で平然としている。人は犬の前で裸体でも恥ずかしがらない。それと同様アジア人を人と思わないから裸で平気なのだ。ノックの必要はない、といわれて日本人はそれほど信用されているのかと最初思ったのはとんでもない誤解だった。そんな会田の記述はいかにも真実で説得力があった。日本人が死物狂いで「大東亜戦争」を戦ったのは、そんな人種差別に対する民族的反感が底辺にあったからだ。私はプリンストンで米人の蒙を啓《ひら》きたい気持もあって、英訳 *Aida, Prisoner of the British* (Cresset Press, 1966) を薦めた。するとジャンセンはじめ東アジア科の教授たちが次々にまわし読みして大評判である。家畜同様の扱いを受けた日本兵が「英軍捕虜」で「米軍捕虜」でなかったから米人教授は面白がりもしたのだろう。だが英軍語学将校としてビルマ戦線で日本軍と戦ったアレンは、困惑を覚えつつも英訳した。日本ではこんな本が売れて歪んだ英国人観が行なわれている、そのことを英国人に知らせたい、それで訳したと述べた。会田の判断に問題があるのも事実だろう。「(英国士官は)市民革命を遂行した市民《ブルジョア》の後裔で」(中公新書、一〇七頁)兵隊と体力にも差がある。それが生死を分けた実例もあったろう。だが会田がその種の印象主義的観察から階級支配にいたる結論を導くのはどうか。アレンはそんな指摘で会田記述の信憑性にあとがきで疑義を呈した。それに対し石黒はまえがきで会田観察をほぼ事実とみなし、共訳者の間のそんな意見不一致を踏まえて結論する。「会田や英国側の捕虜収容所の衛兵に限らず、結局我々皆が、たといいかなる善意を持ちあわせようと、囚われ人なのである。各自の個人的な歴史に囚われているのみか、我々の国の過去の捕虜となっているのである」。連合国側と日本側に同じ過去の戦争について異なる見方があるのは不可避的だろう。その際、連合国側の「東京裁判史観」を奉ずることが正義のように言い張る日本の左翼知識人も問題だが、その反動で日本の正義を言いつのる「正論」派も問題に相違ない。——それにしても、会田に全面的には同意しないが『アーロン収容所』を英訳して公刊したアレンは偉物だと思う。その後もアレンは英日双方の視点から東南アジアにおける両国の角逐を論じている（Louis Allen, *War, Conflict and Security in Japan and Asia Pacific, 1941-52*, Global Oriental, 2011）。

ここで会田にとって真の学問著述は何であったかも問題としたい。わが国には西洋の代理店のような主人持ちの学問をする人が多い（それだけに西洋の正義を日本でも正義と主張したがるのだろう）。しかし会田が後世に名を留めるのは『アーロン収容所』の著者としてであってルネサンス史家としてではあるまい。会田著『ルネサ

ンスの美術と社会』は一見学術的で、それで教授の地位も確立したが、所詮西洋学問の紹介でしかない。もっとも二番煎じは京大に限らず東大もほぼ同様で、学術文庫から擬似ルネサンス研究を出している。そんな教授は学問の囚人にすぎない。

「やっぱり、とうとう書いてしまったのか」——これが会田の『アーロン収容所』のまえがきだが、その意味を彼は後年説明した。一九四〇年京大を卒業、二十代の後半を一兵卒としてビルマで戦い、敗戦を迎え英軍の捕虜収容所で強制労働に服した。二年後帰国すると日本は「進歩派」が圧倒的でマルキストでない者は人に非ずという雰囲気だが、その指導者たちの多くは会田が出征する前は実は大政翼賛会の信奉者であった。そんな日本の論壇に会田は嫌悪を感じたが、しかし自分は五年に近い空白を埋めねばならない。学業に追われた。竹山道雄の『ビルマの竪琴』は読んだが、実際に戦った会田にとってきれいごとに過ぎた。ただ世間の進歩主義の大合唱の中で竹山のような人がいるのに安堵は感じた。それがユダヤ人虐殺問題を扱う竹山の文章を読むに及んで共感した。会田は捕虜体験でおぼえた痛切な違和感から、自分が日本で抱いた西洋キリスト教文明のイメージは光のあたる明るいポジティヴな面でしかなかったことを痛感していたからである。暗い面も語らねばならない。その気持が抑えがたくなった会田は、彼なりのアングロ・サクソン観を『アーロン収容所』にまとめた。そのとき会田は自分の思考に竹山「学説」が入っている、と『竹山道雄著作集5月報』で明かしている。こうして会田は学者として知的囚われの身を脱し名著『アーロン収容所』の著者として再生したのである。

A・ウェイリー訳『源氏物語』

源氏物語千年紀の二〇〇八年、私は『アーサー・ウェイリー『源氏物語』の翻訳者』（白水社）を出してウェイリーの英訳を称えた。するとそれに応ずるかのように Tuttle 社が Waley, *Tale of Genji* を復刊した。嬉しい。十世紀前の平安朝の古典としてでなく、二十世紀の英語文化史上の傑作として名著探訪にとりあげたい。

まず誤訳にふれる。荻窪のカルチャー教室で原文と比べて読んでいるが、蛍の巻の騎射《きしや》の催しの「左の司」が **Bodyguard of the Right** になっている。こんな誤りはざらで数字も不確かだ。そのくせ勝手に加えもする。色が違う。一九一三年から三〇年まで大英博物館に勤めたがウェイリー学芸員は美術鑑定はできたのか。左目は失明だが右目も色盲か。「紫」の字を見ながらなぜ brown にするのか。(1) **Blue trousers** が一読して「藤袴」とは私にはわからなかった。そんなだから源氏の世界を特徴づける見事な色彩も豊かな衣裳も、原文と雰囲気を異にする。が、それなりに見物《みもの》なのだ。騎射の物見《ものみ》の女たちは「手のこんだ中国風の衣装」をしていたと英文では読める。エグゾチックだが、これは「瞿麦《なでしこ》の若葉の色したる唐衣《からぎぬ》、今日のよそひどもなり」がelaborate Chinese costumes, specially designed for the day's festivity, the color of the young dianthus leaf tending to prevail. となっている為だ。「唐衣」(2)は平安朝の貴族が上にはおった袷《あわせ》の正装である。厳密な事をいえば植物名も正確でないが、文芸の訳では美的に等価値の語を拾うことが大切で、植物学の翻訳ではないから、これで構わない。

それより問題は訳しながら私見をひそかに加えたことだろう。実はそれがあるからこそ原文と比べて読むと興味が尽きないので、千九百三十年代の英国の上流女性は「情《じょう》を解する女」woman of feelingと呼ばれることが誇るべきことか否か、次の一節などわが身の上にひきくらべて心が動いたに相違ない。ウェイリー訳はロレンスの『チャタレー夫人』と相前後して世に出たが、英国社会で性にまつわるタブーは解けつつあった。紫式部は夜の関係も書く。そこが男女の昼の交際に筆をとどめたオースティンやヴィクトリア朝作家と違う。源氏は玉鬘と女房に向けて英訳文ではこんな注意をする。

「若い娘が慎みを捨てて、どんな結果になるかも考えずに、取るにも足らぬつまらぬ感情に身をまかせてしまうことはよくあることだ。世間に自分は情を解する女だと思わせたいからだ。最初は新しい喜びの発見でもうそれだけでたまらなく嬉しくて先へ行ってしまう。しかし繰返すうちに味気なくなり、数カ月の間こそわくわくしたが、そのあとは倦怠というかむしろ嫌悪の情さえ湧いてくる」(p. 488)。

これに相当する原文がないとはいわない。が短い。源氏は誠意のない手紙にすぐ返事など書くなと注意する。妙にかかわると「のちの難《なん》とありぬべきわざなり。すべて女の物づつみせず、心のまゝに、もののあはれもしりがほつくり、をかしき事をもみしらむなむ、そのつもり味気《あぢき》なかるべきを」（胡蝶）。訳者は「つもり」を反復ととり、味気ない結果にいたる関係も具体的に推定する。こんな *Tale of Genji* は二十世紀の西洋女性の関心を惹かずにおかなかった。

英京の才子連中は今日的な問題性に驚いた。たとえば物語を論ずる光源氏のソフィスティケーションには舌を捲いた。「日本紀などはたゞかたそばぞかし。これら〔物語〕にこそみち〳〵しく委《くは》しきことはあらめ」。平安朝の人が私たちに親しいのは『源氏物語』のおかげで歴史教科書などではない。「善きも悪しきも、世にふる人の有様の、見るにも飽《あ》かず聞くにもあまることを、後《のち》の世にも言ひ伝へさせまほしきふし〴〵を、心に籠《こ》めがたくて言ひ置き始めたるなり」（蛍）。「ただ善いもの、美しいものだけを語るのは、作家の能ではない」として、この物語論でウェイリーは作者自身の体験と感動の

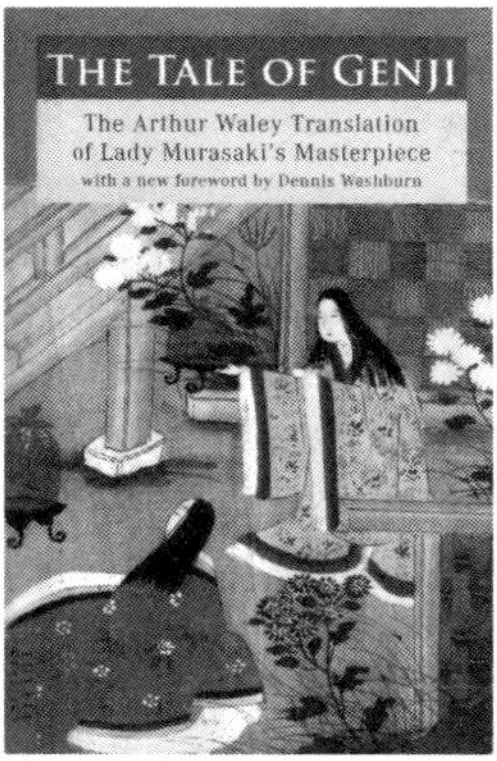

重要性を強調した。「小説は誰か他人の冒険の物語ではない。善悪いずれにせよ作家本人の人や物についての自己の体験、たとい目撃したり伝聞したりしただけのことにせよ、そこから受けた感動が深くてどうしても書かずにいられない時に書くのだ。これを忘却させるわけにはいかないという自覚が生じた時にだ」（p. 504）。こんな訳者自身の見方ともいえる文学論を述べたウェイリーは、

原作の感動を英文に生かした。西洋読者は千年前の日本人の洗練に驚嘆したが、私は原作に共感してこんな芸術品を拵えたウェイリーの才覚に感心した。

文学や文化の翻訳はいかにあるべきかを私に教えてくれたのは日本人では森鷗外だが、西洋人ではウェイリーである。ただし後者の魅力は英語で読まないかぎりわからない。

注

（1）もっとも「若紫」をサイデンステッカーのように lavender と訳されると、ラベンダーの青紫の花は色としては近いかもしれないが、紫上の人をさす言葉とはなりがたい。ウェイリーは巻の名を Murasaki と訳した。

（2）「唐紙」が和室では「中国の紙」でも「中国風扉」でもなく「ふすま」であると同じで、唐衣も made in China でなく、都仕立てであろう。

佐伯彰一『神道のこころ――見えざる神を索めて』

比較文化論的見地から神道について示唆に富む著書をとりあげたい。

東大を去るに際し佐伯彰一教授が自身の出自の意味を語った講演は実に生々しかった。戦後日本の禁忌を犯してあえて神道を語る、というおもむきがあり、聴く者も粛然とした。氏は一九二二年、越中立山の出。そんな神道家のしがらみから抜け出したくて昭和十年代の日本でアメリカ文学を専攻、昭和十八年秋繰上げ卒業、海軍予備学生として軍務に服した。敗戦後一旦郷里へ復員した佐伯士官はしかし電報で呼び戻され、米軍と帝国海軍解体のために連絡要員として働かされる。世の英米文学者との違いはこうした実践の場で英語を鍛えられ、米軍とのつきあいで彼らの日本把握の見当がついたことだろう。「日本人は自分たちは神々の後裔であり神国日本と信じていたからあれほど猛烈に戦ったのだ。あの神風精神は神道に由来する。あのような国家神道は徹底的に排除せねばならぬ」。そんな米国側の神道観は、是非はともかく、日本側にも根深い影響を与えた。一九五〇年、占領下の日本から米国軍用機で渡米する際、米国入国手続きの「宗教」の欄にShintoistと書くことを一瞬ためらった。自分が神道家であると書けば入国を拒否されないか、そんな懸念が奨学生の頭をよぎったからである。佐伯氏より九歳年少の私にもその懸念はよくわかる。戦後の日本では神道は日本軍国主義の守護神のように言い立てられ、そのため世間は表立って神道について話してはならぬような雰囲気だったからである。だが一九八三年、氏は満六十歳、そんな思い出を枕に神道を手がかりに日本文学史を説明した。その話は佐伯彰一『神道のこころ』（日本教文社、一九八八年）に収められたが、定年退官の氏が思い切って信仰告白をした、という鮮烈な印象を残した。

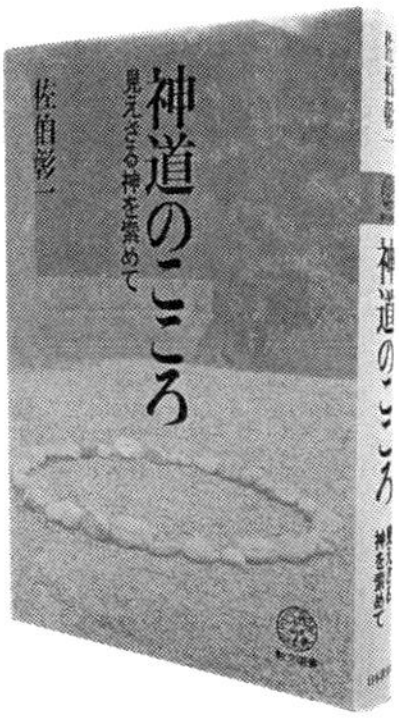

日本固有の宗教について語ることになぜそんな覚悟が要るのか。

実は日本の学界には今でも神道敵役説がまかり通っている。一例に佐藤弘夫『神国日本』(ちくま新書)から引くと「「神国」「神州」であることが他の国々に対する日本の優越の根拠とされ、神国日本には世界を導く使命があるという論理でもって、その対外侵略と他民族支配が正当化されていった」。こう述べて中国侵略を批判するのは結構だ。だが中国共産党機関紙『人民日報』にもコラム「神州」があり、「中国」も「神州」と自称している。それを知らないのは無知だが、戦後日本知識人にしみついた、自国を批判するのは正義で他国の不正に目をつむる心性はバランスを失している。中国という自己規定が、自国こそが世界の中心で他国に対する中国の優越の根拠とされ、東夷・南蛮・西戎・北狄を支配する、多民族支配を正当化する観念であり論理なのだということにうすうす気づきながら黙っているのは知的怯懦《きょうだ》だろう。

戦後のタブーにふれてしまった書物に小泉八雲ことラフカディオ・ハーンの『神国日本』(Lafcadio Hearn, *Japan, an Attempt at Interpretation*, 1904、柏倉俊三訳は平凡社東洋文庫)がある。佐伯氏は『日本の「私」を索めて』(河出書房新社、一九七四)で、敗戦後富山高校のヘルン文庫でハーンの英文原稿の表紙の「神国」の漢字に釘付けとなり、「おそるおそる読みはじめた、暗い片隅に追いやられながら、なおも手ごわい亡霊と思い切って面と向き合うような気持で」と回想した。しかし「案ずるにも当らなかった。……それは嘲笑でもなければ陶酔的な礼讃でもなかった。ヘルンがこの最後の大著で試みようとしたのは、日本人の宗教意識という厄介な領域にまともにふみこむことで、日本人にとっての「神」の正体を見きわめようという所に、この大著をつらぬく基本テーマがあった。……ヘルンのいう「神国」は死者たちの国、死者が神々として支配力をふるう祖先崇拝の国の意味にほかならない。戦争中のスローガンにおけるショーヴィニズムや選民思想の思い上りとは無縁の、古い民族的な信仰の基層への注目であった。「日本の歴史は実際その宗教の歴史である。……日本社会のほとんど一切の事が直接間接にこの祖先崇拝から出ている事、ならびに生者にあらずして、むしろ死者が国民の統治者であり、国民の運命の形成者であった事」をヘルンは強調しようとした」。

日本社会を「恥の文化」だとベネディクトは定義したが、日本人は周囲の人間関係だけを気にする「恥の文化」ではない、また良心だけに問いかける「罪の文化」でもない。そうでなく「そんな恥ずかしい事をしてはお天道様にあいすみませんよ、ご先祖様に合わす顔がありませんよ」という草葉の蔭の死者の声も気にしている。だとすると、ハーンが強調するほどではないにせよ、私たちはご先祖様を神として祀る宗教文化に属していることになる。

明治初年に来日した宣教師や学者は、神道を軽視し、文明開化とともに消滅すると予言した。ハーンは異議を呈した。遠田勝の『小泉八雲——神道発見の旅』は西洋キリスト教文明至上主義の米英日本学者の思い上がりを指摘する好論文で、英語版も評判がいい。惜しいことにまだ単行本になっていない。

星　寛治

一九三五年生。農民詩人。著書『詩集　種を播く人』（世織書房）『農から明日を読む』（集英社新書）『星寛治第二詩集　はてしない気圏の夢をはらみ』（河出興産）。

木村尚三郎『美しい「農」の時代——耕す文化の復権』

著者の木村尚三郎氏（一九三〇—二〇〇六）は、西欧中世史を専攻する思想家として著名だが、晩年には成熟社会における新たな文明の核心に、農のゆたかさを鮮明に位置づけて、確かな足跡を刻んだ。氏は、本書の誕生より一〇年前に、『耕す文化の時代』（一九八八）を著し、すでに科学技術文明の限界を直視していた。「いくら科学や技術、バイオが発達しても、人間はまだ木の葉一枚つくれない」と語った。そして、自然に対してもっと謙虚であれと説く。

さらに、文化《カルチャー》の原義が、大地を耕すことに由来する地点から、新たな文化像を描く。「農の営みには、人と自然、人と人、人と歴史のふれ合いと調和があり、手足と頭を自分なりに動かす喜び、そして収穫の楽しさがある。これこそ文化の本質だ」と述べている。

本書『美しい「農」の時代』の冒頭に、近世フランスの思想家ヴォルテールの哲学的な小説『カンディード』の結びの文言、「何はともあれ、わたしたちの畑を耕さねばなりません」ということばを引用している。ここに収斂する思念の共振を読みとることができよう。著者の溢れる教養知と、豊かな経験が紡ぎ出す言葉とイメージに引き込まれるうち、再び「人と人、人と大自然（環境）、人と歴史（体験）との心地よい対話と共生。この三つの統合を可能にする新たな農の時代が、技術文明の彼方に浮上しつつある」とする展望に出合う。それは、かすかな光というより、深い思索に裏打された確信にみちたことばだ。

けれど木村氏は、わが国の実情に照らして次のような側面も見逃さない。「急激な近代化を果たした土地は豊かになったが、一方で美しさを犠牲にしてしまった。本来の農村風景が失なわれたのだ。しかし、その美しさこそが、ふたたび人間を元気づける要素なのだ」と強調する。

その秀でたモデルを、著者はフランスの農村に見ている。そこには、自然と歴史が共生する絵のような景観と共に、世界で最も上質な食生活と生活文化が在る。たとえば、パン、ワイン、チーズ、きのこ、果物、魚介類、菓子など、第一級の食材と料理が提供される。癒しを求めるバカンスの市民や旅人に振る舞われる地の恵みは、人々のいのちと健康のもとになり、心の糧、幸せのも

となる。そうした思い入れは、若い日の木村さんが、エクス・アン・プロヴァンス大学に留学した折の体験や、その後の数多くの旅の実感に基づいているようだ。

一方、わが国においても、「手入れの良く行き届いた作物は、農芸品ともいうべき産物を生み、それ自体が日本文化の所産である。けれど、市場原理の全面的、かつ性急な導入が、国内農業に大きなダメージを与えるとすれば、大きな問題である」と指摘している。

あたかも一〇年後の今日、TPPへの参加を巡って揺れる日本の状況を洞察するかのような論述である。九七〜九八年の二ヶ年に渡り、「食料・農業・農村基本問題調査会」の座長として、国民世論をまとめ上げ、環境と調和する農業と、農の多面的機能の発揮を柱とした新農基法を誕生させた自負と、造詣の深さが、その文脈ににじみ出る。

「農作物は、何よりもまず国民全体の支えによって、自国において確保されねばならない。近い将来、食糧危機が訪れたとき、いったいどこの国が貴重な農産物を譲ってくれるのか。日本の農業がダメになり、帰るべきふるさとを失えば、日本人のきめ細やかさや連帯感も衰え、工業もまたダメになる。」と警鐘を鳴らす。美しい農村を守ると広言しながら、地域社会の崩壊が懸念される方途へ踏み出そうとする政権に、届けたい諫言である。

さらに、木村尚三郎氏は諭す。「文化は、土地ごとの個性と魅力にあふれたローカルな生き方であるが、それは同時に人が交流する所に生まれる。少くともこれからは、文化がなければ繁栄もない。

地域づくりの鍵は、内向きの閉鎖的な空間に風穴を開けて、外の世界と交流することである」と説く。動く時代の象徴としての旅に出て、各地の〝くらしといのち〟の知恵に学び、自らの生き方の幅を広げ、奥行きを深めたいとしている。

しかし一方で、人には定住本能があり、最後に帰るべきふるさとを求めてやまない。土に根をおろし、安心立命の場所性《トポス》を願望する。「自分自身の〝人間〟を取戻すには、土との対話が最高である。どんな名画も、音楽も、これにかなうものはない。農村は、人間の魂のふるさととして、あるべき美しい姿を取り戻さなければならない」という静かでつよい言葉が胸にひびく。そして、出口を見失った産業社会と技術文明、人間学の一切は、農を基盤として再構築されねばならないとする思想は、フクシマ後の脱原発、脱成長の新たな地平を予言するかのようだ。西欧中世史の豊饒な土壌を母胎として育まれた固有の文明論は、いま歴史の転換点に、一条の光を投げかけてくる。

眞壁 仁『詩集 冬の鹿』

本書は、農民詩人で、野の思想家と謳われた眞壁仁の最後の詩集である。十代で高村光太郎、尾崎喜八らのヒューマニズムの洗礼を受け、独学で文学の沃野を耕し、『街の百姓』『青猪の歌』『日本の湿った風土について』など数冊の詩集を持つ。他にエッセイ、詩論、評伝、文化論、紀行文など五〇を超える著書を上梓。農業の傍ら、農民運動、地域教育活動、平和運動にも汗を流した。とりわけ農民文学誌『地下水』を主宰し、地域の文化創造をリードした。

『詩集 冬の鹿』は、詩人としての総決算のごとく、病床での口述筆記も伴って編まれたものである。黒い鹿革を背にはった堅牢で美しい装幀と、生涯を貫く詩魂を内包する作品群に接し、これはただならぬ詩神の箱だと思えてくる。

冒頭を飾る「稲《オリザ》」では、農耕における生産と、ひとの生殖を一体化させた自然の理《ことわり》をうたう。〝家畜小屋で恋をしたとき／女はきん色の種を掌にもっていた／愛のおもさと／ひとつぶの重量を計りながら／女の瞳はかがやいたが／不運の種を手ばなせない（中略）関東ローム層のなかから／ジャポニカのひとつぶがみつかってから／気もとおくなるような洪積世まで／つながってしまった歴史を／女は肩で背負う気だ〟。

「原風景」は、本書の中核を成す作品である。〝ぼくらはつくってきたのだ　風景を〟というフレーズにこめられた農民の矜持と、人間としての主体的な思念が脈を打つ。遠い血の記憶に刻まれた農の始源の営みは、原風景と呼ぶにふさわしい。その悠久の美しい絵画が、鉄と石油の文明によって処刑された。破壊の時代への絶望と無力感が吐息となって吐き出されるが、長い黙思のはて詩人はふと顔を上げる。〝そうだ／朝はぼくらの創りだす風景の上にしか来はしない〟。

その覚醒こそ、新たな蘇生への端緒にちがいない。この作品の密度は濃く、完成度も格別に高い。

「ぼくはじきに優しさを……」

〝風景はこわされてしまった／未来に希望は持たないが／ぼくはじきに優しさを／とりもどすことができる／絶望のふかさだけひとを愛する／それがわたしにできるたたかいというものだから〟

詩人のたたかいの武器とは、不条理と受苦の只中にあっても、広く深くひとを愛することであったのかと、今更のように思う場面だ。

「桃」は、やさしい盗賊と女のわたしというメタフォールな主人公を設定し、目まいのするような動態を描くことによって、人間の本性と実存感を浮き立たせる。これまでの眞壁詩を被っていたストイックな衣装を脱ぎ捨て、肉体を持った生身の人間が立ち現れる。あたかもブルデルの「罰せられた愛」の桎梏を振り払い、解放された存在としての人間を描くかのようだ。だから行間には、ふしぎななまめかしささえただよう。

しかし、生の歓喜と背中合わせて、死の予感がにじみ出る。ひとは生命の根源に添い、輪廻のおもむくままに生き、かつ死ねばいい。詩人はそう言いたげである。

終章の「凍原」「チェホフの墓」「国を紡ぐことば」は、山形県立中央病院の病床で口述した詩を、斉藤たきちさん（『地下水』同人）

が筆記し、何度も手直しして生まれた作品だという。身体が動けぬほどの極限状態にあっても、眞壁仁の強靱な精神と詩的感性は、遠くシベリアの大地まで天翔けていたのだ。

「チェホフの墓」

〝あたまだけ三角形の白い大理石が／黒い枠にふちどられて／斜めに横たわっている（中略）あなたのお祖父さんは農奴で／あなたのお父さんは　貧しい商人だった／そのはづかしめの血の刻印を／あなたはひと皮ふた皮剥いでいったのだ／あなたは誰も信じなかったが／やさしいスラブの魂だけは愛した／おねむり／夜はひとり白い墓の下の　スラブの土の中で〟

詩集の結びに置かれた「アジアの湖」は、明らかに『日本の湿った風土について』の系譜を汲んで生まれ、そして脈打っている。水を湛えた田んぼの広がりを広大な湖ととらえる眼差しも、今日の環境保全の機能性の知見につながり、東アジアモンスーン帯における農耕の永続性を見通している。

〝泥と見わけもつかぬ姿で　ひろい湖にかがまりながら耕す人かげ　光に背をむけ　からだ全体をひとつの道具にして　つちかう無数の手　湖には金いろの種子が芽生える（中略）ひとびとはかぞえた　湖にうつっている日　月　星　それらが変りないことを　候鳥と花の季節を　自然……　それは永遠に似ていた　土……　それは無限の生の泉である〟（後略）

この深遠でナイーブな詩に、何の言い足すことばもない。農の原形に対する無類の愛着は、その永遠性に対する詩人のはてしない思慕と読みとれる。もし眞壁仁が存命なら、空前の原発危機《クライシス》に揺れるこの国の姿に、どういうことばを発したろうか。

有吉佐和子『複合汚染』（上下）

『複合汚染』が世に出てから三八年が経った。元は『朝日新聞』の連載小説として書かれたものだが、その内容は十余年に及ぶ取材と調査研究に基く警世のドキュメントでもある。

その執筆の動機づけには、レイチェル・カーソン女史の『沈黙の春《サイレント・スプリング》』の衝撃があったと思われるが、有吉さんは当時の日本列島を被う底知れぬ公害を凝視、憤りと悲しみを込めて告発した。その原因を成す農薬、化学肥料、除草剤、食品添加物、合成洗剤、排気ガスなどの多くは兵器産業にルーツを持ち、生命と環境を破壊する化学合成物質だと指摘する。

すでに『朝日』紙に連載中から大きな反響を呼び、読者の覚醒を呼び起こし、単行本として出版されるや空前のベストセラーになった。その導入部分で、参議院全国区に立候補した市川房枝女史の応援に駆けつけ、街宣車に乗って活動中に、ひどい大気汚染のダメージを受ける。また関西遊説の折、マンションに残っていた米にコクゾー虫が湧かない不思議に気づく。その訳は、すでに禁止されていたとはいえＤＤＴ、ＢＨＣ、水銀農薬などの残留成分のためか、或いは大気中のＰＣＢが雨で降下して土から米に移行したためか、と自問する。中でも有機水銀は、種籾消毒に使われ、昭和三十年代にはイモチ病の特効薬として稲に散布されるようになった。すでに水俣病の原因物質が㈱チッソの工場廃液に含まれる有機水銀であると判明した時代状況下で、なぜ農林省や農協が使用を認め続けたのか不思議だと詰め寄る。東京オリンピックに参加した各国選手の毛髪から検出された水銀は、日本人がだんトツに多かったという。

さらに食品添加物として体内に入る化学物質は、一日に八〇種を超える。それに台所の合成洗剤(ABS)も加わる相乗効果は、まさに複合汚染そのものだ。それらが水と生物を介して濃縮される食物連鎖の終着駅は人間だ。効率と便利さを追求する産業社会がもたらす複雑きわまりない公害の構図から脱出する道はないものだろうか。

七五年の正月の紙面で、作者は現代のブラックホールに射し込む一条の光があることを示す。すでに有機農業に取組む農協が八つも有り、個人でも無農薬栽培を行う人が各地に点在する。また七一年には、一樂照雄氏などの提唱により日本有機農業研究会が結成され、八〇〇余名の会員が活動を開始した。その二年後の七三年には山形県高畠町有機農業研究会が発足した。二十代の若い農民が四〇人近く結集し、もう一つの農の道を拓く手探りの実践が始まった。有吉さんが注目したのは、その構成員の若さである。農法転換を志し、初めての収穫を迎える七四年秋、取材に訪れた有吉さんは、高畠に四日間滞在し、精力的に現場を巡り、若者の話に耳を傾けた。その情景を活き活きと伝える文章は、読者の塞がれた胸に希望の灯を点した。

『沈黙の春《サイレント・スプリング》』（六二年）より一年前に、奈良県五条市の開業医・梁瀬義亮氏が「農薬の害について」というブックレットを自費出版し、現状を打開する活動を開始する姿を紹介する。医師は自らの診察を通して、ホリドールなどの劇薬が内臓障害だけでなく、神経異常を引き起こし、自殺願望を強める実態を憂慮した。その悲劇をなくすには、無農薬栽培に徹し、安全で栄養価の高い食物を摂る他はないと悟る。そこで慈光会という集団をつくり、自ら実践農場を拓き、堆肥のみで米・野菜・果樹を育て、鶏の放し飼いで有精卵を自給する。その本物の食べ物を八〇〇戸の会員に届ける。いわば「ノアの方舟」運動である。敬虔な仏教徒で、高潔な人格の梁瀬先生を、有吉さんは、「私の最も敬愛する人」と讃える。

続いてテーマは、植物の「共栄関係《コンパニオン・プランツ》」に移る。埼玉県上里町で自然農法を営む須賀一男さんの畑は、野草と共生する作物の元気さに充ちている。動物質の肥料（堆厩肥も含め）は一切使わず、落葉とワラだけで稲と野菜を育てる。長年の観察から仲良しの植生を幾つも発見し、混植によって健全な成長を促す。まさに本物の百姓といえよう。

下巻では、『複合汚染』のターゲットに、合成洗剤による水質汚染が槍玉に挙がる。工場排水でなく台所からの生活排水による

公害が明らかになり、主婦を主体とした市民運動が澎はいとして沸き起こった。本書の社会的インパクトである。

結びは、再び工場や車社会の排気ガスによる大気汚染だ。米国では七〇年にマスキー法が制定され、その波は日本にも及んだ。今日、石油文明の負の所産は、地球温暖化をもたらしつつある。

さらに天賦の直観力を持つ作家の目は、人類社会の未来を見つめる。「原発から山と出る廃棄物の捨て場に困っている。その放射能は二五万年も消えません」(二三三頁)と記す。あれから四〇年後に起きたフクシマ原発の巨大悲劇を予見するかのようだ。

「つきあいきれませんな、私は」「私も」この結びのことばをかみしめて、今を生きる私たちは、現代のブラックホールに、再び一条の光を射し込むことができるだろうか。

吉野せい『洟をたらした神——吉野せい作品集』

吉野せいは、明治三十二(一八九九)年、福島県小名浜(現、いわき市)の漁村に生れた。高小卒だが検定で教員資格を取得し、大正五(一九一六)年より二年間、小学校の教師を務めた。その頃、平町で牧師をしていた山村暮鳥と出合い、若い文学仲間と共に感化を受ける。そこで知り合った吉野義也

（三野混沌）と結婚、阿武隈山系の菊竹山々麓の大地に入植し、開拓農家となった。人力で一町六反の荒地を開墾し、梨や、穀物（陸稲、麦）、野菜などを作り、苦闘しながら六人の子どもを育てる。その間、文学に親しむ余裕はなく、梨の木箱を机にして日記やメモを記すだけで精一杯だったという。

夫の混沌が他界し、ふとわれに返った七十代に詩人草野心平の勧めもあって筆をとった。その文章が、随筆家として名高い串田孫一の目にとまり、強い衝撃をもたらしたことから出版の道が拓ける。百姓バッパの手になる渾身のエッセイ集『洟をたらした神』を読んで、私は身ぶるいするような感動を覚えた。東北の大地に根差した実生活を記録しながら、すぐれた文学性を有し、細やかな観察力と豊かな感性に裏打ちされた表現世界に圧倒された。その鮮烈な印象は、三十数年後の今、再読しても変らない。表題作の秀逸の文章から少し長く引用させていただく。

「ノボルはかぞえ年六つの男の子である。（中略）いつも根気よく何かをつくり出すことに熱中する性だ。小刀、鉈、鋸、錐。小さい手が驚くほど巧みにそれを使いわける。青洟が一本、たえずするするとたれ下る。ぼろ着物の右袖はびゅっと一こすりするたびに、ばりばりぴかぴかと汚いにかわを塗りつけたようだ。大方ははだしで野山を駈けめぐる。」

その頃、子どもたちの間ではやり出したヨーヨーを、ノボルは買いたいという。初めてのおねだりだったが、母親は来年小学校に入学する学用品の方が先だといって断る。ノボルは黙って戸外に出て行った。

「然しその夜、吊ランプのともるうす暗い小家の中は、珍しく親子入り交じった歓声が奇態に湧き起こった。見事、ノボルがヨーヨーをつくりあげたからであった。古い傷口が癒着して上下の樹皮がぼってりと、内部の木質を包んでまるくもり上がった得難い小松の中枝がその材料であった。(中略)やや円筒に近く、売り物の形とはちがうが、狂わぬ均衡のカンに振動の呆けは見られない。せまい小家の中から、満月の青く輝く戸外にとび出したノボルは、得意気に右手を次第に大きく反動させて、どうやらびゅんびゅんと、光りの中で球は上下をしはじめた。それは軽妙な奇術まがいの遊びというより、厳粛な精魂の怖ろしいおどりであった。(昭和五年夏のこと)」

その年の冬、二女の梨花が死んだ。生後八カ月で、ほの白い梨の花びらのように散っていった命を抱きしめる母の真情が胸を打つ。その場面を悲しみをこらえて克明に描いた文章は、薄命の子への墓碑銘のようだ。

時代背景は、農村恐慌からファシズムへとなだれ込む激動苦難の只中に、貧しい開拓農家を巻き込んでいく。怒涛の流れは、ついに太平洋戦争へと突入し、戦時体制の窮乏を強いられる中で、極度な食糧難が炭坑の町常磐地方にも及ぶ。「いもどろぼう」は、あの受苦の時代をリアルに描き、不条理を浮き立たせる。

敗色濃い戦況の中で、農民兵士の徴用は続き、最寄りの小さな駅でも連日出征の見送りと別れが続いた。吉野家でも、長男のツトムが赤紙一枚で召集され、会津若松の連隊に入営した。前線に赴く前に一目会いたいという切なる想いは、母を磐越東線に飛び乗らせ、兵営へと急がせる。「鉛の旅」は、悲運の歴史の断面と人間模様を臨場感あふれる筆致で刻み込んでいく。もう終戦が間近な昭和二十年の春のことである。

戦後、農民運動と農地委員会の実務に忙殺される夫の分までせいは働き通し、農業経営と家計を切り盛りしていく。子どもたちも成長し、少しゆとりも生れた頃、新しい村づくりの第一線から退いた混沌は、再び畑に立ち、文学創造の火をかき立て、詩集『阿武隈の雲』を出す。「水石山」では、麦畑に巣を作ったひばりを見守る詩人の姿をほのぼのと描いている。また老境に入って、子どもたちと一緒に焦がれていた水石山に登り、いわき平を見渡して、「まさに私は今王者だ。無一文の清々しい貧乏王者だ。」と笑う。

昭和四十五年、三野混沌が七十七歳で他界し、その二年後の春、草野心平ら有志の思いを込めて詩碑が建立された。〝天日燦として焼くが如し出でて働かざるべからず〟と魂の叫びが刻まれている。後日、私は好間を訪ね、四男の誠之さんが農を継ぎ、梨園や花づくりに勤しむ姿にふれた。そして激動の昭和史を駆けぬけた開拓農民夫妻の生涯を偲んだ。

3・11の東日本大震災と福島原発の大事故は、いわき平の風景と人々の暮らし、そして歴史と文化も丸ごと奪ってしまった。吉野せいが生い立ち、懸命に生きぬいた海と大地の原風景を、私たちは名著の中に再現する他はない。

村上陽一郎

一九三六年生。東京大学・国際基督教大学名誉教授。科学・技術の歴史、科学・技術論。著書『人間にとって科学とは何か』(新潮社)。

夏目漱石『虞美人草』

漱石の影響はほとんど絶対である。どの作品を選ぶか、いっそのこと、年四回と承っている私の担当のすべてを、漱石の作品で埋めても、まだ足りないほどだ。おまけに、漱石の専門家の目から見たら、『虞美人草』を選ぶなどは、不見識も甚だしいということにもなろう。むしろ著者自身の評価も含めて、失敗作に数えられていることを、知らないわけでもない。それでも、これを取り上げた理由は、まあ読んで戴きたい。

色々な機会に書いてきたことだが、小学校三年の頃から、私は父親の書棚にあった、あの独特の表装の漱石全集を片端から読み始めた。父親が薦めた記憶はないから、多分最初は表装の華麗さに惹かれたのかもしれない。第一巻は『猫』で、これは小学生の手には負えなかった。部分的に面白い、とは感じ、とくに猫の擬人化は、賢治などの童話で慣れ親しんだものだったから、興趣は湧いたが、あの諧謔はやはり大人のものだ。理解できたと思うまでに何度読み返しただろうか。

『坊っちゃん』は確かに初読時から面白かった。痛快でもあった。主人公が、たまたま袂に入れていた卵を投げつける場面など、何度読んでも溜飲が下がる思いがした。『三四郎』も極めて魅力的だったが、どこかで、ここで描かれている世界への没入は、自分が学生の身になったときまで待ってよい、というような留保感のようなものがあった。そして『虞美人草』である。

何にもまして私にとって快かったのは、漱石の他の小説に見られない、絢爛たる美文であった。声に出して読んでもまことに口調が良い。そのころ、『三国志』の簡易版（今となっては、同定ができない）のようなものがあり、そこから土井晩翠の「星落つ秋風五丈原」を知り、それを暗誦することに没頭してもいたので、文語や美文調の口語に熱い思いを抱いていたからだろう。数年後、卒業式で読んだ答辞には、そうしたお手本から借りてきた美辞麗句が並んでいた。今思えば冷や汗三斗の思いである。

描かれる人物像も（『坊っちゃん』もどちらかと言えばそうだが）黒白二つにきれいに切り分けられて、判り易いということもあった。と言って、脇に父親や母親が見え隠れするけれども、中心は宗近君、小野さんと藤尾や小夜子、甲野さんと糸子を巡る物語であり、所詮は「男と女」の話には違いない。小学校三年か四年の分際で、本気になるべき対象ではなかったかもしれない。『三四郎』の場合のように、「もう少し成熟するまで」という留保感が湧かなかったのは何故か、今もって判然としないが、とにかく、この世界にほとんど夢中になった。最後に近い場面で「藤尾は北を枕に寝る」という文章が突如現れる。何のことだか判らなかったが、読み進むに連れて、彼女が死んだのだということ、そして遺骸はそういう風に扱うのだ、ということを学んだという、幼い日の思い出も鮮明である。どうしてこれほど漱石の作品が私を虜にしたのか。今からの後智恵には違いないが、おおよそはこんなことではなかったろうか。

丁度そのころは、小さな自我の形成期、自分に対する幼いなりの分析が始まっていた。漱石の作品に現れる様々な人間像、とくに男性の類型を、私は自分に当て始めたのであった。『坑夫』だけはもともと小説として少し異質だったが、それでもその主人公も含めて、『三四郎』の主人公、『行人』における一郎や二郎、『それから』の代助、『門』の宗助、『彼岸過迄』のなかの須永、そして『明暗』の津田など、漱石が描く男性たちは、一様に、人間的に負の面をさらけ出す。見栄張り、小心、不正直、利己主義、言葉にしてしまうとあっけないが、そうした人間の持つ、成熟するにはのり越えなければならないと思われる側面を、漱石は執拗に描き出す。そしてそれは、あたかも私自身のなかのそれを暴かれる思いにさせられる。

永年漱石を繰り返し読んできて、暗誦できるとは言わないが、違って引用されていたら即座に指摘できるくらいにまでなってい

る私の思いは、結局そこに行き着くのである。因みに言えば、私が女性を見るときの分析枠もまた、美禰子や千代子、三千代などなど、漱石の描く女性像を土台にして作られてきた、と言える。

そして『虞美人草』は、そうした自己分析の最初のお手本を私に与えてくれたのだった。宗近君の果断さや率直さは私のなかにはなく、甲野さんの逡巡癖や、世界をやや斜に見るような姿勢、小野さんの見栄っ張りや俗物性こそ、自分のなかに探り当てられるものに違いない。私はそう思った。小学高学年である、ひそかに思いを寄せる相手もいないではなかったから、藤尾のような女性に惹かれるか、糸子や小夜子に誠実を尽くせるか、そうした思いも確かにあった。こうして『虞美人草』から、私という人間と漱石との格闘が始まったのである。

E・ロスタン／辰野隆・鈴木信太郎訳『シラノ・ド・ベルジュラック』

この書には、最近敬愛する渡邉守章氏の新訳が刊行された(光文社古典新訳文庫)。演劇の専門家でもある渡邉氏の新訳本は、充分評価されてしかるべきだと思うが、自分のなかでは、やはり辰野・鈴木訳が、記憶の中心にあるので、それを前提に書くことを許してほしい。それと、今はこの旧訳は岩波文庫のなかに収録されているが、私がこどものころから読みふけったのは、単行本であって、どうやら、結婚前に父親が、母に贈ったものだったらしい。残念ながら、他人に貸したまま、行方知れずになってしまっているので、書肆も今となっては判らない。

言うまでもなく、シラノ・ド・ベルジュラックは啓蒙期フランスの異色の詩人。ロスタンは、鼻の異様に大きい詩才豊かな剣豪に仕立て、シラノをこの作品のなかで戯曲化したのである。彼は従妹に当たるロクサーヌという可憐な娘に叶わぬ恋をする。美男だが、詩才には恵まれないクリスチャンが恋敵になるが、ロクサーヌの心が美しい詩の言葉によってしか動かぬと承知したシラノは、恋の思いを言葉に託し、クリスチャンを使って、彼女に届ける。当然彼女はクリスチャンに我が心を与える。シラノは、自らの詩才がロクサーヌを動かしたことに満足する。戦いに赴いたクリスチャンは戦死、ロクサーヌは修道院に入る。戦場のクリスチャンから届いた愛の手紙（実はシラノが書いた）を、夕暮れの闇のなかで、シラノが読むので、言葉に託された愛の持ち主がシラノその人であったことを、ロクサーヌが知ったとき、シラノはすでに、瀕死の状態にあり、ロクサーヌは二人の愛する人を失うことになる。

この戯曲は、日本では、赤毛もののなかでも人気の作品として、しばしば上演され、三津田健、先代尾上松緑らの当たり役であったし、「白野弁十郎」と名付けられた翻案も上演された。海外でも舞台はもちろん、映画化も何度かあり、一九五〇年版では主演

のホセ・ファラーがシラノ役でアカデミー賞を受賞、一九九〇年に発表されたものでは、フランスの名優ジェラール・ドパルデューがシラノを演じた。

私がこの本を父の書棚から取り出して初めて読んだのは小学校四年生のときだった。それ以後、本当に繰り返し読む愛読書の一つになったのだが、この書物が私に与えた影響は、二つに分けられる。一つは、その後の自分の専門に多少とも関わることになる。

このロスタンの作品のなかで、シラノの長口舌が幾つか現れるが、その一つは、クリスチャンとシラノのさらなる恋敵ドギッシュという男が、ロクサーヌに近づくのを食い止めるために、弁舌爽やかに延々と繰り広げる独白である。それは、実在のシラノの作品『日月両世界旅行記』(有永弘人訳、岩波文庫)からとられた一節である。最初は、何故このような荒唐無稽の話が、と懐疑的だったのだが、それは、実在のシラノの作品を知らなかったせいでもあった。後に科学の歴史を専門的に勉強するようになって、天文学の歴史上のスターであるJ・ケプラーが、『夢』(邦訳は『ケプラーの「夢」』渡辺正雄・榎本恵美子訳、講談社学術文庫)という作品を遺していたこと、またその内容がシラノの上記の作品とかなり重なることを知った。この繫がりは、「科学」(少なくとも歴史上の)と文芸との間に大きな隔たりを置かない、という私の歴史に対する姿勢に、格好の証拠を与えてくれるものになったのであった。

もう一つ、より深いところで、私の心が与えられた衝撃は、僅か一行のシラノの台詞であった。それは次のように読める。

「男になってからも、恋しい女の目に宿る嘲笑《あざけり》が恐ろしかった」。

もとより、このシラノの台詞は、鼻が異様に大きく、母親からさえ「醜い子」と言われて育ったシラノの、自らの容貌に対するコンプレックスが言わせているものだが、まさに子どもから、一人の「男」になりかかっていた私にとっては、自分の中に動き始めていた抗い難い性の衝動とちょうど表裏をなす、きわめてストイックで臆病な女性への憧れを、みごとに言い当てられた思いとして、心の底深く住み着くことになった。思いを寄せる女性があったとき、僅かでもそれを相手に知られたら、憫笑を以て報いられるに違いない。私の青春は、そうした思いに塗り込められていた。

他人から見れば、愚かしい自意識過剰、あるいは無意味な自己韜晦に過ぎなかった、と笑い捨てられるかもしれない事態であったのだろうが、私の青年期の人格形成（ドイツ語で言う〈Bildung〉）は、まさしく、この一行に基盤を置いたものであった。前稿で漱石からの影響に触れたが、『三四郎』の女性に対する姿勢（汽車で隣り合わせた女と、図らずも同宿することになった三四郎が、「度胸のない方」と切り捨てられるエピソードも、あるいは美禰子への振舞い自体も）によっても、強化されたと言ってよい。

それは、より一般化すれば、自分は、自分が望むものを手に入れる資格のない人間なのだ、という自己判断でもあった。その影響は、青春以来、現在の玄冬期にまで、尾を引いている。

N・R・ハンソン／村上陽一郎訳『科学的発見のパターン』

自分の関わっている書物を、こうした機会に挙げるのは、たしなみのないことは承知の上で、やはり標記の書物は、ここに言及せねば、と思わせるほど、自分にとって特別な意味を持っている。ハンソン（Norwood Russell Hanson, 一九二四―六七）はアメリカの科学哲学者、当初は音楽家になるつもりだったが、第二次世界大戦に従軍して、戦闘機乗りとして活躍、除隊後は音楽家を諦めて、物理学、哲学を学び、科学哲学の途に進んだ。戦闘機の味が忘れられず、非常勤講師などで、アメリカ中を飛び回るのに、武装解除したグラマン・ベアキャットを駆っていたので、〈Flying Professor〉の異名が付けられた。この綽名は、彼がクラシック音楽に傾倒していたこともあって、ヴァーグナーの『彷徨えるオランダ人』に因んでいると推測される。このオペラの英語のタイトルが〈Flying Dutchman〉だからである。彼は若死なのだが、荒天に、管制塔の警告を振り切って飛行機を離陸させ、ニューヨーク北部の山中で遭難死している。経緯からみて、自死が疑われている。

さて本書の原著は、一九五八年にCambridge University Pressから刊行された*Patterns of Discovery*である。翻訳の話は、当時助手を務めていた、上智大学理工学部物理学科の山内恭彦先生を通じて頂戴した。山内先生が話を持ってこられた際、私は、すでに原著を読んでいることをお伝えしたので、じゃあ君がやれ、ということになったのだが、翻訳するとなると、英語の内容を理解しているだけでは全く不十分な上に、その理解自体も充分ではなかったことが判ってくる。その意味でも、終えたときには、お引き受けしたことが自分にとっても、裨益するところ大であったと、心から実感することができた。ほとんど同じころ、超ロング・ベスト・セラーになったトーマス・クーンの『科学革命の構造』が発表された。いわゆる「パラダイム論」の原点になった書物である。両著は、内容的に似ているところがある。しかし、本書の翻訳は、当初はハードカヴァーであったこともあって、クーンの翻訳に比べて、勝負にならないほど売れなかった。後に、講談社が学術文庫の一つとして改版してくれたので、多少読者が増えた。

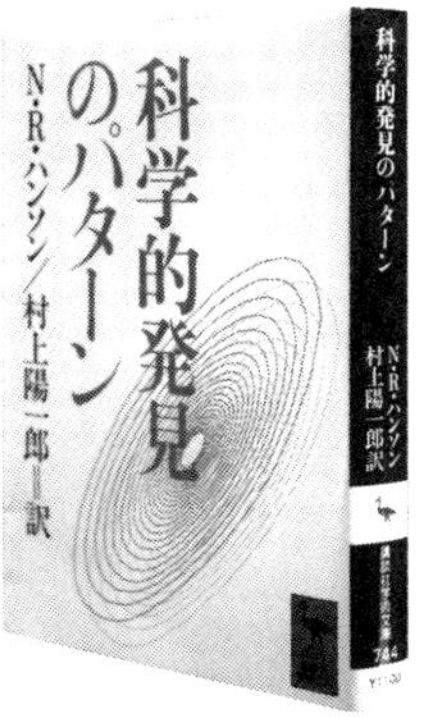

科学という知的営みをどう捉えるか、という問題を抱えて、この分野に、成算もなく、手探りで入り込んだ私にとって、本書は、自分のなかにわだかまっていて、言葉にも、形にもなっていなかった考えを、明るみに引き出して、自分なりに検討する場所を造ってくれたと言ってよい。観察データから、帰納によって規則性へと進み、それが最終的には理論化されて科学は発展してきた、という当時（まあ、これほどナイーヴではないにせよ）学界を普遍的に覆っていた考え方に飽き足らず、どこかで、その虚妄性に気付いていた私は、本書が、データの「理論負荷性」（という訳語は、私の発案で、

原語は〈theory-laden〉である）を明確に打ち出し、データは、人間の白紙の認識板に、無条件に外から書きこまれるものではない、むしろ、人間のなかに先行する認識枠組みとの協働のなかから得られるものがデータにほかならない、という、ある意味では古くからある認識論の、精緻な科学版であることに、自分の議論の基礎を見出したのであった。ハンソンは言ってはいないが、考えてみると、「事実」に相当する英語の〈fact〉は、「人間が造り出したもの」の意味である。そのことにも、思い当たることができた。私は、ようやく科学をどう考えるべきか、という問題の入り口を見つけることができた、と思えたのであった。

しかもそれは、単に科学的知識論の領域に、私を留めておかないようなインパクトを持っていた。本書では、直接扱われてはいない話ではあるが、私は、このような認識論を、歴史学にも適用できる、いや、適用しなければならない、と考え始めたからである。歴史家の木村尚三郎先生は、それを評して（必ずしも木村先生は、全肯定的ではなかったと思われるが）、「歴史の文化人類学化」ですね、と言われた。言い得て妙とばかり、私は、このフレーズを、その後知的所有権も無視して、永らく使わせて戴いている。

ある時代は、次の時代を用意するためにあるのではない。その時代は、その時代として、自立した一つの「文化」を形成している（ここで言う「時代」をどう捉えるかは、また別の問題として）のだ。この簡単な歴史理解を、明示化できるまでに、私は随分無駄な時間を使ったようにも思える。十九世紀以降の進歩史観に由来するのだろうが、一つの時代のなかに次代への要素の発見のみを中心に考えるような、前のめりの歴史解釈に、真っ向から立ち向かうことができたのも、ハンソンに学んだ論点の幾つかが助けになったと感じている。方法論的に、正面からそれを世に問うたのは、『科学史の逆遠近法』（現在は講談社学術文庫）であるが、以後、私が歴史を考えるときの原点になっている。

T・マン／佐藤晃一訳『選ばれし人』

マンの小説と言えば、誰しも先ずは『魔の山』、あるいは『トニオ・クレーゲル』ということになるのでしょうか。映画好きの方は、ルキーノ・ヴィスコンティの名作『ヴェニスに死す』の耽美的な映像を最初に想起されるかもしれません。しかし、本来多少ひねくれものの私にとって、最も鮮やかな記憶のなかにあるマンの作品は、表題作です。

戦後、人々は活字に飢えていました。紙も配給制で、しっかりした紙質の読み物と言えば、占領軍の後押しのあった『リーダーズ・ダイジェスト』という雑誌位であった一九五〇年代初期から、新潮社が、当時としては、使われている紙質も、カヴァーに使われた泰西名画も、およそ旱天の慈雨のように魅力的だった「現代世界文学全集」を刊行し始めてくれました。ジュール・ロマンの『プシケ』

（青柳瑞穂訳）、D・H・ローレンスの『虹』（中野好夫訳）など、まさに「現代」の名に相応しい作品が次々に取り上げられ、マンの『選ばれし人』も、原作の出版が一九五一年ですから、それからあまり時間をおかない一九五三年に、私たちは読む幸せに恵まれたのです。なお、今は、何もかも口語に、という方針に従って『選ばれた人』という表題名が通っているようですが、高等学校のときに貪り読んだものが、文語の題でしたので、それを通させて戴きたいと思います。原題は〈Der Erwaehlte〉、最近の朗読ブームはヨーロッパにもあって、全編を朗読したCDも発売されています。

内容は、取りあえずは、ギリシャ神話的な、凄まじい近親相姦の物語と言えます。ある小国の王が身罷る夜、その後継ぎになるはずの王子と妹とが、道ならぬ行為に溺れてしまいます。王女はやがて妊娠、修道院に預けられ、そこで男子を産み落とします。責任を負った若き王は、贖罪のため十字軍に参戦して逝去、子供と引き離され、修道院から戻された王女が、女王の地位に就きます。隣国の王から結婚を迫られますが、決して肯わない。最後は武力で攻められ、明日は落城という切羽詰まったとき、魚の幟を持った若い騎士が現われて、女王の窮状を救います。当然の成り行きで、この騎士は宮廷に入って、やがて、女王の夫になり、子供たちが生まれます。実は、この騎士は、女王が修道院で産み落とした実の息子でありました。この二人の間に生まれた子供たちと、その両親との関係は、表にでもしてみないと、即座には判らないほど複雑なものです。さて、ここで終われば、まさしく凄まじい近親相姦の物語です。マンは、際どい描写も辞さないので、私の読んだ版では、そういう場面だけはカタカナ書きになっていたように思います。

しかし、ここからが、マンの描きたかった主題です。女王と夫の隠された過去は、ある日明るみに出ます。息子にして夫は、やはり贖罪の旅に出て、絶海の孤島に身を隠してしまいます。話変わって、時の教皇の死に伴い、次期教皇の選挙（コンクラーベ）が始まります。選挙に関わる枢機卿たちが、一律に夢を見ます。何とかという島に次期教皇がおられる、という夢を。

何人かの枢機卿たちが、その夢を頼りに、島探しに出かけます。苦労の末に辿りついた島には、奇妙な一ぴきの動物以外に生き物は見当たらない。その動物が、人間の言葉で言います、「私の静かな贖罪の生活を乱しにきたのは誰か」と。皆がしり込みし、夢は夢に過ぎなかった、と帰ろうとする。一人だけこの奇妙な生き物を連れて帰ろう、と主張する枢機卿がいます。その枢機卿の夢には薔薇の花が現われた、だから、神意を確信できる、と言うのです。その説得が実って、連れて帰る途すがら、

普通の食事を重ねるに従って、その生き物は壮年の健やかな男性に戻っていく。修道院で育ったためにラテン語も、神学的知識にも不自由しない。そして教皇になった彼は、神から与えられた権限によって、母であり叔母でもあり妻でもある女性と、子でもあり、きょうだいでもあり、という子供たちに贖宥を与える。こういうお話です。

もともと中世に伝わるグレゴリウス伝説という素材はあった、ということですが、人間の罪と、神の恩寵によるその宥しという、信仰のぎりぎりの極点に立って、マンは、この小説では、晦渋さも装わず、韜晦もせず、判り易くはっきりとしたメッセージを伝えようとしているかに思われます。また、私たちにとって、薔薇の花が何故神意を確信させるのか、という問いがあるかもしれませんが、ヨーロッパの象徴主義に従えば、まさしく薔薇の花は、神の意志をこそ暗示するものなのでしょう。そういえばT・リーメンシュナイダーという祭壇装飾の達人と言われる木彫職人が彫った「花冠のなかのマリア」(Madonna im Rosenkranz)は、まさしく薔薇の花に囲まれたマリアの神秘を伝えています。いずれにしても、新約の世界は「愛の世界」であることを伝える宗教の書とも受け取れる作品です。

家島彦一

一九三九年生。歴史学。著書『イスラム世界の成立と国際商業』(岩波書店)『海が創る文明』(朝日新聞社)『海域から見た歴史』(名古屋大学出版会)。

イブン・バットゥータ／前嶋信次訳『三大陸周遊記』

一九五四年、『世界探検紀行全集2』として刊行されたイブン・バットゥータ『三大陸周遊記』(正式の書名は『諸都市の新奇さと旅の驚異に関する観察者たちへの贈り物』、通称『メッカ巡礼記』『三大陸周遊記』ないし『大旅行記』)の邦訳である。ただし、厳密な邦訳というよりも訳者が原著の本意を損なわない程度で、思いのままに健筆を揮い、バットゥータの遊歴の記録を簡潔に紹介した名著といえる。本書がその後も、何度か再版を繰り返し、今では入手困難であるのは、多くの読者が本書の平易で味わい深い訳文を通じて、一般的なイスラーム理解とは違った、アジア・アフリカを貫く壮大な歴史世界を発見する驚きを感じるからであろう。

バットゥータ(一三〇四―六八／六九)の名はマルコ・ポーロと並んで、高等学校の世界史教科書にも必ず登場するので、大方の識者の間では周知のことであるが、簡単に紹介してみよう。彼はベルベル系のムスリム（イスラーム教徒）で、現在の北部モロッコのタンジールに生まれ、十四世紀前半のイスラーム世界のほぼ全域を遍歴した大旅行家として名高い。二十一歳の時に聖地メッカの巡礼を志して故郷を離れ、イスラーム教の信仰を支える「五つの柱」の一つ、巡礼（ハッジ）の義務を果した後も、三十年近くをかけて西アジア・アフリカ・南ロシア・バルカン・中央アジア・インド・東南アジア・中国・スペイン・サハラ砂漠など、現在のほぼ五十ヵ国の国々にまたがって旅し、その全行程は十一万七千キロにも達した。グラナダ生まれの若き文学者イブン・ジュザイイ（一三二一—五五／五七）は、マリーン朝（一一九六—一四七二）の首都ファース（フェズ）でバットゥータと出会い、彼から数奇な旅の情報を聞き取ると、そのメモをもとに「リフラ（巡礼紀行文学）」のジャンルに則って編纂し、「第一の書」と「第二の書」の二巻より構成された『三大陸周遊記』を完成した。それは一三五三年のことで、四百字詰め原稿用紙に換算すると三千枚にもおよぶ大部な内容である。

イスラーム世界の特殊性の一つは、メッカ巡礼に代表されるように、人と人との情報ネットワークが躍動する旅・移動の世界を形づくっていたことにある。とくに、十三・十四世紀という時代はパクス・モンゴリカ（モンゴル帝国を中心とする平和）の世界とイスラーム世界とが相互に交流を深めて、ユーラシア・アフリカを覆う国際的交易システムが成立していた。バットゥータは、そうした時代のイスラーム世界を旅した多くの巡礼者・商人・学者・修行者などの代弁者であって、彼の伝える地理や史実の一部に記憶違いや誤解があったとしても、約五十年前のマルコ・ポーロと並ぶ稀有の記録者であるといえる。

私は、大学に入った頃、スウェーデンの探検家ヘディン（一八六五―一九五二）やアメリカの内陸アジア・中国史研究家ラティモア（一九〇〇―八九）などによる中央アジア探検記や、ルネ・グルセ（一八八五―一九五二）による『アジア遊牧民族史』（後藤冨雄訳、原書房、一九七九年）、『アジア史』（前嶋信次訳、白水社文庫クセジュ、一九五五年）などを読んで、草原を駆けめぐる遊牧民たちの活動によって盛衰するユーラシアの歴史に関心を抱いていた。本書をたまたま神田の古書店街で見つけて、頁をめくると、バットゥータの眼に映じた自然や人々の生活・文化の具体的様子について、文学的な詩情を漂わせて、みごとに活写した内容に魅了された。その後、私は前嶋先生のもとで東洋史を学ぶ機会に恵まれ、イスラーム史の勉強を深めた。そして、いつかはバットゥータのアラビア語原典からの全邦訳を試みてみたいという夢を抱くようになった。

前嶋先生はご自身の研究人生を綴った『アラビア学への途――わが人生のシルクロード』（NHKブックス、一九八二年）のなかで、「平凡社で〈東洋文庫〉という叢書を刊行することになった。その計画は、私がアメリカに出発する前からはじまっていて、私などもいろいろと相談に預かったものであるが、私はむしろ、イブン・

バットゥータの『リフラ』（『三大陸周遊記』）の全訳をそれに入れてもらいたい希望を申し出ていた。……しかし、いよいよ発表されて見ると『アラビアン・ナイト』全十五巻として、私がその訳者として挙げられていたから、実は驚いたのである。……が、久恋のイブン・バットゥータの『リフラ』全訳をあきらめて『アラビアン・ナイト』の方を選んだ一つの動機は、シカゴのオリエンタル・ミュージァムで、じっと眺め入ったあの二枚の古文書とのめぐり合いであった」（一六四頁）と述懐している。

こうした幾つもの偶然が重なり、私は七年間をかけて、バットゥータ『大旅行記』全八巻（平凡社、一九九六―二〇〇二年）を刊行して、長年の夢を実現することができたのである。恩師、前嶋先生がご存命であられたら、先生の本書と比較して、どのようなご批判を頂けたであろうか。

安丸良夫

一九三四—二〇一六。一橋大学名誉教授。日本思想史。著書『日本の近代化と民衆思想』(青木書店)『近代天皇像の形成』『安丸良夫集』(全六巻)(以上、岩波書店)。

鶴見俊輔『哲学論』

一九五三年、京都大学文学部へ入学したばかりの私は、大学近くの小さな書店でこの本を見つけた。まだ私は、鶴見俊輔という名前も『思想の科学』についても、何も知らなかった。田舎から出てきたばかりの素朴な哲学少年だった私は、『哲学論』という書名だけにひかれて、この本を買ったのだと思う。奥付をみると、昭和二八年二月一五日発行となっているから、出版されて間もなくのことだった。白く小さな美しい本だったという印象は、いまも残っている。そのころの私の哲学志向は、素朴人生論風のもので、哲学とは主としてドイツ語で難しい本を読むものだと思っていたから、この本で論じられている哲学は、私のそうした先入観とはまったく違っていて、私は大きな衝撃を受けてしまった。

この本は、「第一部　哲学の中で」と「第二部　哲学の外に」の二部構成となっているが、まず最初の「哲学の反省」という論文を読むと、「普遍妥当な解決法のまだ発見されない、抽象的な問題について、数千年来論争お重ねてきた結果、哲学わこれらの問題に関する詭弁法を発達《ママ》させた」などと、辛辣に書かれている。「哲学わ学生達に議論必勝法の簡便なる虎の巻お提供した」、哲学を発展させた条件のうち、「特に有力なものとして、怠ける事お好む心と上品さお好む心とお摘出し得る」などとあるのも、完全な表音式で書かれたクールな文体も含めて、哲学をめぐる通念への痛撃である。そのころの私は、こうした箴言風の面白さに導かれてこの本を読んだのであろう。この論文は、右の引用部分にすぐつづいて、記号論理学的手法でこれまでの哲学を批評し批判し整理して行くのだが、この部分は当時の私の理解力を超えていた筈である。

第二部でとくに重要なのは、「日常論理学」という概念を提起していることで、この「新しい領域お、これからの論理学の発展形態として望みたい」とあり、テープ・レコーダを用いて資料を集め、それを分析してゆくことが勧められ、その実践例が提示されている。こうした考察において、鶴見は知識人と大衆のあいだには、知識のレベルはともかくとして、世界観や思考法においては大きな差異はないとしており、西田哲学もまたそのようなもので、「日本の平均人のそれにつらなっている所がある」、政治家・篤農家・軍人などの言行にはたぶんに西田哲学的なところがあるという。

そのころの私はまだ哲学や社会科学の書物を読んでいなかったが、哲学といえば、西田哲学風ないしドイツ観念論的なものを先入観のように予想していたに違いない。そしてそうした哲学を勉強しようかなと考えはじめていた私には、本書は出鼻を挫かれるような読書体験となった。哲学者の深遠そうな思索と庶民の思考は、じつはその内実においてはよく似たところがあること、思想というものには生活や社会が大きく作用しているものであること、また思想や世界観には必ず曖昧な認識や価値判断が入り混じっており、そうした問題を明晰に弁別することはとても難しいこと。これらのことは今日の私には自明なのだが、私はこの本を介してはじめてそうしたものの見方を学んだ。それらは観念的な傾向の強かった私にとって、のちに日本思想史研究へと進む発想の原点となるような問題である。

鶴見がこの本で批判の俎上に載せているのは、日本社会に伝統化されている曖昧な思考風土であり、そのなかには西田哲学や天皇制の言語体制が含まれているとともに、マルクス主義者の言説も入っている。こうした思考風土に対置されているのは、論理実証主義やプラグマティズムで鍛えられた論理

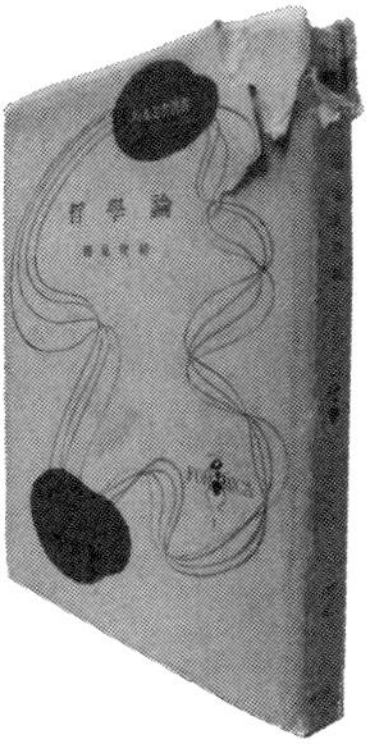

の力である。この論理の力は、「現在己の使用している言語の特質ならびにその効用の限界おわきまえる」精神によって獲得されるものであり、この能力によって「哲学的議論に干渉し意義の明澄化お要求する」必要があるのである。「意義の明澄化」といいえば当然のことのようにも聞こえるが、そのことを明確に論理化して主張できるためには、論理実証主義やプラグマティズムについ

ての、アメリカ留学の経験をへてのきびしい研鑽が必要だったことに留意しておく必要がある。

現在の時点で読み返してみて、本書では日本人の世界観や価値観についての形態分類に重点がおかれすぎていて、分析が細部に入ってゆくと煩瑣にすぎるという印象が残った。論理形式による分類は、精緻になることでかえってイメージとしては曖昧になる可能性があり、形式論理とはべつの参照系が欲しくなる。こうした問題点は、おそらく鶴見自身が早くから気づいていたことで、それからしばらくへたころの状況が、「私の方法は分析的でなく例示的になった」と、のべられている（『期待と回想』上巻）。『戦時期日本の精神史』や『戦後日本の大衆文化史』のようなもっとも鶴見らしい作品は、こうした転換をへて生まれたものだと理解できよう。しかし、そんなことはともあれ、私のなかに自然発生的に生まれかかっていた頑迷な観念論の解毒剤として、本書の効能は大きかったのである。

J・P・サルトル／平井啓之他訳『弁証法的理性批判』

この書物の原書は、一九六〇年に刊行された。背景にスターリン批判とハンガリー動乱、アルジェリア戦争などがあり、サルトルは強い危機意識をもってこうした時代状況を受けとめ、それを哲学的な主題へと変換してみせた。

もうずっと以前から、マルクス主義は「マルクス主義的観念論」へと退行しており、都合の悪い細部を無視し人びとの経験を踏みにじって、極端で単純な概念化にとらわれてしまっている。サルトルによれば、マルクス主義は私たちが生きる時代の哲学であり、その意味では乗り越え不可能なのだが、しかし現存のマルクス主義が陥っている「先験的概念化」を克服するためには、「現実への唯一の具体的接近」である実存主義の立場に立たなければならない。それはかってキェルケゴールがヘーゲルの普遍知に対して人間的なものの個別性の乗り越えがたい独自性を対置したように、マルクス主義における人間の存在位置復権の闘いである。これがこの書物で選び取られている基本的な立場性である。

この書物の序説にあたる『方法の問題』と『弁証法的理性批判　I』は、一九六二年に日本語訳が刊行され、私は『方法の問題』のほうは、刊行後まもなく読んだように記憶している。右に記したのは『方法の問題』のはじめのあたりの議論だが、これは私にはすぐ納得できたし、またこうした問題の具体化のためには家族そのほかの媒介的社会集団の研究が必要だとか、主体の目的についての「了解」的認識が大切だというのも、まったくそのとおりだと思った。だが、本論のほうはとても難しそうだという印象が先立ったし、『方法の問題』も含めて日本語訳ではぎっしりと二段組で、四冊一二五〇頁を越える大冊なので、自分の専門外の著作としてさしあたり敬遠することとした。

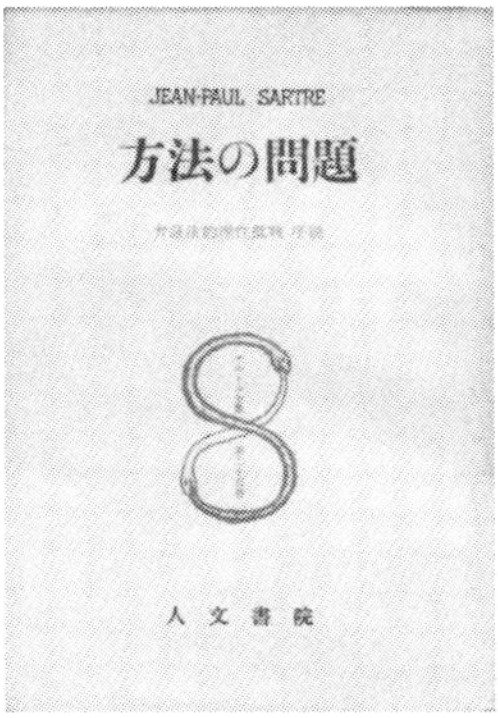

ところで一九七〇年代はじめの私は、これまでの問題関心をなにほどか転換して、百姓一揆など民衆運動史の研究をはじめていた。各地で新しい関係史料が発掘・紹介されたこと、グローバルに見渡しても各地の民衆運動や民族運動への関心が高まったことなどが、私の新しい問題関心の背景にあった。私はとりわけ、日常的には幕藩制国家の支配に随順しているように見える農民たちが、なぜ一揆という非合法的闘争に結集してあのように大きなエネルギーを発揮することができたのか、そこにはどのような組織過程や意識過程が存在したのか、またそうした問題と幕藩制国家や明治初年の国家権力との関係をどのように理解したらよいのかなどと考えていた。

百姓一揆や世直し一揆の研究は、戦後歴史学がもっとも得意とする研究領域であり、多くの先行研究が存在したが、しかしそれらは私の問題関心に対応するような内実のものではなかった。そこで私は、この分野の研究史はほとんど無視したまま、自分なりの手探りの史料分析と併行して、『弁証法的理性批判』だけを読むという奇妙なやり方をした。

『弁証法的理性批判』全体のなかでもっとも重要な概念は、「実践的＝惰性態」だが、サルトルは、もともと人間の能動的実践であったはずの歴史的社会的なものが、どのようにして抑圧的な構造となって人間に覆いかぶさってしまうのか、またそのような「実践的＝惰性態」からどのようにして新しい集団形成が可能になるのかなどという方向で論を進めており、書物全体が歴史の哲学的読解とでもいうべき内容となっている。フランス革命史が重要な素材となっているが、そこではとりわけジョルジュ・ルフェーブルに依拠するところが大きい。フェルナン・ブローデルの『地中海』にも大きな敬意が払われており、「以下の記述はすべてこのすばらしい著作の一註釈にすぎない」とも記されている。マルク・ブロック、レヴィ=ストロースへの言及もあり、同時代のアルジェリア戦争にはとりわけ多くの頁が当てられている。エンゲルス流の経済主義的歴史解釈はきびしく退けられているが、アナール派などの歴史研究は、それを歴史的世界の周到に論理化された「全体化」のなかで再構成してみれば、人間の生きる世界の本当の「可知性」をもたらす可能性がある、少なくともその手がかりは提示されている、とサルトルは考えていたのだと思われる。

拙著『日本の近代化と民衆思想』(平凡社ライブラリー、一九九九年)の「第二篇　民衆闘争の思想」の理論的構想の大枠は、じつは『弁証法的理性批判』からの借用だといってもよいようなものである。歴史学も哲学も、人間と社会とを対象としておなじ認識的課題を担っており、ひょっとしたら歴史研究のほうがより深い哲学的省察に通じているばあいもあるのかもしれない。サルトルに背中を押されながらそのように考えることで、私は歴史研究者として生きてゆくという道を最終的に選択したのかもしれない。

＊J・P・サルトル『方法の問題』、『弁証法的理性批判』Ⅰ〜Ⅲ、平井啓之他訳、一九六二〜七三年、いずれも『サルトル全集』、人文書院、所収

E・ホブズボーム／河合秀和訳『20世紀の歴史――極端な時代』

第一次世界大戦は、フランス人やイギリス人にとっては、第二次大戦よりももっと恐ろしく、心の傷痕の深い戦争となった。数百万の兵士が塹壕のなかで「ねずみやしらみとともにその両者とおなじように暮らしながら」、いつ果てるとも知らない戦いを続けなければならなかった。それ以前の戦争は主要列強の二国が戦うか植民地戦争で、戦争は比較的短期間でおわった。しかし、第一次大戦にはすべての列強が参加し、戦争は「無限定の目的のために」、「つまり全面的に勝つか全面的に負けるかの戦争として」戦われた。「全体戦争」のはじまりであり、それが「短い二〇世紀」の幕開けである。第二次大戦は、いっそう徹底した「全体戦争」であり、「長期的に見れば、民主主義国の政府は自国の国民の生命を救いたいという誘惑に負けて、敵国の国民の生命を完全に消耗品扱いするようになった」。その事例として、ホブズボームは広島・長崎を挙げている。

第一次大戦の破滅的な影響からロシア革命が生まれた。戦争末期のロシアで社会革命が起こるだろうとは、容易に予測できることだったが、その当時のロシアには「社会主義への転換」の条件が欠如していた。レーニンはそれまでのボルシェヴィキの政策を転換し、民衆の要求を積極的に認め、特殊な前衛党モデルをつくりだして革命の主導権を掌握した。この革命モデルは第三世界のエリート層に大きな影響を与え、これに中国革命のゲリラ戦術が結びつけられて、第二次大戦後の第三世界に革命運動の大きな流れをつくりだした。

こうして世界史は、一九一四年以降「極端な時代」へ突入し、この時代は一九九一年のソ連の崩壊でひとつの結末となる。そこに到るまでの歴史を「短い二〇世紀」として一つのまとまりにおいて捉えるのが本書の立場であり、この時代を特徴づけるのは、全体戦争、革命、世界恐慌、ファシズムなどである。科学と技術の発展、交通とコミュニケーション手段の拡大、前衛芸術なども、それぞれの仕方でおなじ時代経験の一環をなしている。

しかしホブズボームは、こうした一連の現象の背景、むしろその基底としての人びとの生活様式の転換にいっそう大きな注意を払うようにと促しているのだといえよう。

第二次大戦後、西側社会は未曾有の繁栄を経験し、六〇年代末までに西欧では経済的自由主義と社会民主主義が結びついて、福祉国家の実現へと向かい、改革的な政治と穏健な左翼とが優勢となったのだが、しかしこうした動向の基底部では、より根源的な社会構造の転換が進行した。ホブズボームによれば、二〇世紀後半におこった「もっとも劇的で広範囲な社会的変化」は、「農民層の死滅」である。近代工業社会は、じつは古い共同体や家族の結びつきと規範に依拠していたのだが、しかし資

本主義はいまやその「歴史的な相続財産」を解体させることで進行している。それは世界の大部分ではまだ解体しきったわけではないが、「このことは人類の大多数、とくに貧しい人々にとって幸いなこと」である。しかしグローバルな市場経済とポピュリズム的政治のもとで、適切な公共的決定を行なう能力が「異常なまでに貧弱」になってきていると、ホブズボームはのべている。

一九世紀史の専門家であるホブズボームは、「長い一九世紀」の歴史の記述を「よりよい世界」への希望をもって閉じたのだが、「短い二〇世紀」を記述し終えたホブズボームはきわめて悲観的で、内的にも外的にもいまや「われわれが歴史的な危機の時点に達したことを示す兆候がある」という展望で、その記述を締めくくっている。

邦訳では、主タイトルと副題とが入れ替えられているが、「極端な時代」というのは、一九一四年から九一年までのあいだに普通の人間の想像力からは容易に捉えられないような、思いがけない極端な現実を人類は経験したということで、「極端な時代」というタイトルにホブズボームの二〇世紀観が端的に表現されている。そうした現実に歴史家として筋道の通った説明を与えてゆくことが本書の課題で、それは、たとえばウォーラーステインやネグリたちの大議論とは違っていて、ホブズボームの説明は、歴史のコンテキストにより密着したものとなっている。いくぶん西欧中心的で、東アジアへの言及は少ないが、細部の事実に注意しながらもそれらを相互に結び付けて、大きな「歴史の論理」とでもいうべきものが析出されている。ホブズボームがその序論でいうように、この異常な時代を生きた人は誰でも特定の価値判断をもたざるをえないが、しかし「難しいのは、理解することである」。東アジアの経験にもっと密着した説得的な『20世紀の歴史』を書くことは、東アジアの歴史家の課題だが、この課題が果されるのはもう少し先のことだとしても、そのさいに本書は大きな手がかりとなるのではないかと思われる。

見田宗介『社会学入門――人間と社会の未来』

「社会学は人間学である」、と本書は書きはじめられているが、それは「自分にとってほんとうに切実な問題」をどこまでも誠実に問う「越境する知」だということである。自分の問題意識にしたがって、生と死、時間と自我、幸福と欲望、愛とエゴイズム、さらには細胞や生命の生成を論じても、それは社会学の主題ではないと禁止されたことはなかった、と著者は自分の研究歴をかえりみながらのべている。しかしこのように断言しうるのは、著者の主題がどこかで必ず現実の社会と人間のリアリティに根ざしており、それはより具体的には、日本社会の現実に焦点が結ばれているということにほかならないだろう。

戦後日本社会を「理想の時代」、「夢の時代」、「虚構の時代」に分ける見田の三区分法はよく知られている。一九四五年から六〇年ごろまでは「理想」の実現を求めて人びとが奮闘した時代、六〇年ごろから七〇年代なかばまでは「夢」が思いがけなく実現して人びとがひとまずは幸福になった時代、そして「夢」が現実のものになると、それが実現される以前の切実さが失われる。情報化と消費社会化のなかで、目的や意味は空洞化して、「虚構」のほうが実在化する。

このような大きな流れのなかで著者がとくに注意するのは、六〇年ごろから七〇年代なかばまでの日本経済の高度成長期で、その時代の社会変容の意味を家族形態と生活意識の転換のなかに探るところに、著者の独自性があるだろう。本書に先立つ『現代社会の理論』では、多くの統計資料が用いられて社会変動の趨勢が捉えられていたが、本書では統計はごくわずかで、旅の経験が語られたり、短歌のなかに若い世代の生の変容を読みとったり、柳田国男、バタイユ、D・H・ロレンス、吉本隆明の思想が論じられたりする。そしてじつをいうと、統計や論理を操る理論的分析よりも著者の鋭敏な感受性を生かした社会意識の意味分析のほうがいっそう興味深い内容になっているといえそうだ。しかしここでは、べつに書かれた論文「近代の矛盾の『解凍』」(『思想』二〇〇七年一〇月号)も参考にして、見田の構想の粗筋を理解しておいたほうがよいだろう。

私たちは、人間の歴史が「加速度的」に変化してゆくような先入観にとらわれやすいが、そうした変化は近代の特徴で、長い人類の歴史はそのようなものではなく、この近代の歴史も必ずどこかで減速する。もっとも単純化して人口史を採ってみると、六〇年代までは「加速度的」に増殖しつづけるように見えたけれども、七〇年代にはいると先進国ではむしろ人口減少が社会問題となり、世界全体としてみても人口増加率は縮小してきている。世界はゆっくりと「安定平衡期」に向かっているのであり、六〇年ごろから七〇年代にかけての日本経済の高度成長は、そうした転換をもたらす直前の状況、「永続することの不可能な一回的な『爆発』であることは明らかである」。「高度成長後」の時代に入ると、経済成長は受動的な期待としては広く存在しているけれども、かってほどに切実なものではなくなってしまう。

ところで、社会意識の面から眺めると、この「高度成長後」期の変容は、家族のシステムとそれに関連するジェンダー関係の意識に集中的に表現されている。近代化を支えてきたのは、性別役割分担をふまえた近代家父長制家族だが、「理想の家族像」をめぐる青年の意識は、この三〇年ほどのあいだにすっかり変化し、高度成長期の「instrumental な精神の基本志向」から、「現在の真実を享受するという consummatory な精神の基本志向」へと転換したのだという。

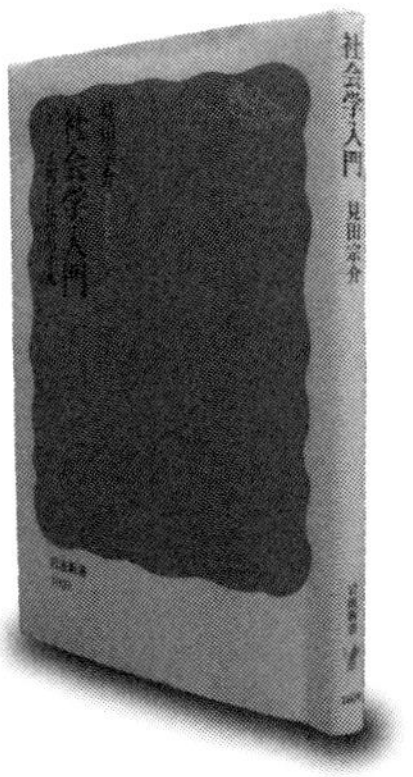

見田は、このような転換の中にむしろ人類の歴史にとって肯定的なものの伝統を再発見し、そこに「交響するコミューン」を展望しているようだ。そしてこのようなコミューンの具体的な形としては、その大半が「『家族』という形式をとるだろう」としている。人類の長い歴史のなかから家族という親密圏を救い出して

未来の希望としているのだが、そのことの妥当性いかんは私にはわからない。

しかし、経済成長と家父長制家族と、(見田はあまり言及しないが)国民国家とは、三位一体の三点セットであり、この三点セットに支えられた勤勉型の緊張社会が近代だということ、また私たちはいまも基本的にはこの枠組の内部で生きてはいるが、三点セットのいずれもが自明性を失って揺らぎつつあることを、身体では理解している。そうした現実から出発しながら、そこから私たちの生と世界の意味について問い直すところまで誘い出してくれる、凝縮された作品として、この小さな書物を読むことができよう。

渡辺京二

一九三〇年生。日本近代思想史。著書『北一輝』（ちくま学芸文庫）『逝きし世の面影』（平凡社ライブラリー）『黒船前夜』洋泉社。

I・A・ブーニン／原卓也訳『暗い並木道』

イワン・アレクセーヴィチ・ブーニン（一八七〇―一九五三）は一九三三年に、ロシア人としては初めてノーベル賞をもらった作家である。当時はたかがノーベル賞如きに大騒ぎすることはなかったらしく、日本ではあまり知られぬままに終った。

私は少年の日から、エリヤスベルクの『ロシア文学史』でこの人の名を知っていた。コミュニストと自認していた頃だったので、亡命作家というのをかんばしからぬことと考えていた。むろん、作品も読んだことはなかった。以来五十年。ある日新聞の書評に誘われて『暗い並木道』を読み、心臓をわしづかみされてしまった。

『暗い並木道』は一九四三年、ニューヨークでわずか六百部の初版、四六年にパリで第二版が出た短篇集である。翻訳は九八年、国際言語文化振興財団というところから出ている。訳者は原卓也さん。全篇恋愛小説というか、とにかく女の話ばかりである。

女はもうよろしい、恋だって？　読みたくもないさと、私も思わないではない。だが、自分の生涯の正味を考えると、女というものはあだおろそかなものではなかった。ただ、それについてうわずったり、ひねくったりした文章表現を読みたくないだけだ。

ところがブーニンが造型する女人像は、かつてわが国の文壇というところや、その二軍三軍たる同人誌の世界でよく口にされていた女が描けている、いや描けていないというときの女とは何の関係もないまさに森羅万象の一端としての生きもの、雲や月がそうであるのと同様な意味で神話的な存在なのだ。日本の文学はこういう女とは無縁なのである。出てくるのは天女でなければオバタリアン、しかも両者は結局は同一人であるという下世話な認識が文学修業の終点とされる。

ブーニンは男の気を狂わせる女を描いている。それは天女でもなければ悪女でもない。ひとりの少年が列車の中で、身づくろいして横になる大人の女を盗み視ている。この時をもって少年の生のありかたはまったく変ってしまった。そこに在った肉体は世界のめくるめく万華鏡像のひとつだったのだ。それは生命そのものの実在そのものなのだから。そういう存在の発見を春のめざめみたいな自然主義的タッチで彼は描かない。そんな卑小なことが起ったのではないのだ。生じたことは宇宙論的神話的である。

出征する前、男は、戦死したら天国で待っている、きみはこの世を十分楽しんでから来てくれという。男は本当に戦死してしまった。女は革命と内戦の日々を生きのび、よき夫も持ったが、彼とも死別して孤独な老後を送っている。よみがえるのは戦死した婚約者の言葉だ。この世を十分楽しんで私は、契ることもなかった彼の許へゆくのだと考えたとき、この女の生涯の意味は成就した。

これは純愛小説だろうか。純愛などありやしない。女は男のことを忘れたし、結婚もした。この短篇はただ恋の一瞬は全世界を照らすことがあるといっているのだ。そんなものは錯覚だと文学ずれや世間ずれはいう。ブーニンはそうではなく、たとえ束の間であろうと、恋が織りなす時空は人間がこの世界に滞在する意味をあますなく実現するとわれわれに告げる。だから彼は恋物語を語らない。彼が描き出すのは前後をカットしたいくつかのシークェンスだ。物語ではなく、世界を開示する情景があるのだ。

この短篇集には入っていないが、『日射病』という小品がある。ヴォルガ河を船で旅していた男女が、たがいに熱病にとらわれたようになってある船着場に上陸し、ホテルで一夜を過す。女がおたがい別々の船に乗るようにしようというので、男は女を船に乗せてホテルへ帰る。部屋にはまだ女の気配が残っていた。その時思いもしなかったことが起きた。男は上等なアヴァンチュールを経験したつもりで

いた。ところが、そんなことじゃないんだという痛覚が襲う。この女は自分にとってかけがえのないただひとりの女だったのだ。これは彼が初めて知る感情だった。しかし、どうすればよいのか。彼は女の名前もすみかも聞いていなかった。(群像社刊『ブーニン作品集』第三巻所収)

つまりブーニンは、おたがい運命づけられた出会いがあるといっている。日本の文学者が冷笑してきた命題なのはいうまでもない。『パリで』という小説は、かつては白軍の将軍だった初老の男が、たまたま入ったロシアレストランでウェイトレスをしていた亡命ロシア女と懇ろになり、初めて人生の幸せを味わったあげく、あっけなく死んでしまう話だ。何よりも女の描写がすばらしい。こんな僥倖のような男女の出会い以上に、人生に実《み》のあることはないとブーニンはいうものの如くだ。革命かちのがれたばかりでなく、革命の嘘偽と文学表現でたたかおうとした男がそんな他愛のないことでいいのか。人生の最高の目的は社会を変革し民衆の幸福を実現することにあるとする革命家たちに対して、彼らの目の仇にされる個人主義的恋愛なるものの呈示する生の様相の壮絶さをブーニンは描いた、ちょうどパステルナークがそうだったように。

E・シュー／小林龍雄訳『さまよえるユダヤ人』

ウージェーヌ・シューの『パリの秘密』は邦訳がないものと思っていた。篠崎秀夫の『フランス文学案内』の作家別翻訳文献リストも、シューの項目には『さまよえるユダヤ人』（角川文庫、一九五一年）しかあげていない。だから、さる新聞社の注文原稿にそう書いたところ、担当編集者から電話があって訳本は出ているという。きっとインターネットで調べたのだろう。まったく、このネットという奴はおそろしい。

東京創元社が出した『世界大ロマン全集』の第十五巻にはいっているのだ。一九五三年の刊行で訳者は関根秀雄。早速、娘にネットで探してもらって入手した。この小説になんで執着するかというと、かのマルクス御大が著述の注などでしばしば言及していて、はたち前後の私の頭にその名がしっかり焼きついてしまったからだ。シューがデュマの先蹤たる新聞小説家ということは承知していたので、べつに名作を期待したわけではない。ただ、マルクスがあれほど言及するからには、初期資本主義という地獄のなまなましい様相が描かれているのでは、ぐらいの気はあった。

一読してがっかりした。まことにごちゃごちゃした小説で、筋も一口に言えやしない。マルクスはいったいどこを面白がったのか。調べてみようかとも思ったけれど、書棚の高いところに収まっている全集をひきおろすのも面倒で、また腰でも痛めたら合わないからやめた。それほどまですることもないのは、シューにはもう少し出来のよい小説があって、そのほうが話し甲斐があるからである。先述した『さまよえるユダヤ人』がそれだ。

シューは話をさんざん広げて、収拾がつかなくなると中途半端で打ち切ってしまう癖があり、その弊はこの小説も免れていない。その点デュマに較べるとずいぶん仕上げが雑だけれど、一七世紀の初頭、ひとりのユグノーが子孫に伝えようとした莫大な遺産をめぐる一種の宝探しの物語としては、面白くもあるし出来もそれなりに悪くない。

だが、私がこの通俗小説から強い印象を受けたのは、遺産を横どりしようとするエスイタ会なる修道会の暗躍が活写されているからなのだ。エスイタ会員の所業は悪辣ともえげつないとも言い様がないが、彼らには私欲というものは皆無で、ただひたすら会の事業のために術策を弄するのである。エスイタ会とはイエズス会であるのはいうまでもない。

イエズス会の活動については、目的のためには手段を選ばないという評判がむかしからあった。上智大学のロゲンドルフ師はかかる悪評はパスカルの『プロヴァンシャル』がひろめた偏見で、イエズス会はいついかなるところでもそういう不道徳な原則を指示・実行したことはないと言う。なるほどロゲンドルフ師の言うところは、建て前としてはそうかも知れないが、史実は必ずしも師の釈明を支持しないようである。

メリメの史伝『贋のドミートリー』を読んでも、ロシアをカトリック化しようとするイエズス会士のポーランド宮廷での暗躍ぶりにはすさまじいものがあるし、フランスの天文学者シャップが一七六一年にロシアのエカチェリンブルグで逢った亡命ユグノーの子孫は、ナントの勅令の廃止をイエズス会士の策動に帰し、彼らはフランスを滅ぼすだろうと語っていた。

しかし、たとえ彼らが悪辣なる手段を弄したとしても、すべては聖なる目的のためだったのを忘れてはなるまい。その目的とは全世界のカトリック化であり、人はカトリック信徒であればこそ初めて人でありうるのだった。異教を信じる者は人間であることの恩寵を失っているのであって、彼らを改宗せしめるのは人間を真に人間たらしめるいとなみなのだ。創始者イグナチオによれば、そもそも人間は神の事業の道具たるべき存在だった。

彼らの世界観は中世を脱却したルネサンス人のそれなのである。ルネサンスによって人は世界を発見した。世界は普遍的真理によって光被されねばならぬ。彼らの宣布するカトリシズムとは、ルネサンスによって生命を更新された世界の変革原理だった。一六・七世紀に日本を訪れたイエズス会士たちは、すべてこの種の世界変革者だったのである。

私をまったく無に帰して会の事業に献身する『さまよえるユダヤ人』のエスイタ会士たちは、共産党の世界変革事業のためと信じて、スパイ・裏切り者の汚名すらわが身にひき受けたモスクワ粛清裁判の被告たちを思わしめる。イエズス会に入る者はイグナチオの『霊操』による観想を通じて、おのれを世界カトリック化の無私の戦士としてつくり変えねばならなかった。これは共産党員たる者が、レーニン・スターリン・毛の聖典を通じて、すべてを党に捧げる戦士として自己を改造せねばならなかったのにひとしい。イエズス会とはまことに二〇世紀コミュニズムの先駆であったらしい。シューの通俗小説はそんなことを私に教える。

M・A・ブルガーコフ／中田甫・浅川彰三訳『白衛軍』

ブルガーコフとあれば、『巨匠とマルガリータ』をとりあげぬ手はない。だが、いまはまだ心構えができていない気がするし、私の愛着はやはり『白衛軍』のほうに傾く。

ブルガーコフは一九二〇年代のソヴィエトロシアでデビューした作家にふさわしく、一貫して前衛的な手法と文体にこだわってきた。だが、作品にこめられた心情はおそろしく古典的で、この奇妙なしかし渾然とした結合からして、スターリン体制からはみ出すしかない運命は明らかだった。ところが、スターリンはこのブルガーコフが大のひいきだったのである。帝政ロシアの精神文化への忠誠を匿そうともせぬこのはみ出し作家が、迫害を蒙りつつもラーゲリで死ぬのを免れたのは、ひとえに独裁者の奇妙な庇護のたまものにほかならなかった。

ミハイル・ブルガーコフはウクライナの精神的首都キエフで大学の神学教授の子として育ち、医学部を出て第一次大戦の末期は軍医として前線にあった。革命という名の大崩壊が始まり、一九一八年二月にはキエフへ帰って、翌年の夏まで自宅に匿れ、折からキエフに入城したデニキンの白軍に投じ、軍医として北カフカーズへ赴く。白軍崩壊時彼は病床にあり、そのままソヴィエト支配下に生き残ることになった。このとき妻が自分を連れ出して亡命させなかったことをうらんで、彼は妻を「君は弱い女だ」と責めた。しかり、彼は紛れもなく誤ってソヴィエト体制にとり残された亡命文学者だったのである。

『白衛軍』は一九一八年一二月のキエフにおける政権交替劇を背景とする小説である。ウクライナを支配していた中央ラーダは十月革命に当ってウクライナ人民共和国の独立を宣言した。ラーダは民族主義者に指導されボリシェヴィキとは対立関係にある。だが、ブレスト・リトヴスク講和によってウクライナを占領したドイツ・オーストリア軍はラーダを解散させ、スコロパツキー将軍をゲトマン（コサック首領）の名のもとに擁立した。ラーダの軍事指導者ペトリューラは農民を結集

して強力な軍隊を組織し、ゲトマン政府を打倒すべくキエフ郊外に迫る。『白衛軍』はこういう状況下にあるキエフの教養ある中流市民、トゥルビン家の人びとの動静を描いた小説なのだ。

この小説の魅力は何といっても、トゥルビン家の兄妹とその友人たちの言動がかもし出す友愛の雰囲気にある。外の世界はグラン・ギニョール劇さながらのグロテスクで訳のわからぬ乱痴気騒ぎで湧き立っているのに、トゥルビン家では辛うじて人間の品位とぬくみが保たれている。出入りする将校たちはプーシキンやトルストイから脱け出て来たような義侠の徒。アレクセイ・トゥルビンは医者で断乎たる帝政主義者。妹のエレーナは『オネーギン』のタチャーナ以来ロシア文学を飾ってきた、男性に対する永遠の導師たる伝統をうけ継ぐ。

荒廃してゆく世界の底にぽつんととり残された人間のかくれ家、しかもそういう状況がロシア一九世紀文学の抒情的な写実体で描かれるのではなく、切断と飛躍にみちた万華鏡的な文体で叙べられているのが、この小説の何ともいえず魅力的な点なのだ。

アレクセイたちは自分たちを人間たらしめている価値と感性がとり返しのつかぬ崩壊に見舞われているのを理解してはいるが、さりとて状況にどう対応してよいのかわからない。さし当ってペトリューラ軍のキエフ占領に嫌悪を募らせるものの、といってゲトマン政権の卑劣さも許しがたい。題名は『白衛軍』とあるが、白軍はまだキエフの遠く南にいる。

アレクセイたちがペトリューラ軍を憎悪するのは、彼らがウクライナ民族主義者であり、農民の物欲と復讐欲をかき立てて目的を達しようとする煽動者だからだ。ウクライナではキエフを始め都市の人口の大部分はロシア人とユダヤ人で、ロシア人たるアレクセイたちはウクライナ人農民にまったくシンパシーを抱いていなかった。トルストイ流の農民への幻想とは無縁で、ウクライナの分離にも反対。つまり彼らは彼らなりの偏見に囚われていた。だが、状況を神のように見透せない凡夫はどう生きるべきか。彼らは誠実・廉恥・友愛という、それ以外には教えられなかった美徳を最後の拠りどころとした。これは感動に値する事実だ。

スターリンは『白衛軍』を舞台化した『トゥルビン家の日々』を二〇回ばかり観劇した。この芝居は結局はボリシェヴィキの抗し難い力を語るものだというのが、白軍的心情を匿そうともせぬこのドラマを偏愛する彼の言い訳だった。また彼は、トゥルビン家の人びとのような誠実な人間が清算されねばならぬのは、彼らが勤労大衆の首にぶらさがる寄生者だからだとも語った。スターリンらボリシェヴィキ官僚こそ、勤労大衆の首にぶらさがる最大の寄生者であったことが明らかな今日、これはブラックユーモア以外の何物でもあるまい。ただ彼がアレクセイたちの廉恥に秘かな共感を抱いたことだけは確かだ。自分にすり寄る者を軽蔑したこの独裁者は、ブルガーコフの姿勢に爽かさを感じたらしい。しかし、この両者が農民不信という点で一致したことこそ、まさに歴史のイロニーだった。

W・アーヴィング／平沼孝之訳『アルハンブラ物語』

アーヴィングは読んだことがなかった。『スケッチ・ブック』が旧制中学上級生の副読本だったのは先輩たちの話で、私のような戦時中の中学生には、『スケッチ・ブック』を読むような英語力を身につける暇《いとま》などありはしなかった。

仮に読んだとしても、『妻』とか『寡婦とその子』といった、明治人なら喜びそうな口当りのいい家族讃歌に、昭和の「春のいそぎ」の子であった私という少年が感心したとはとても思えない。以来ご縁もなかったのである。

ところが、近頃たまたま『アルハンブラ物語』（岩波文庫、上下二巻）を読んで、すっかりこの作家を見直してしまった。むろん、これがアルハンブラ宮殿を天下の名跡たらしめたアーヴィングの最高傑作であることは定説の域に属すけれども、アーヴィングが当時の近代人的思考枠からこれほどずっこけた作家であろうとは思ってもいなかった。

この物語で何よりも感動的なのは、スペインに花咲いたイスラム文化への敬意と愛情である。アーヴィングは「アラブ人の侵略と征服は、先住ゴート族の国に、かつてない高度の文明と、高貴な思考様式をもたらした。このアラブの民は、明晰な思考能力と、知恵、矜持、詩的素質とに恵まれた民族だった」と讃えるばかりではない。イスラムのスペインは「いまだに未開状態にとどまっていたキリスト教徒のヨーロッパのただ中で、ひとつの文明」だったとさえ言うのだ。キリスト教徒と存亡を賭けて戦い続けたこの戦士集団は、「同時に文学、科学、芸術に熱中する精神の王国を内包し、この内世界においては、哲学は精緻にして明晰な学問でありながら、つねに情熱によって培われ、感覚の放恣は思惟と想像力の知的横溢によって超克されていた」。

なんとみごとなイスラム・スペインへのオマージュだろう。オリエンタリズムを莫迦のひとつ覚えみたいにしているどこの国やらのインテリ諸君も、一九世紀初頭のアメリカ人によってイスラム文明がかくも敬意をもって遇されていたことくらい承知しておいてもらいたい。

アーヴィングがさらに素晴しいのは、かのレコンキスタの過程をたんなる敵対の連続ではなく、互いに敬意を抱きあう騎士道的交流の歴史としてつかんでいることだ。レコンキスタが妥協・和解・交流を含む複雑な相互作用の過程であることは、D・W・ローマックスの同名の著書で承知してはいたけれど、イスラムの戦士たちの備える大度、寛容、品位が、戦闘を通じてさえ相手のスペイン騎士を感動させ、やがて彼らを作り変えてゆく具体的な物語の数々を、アーヴィングの麗筆によって読まされると、ヴェールに覆われていた「歴史」の真の姿が浮上するのをまのあたりにするおののきを感じずに

はいられない。

アーヴィングは誇り高く礼儀正しく、貧しい羊飼いすら騎士的な品位を失わぬスペイン人を愛情こめて描写しているが、そういったスペイン人気質なるものも、アーヴィングの著作を読んだあとでは、ほかならぬイスラムとの命を賭けた交流を通じて育てられた美果であることを心から納得させられてしまう。

なにしろアーヴィングは、今日のような修復された観光名所となる以前の、半ば廃墟といっていいアルハンブラ宮殿の一室に住みこんだのである。一八二九年のことだ。宮殿にはまだモーロ人の亡霊が出没していた。彼はその亡霊たちにとり憑かれてこの物語を書いた。アルハンブラの冥界に彼を案内したのはマテオ・ヒメネスという、グラナダの最も古い家系に属する貧しいスペイン人青年である。彼はモーロ人にまつわる迷信や言い伝えの宝庫で、アーヴィングが廃王ボアブディルをとり囲むモーロ人の世界を宮殿の地底に幻視することができたのは、このとてつもないお喋りガイドのおかげだった。

そもそもアーヴィングは、好んで伝説・迷信に淫する人であった。初期の作品『ニューヨーク史』においても、彼がとりあげたのはニューアムステルダム時代の三人のオランダ人総督の事蹟で、それもバーレスク風の法螺話・逸話のたぐいだった。光輝にみちた独立革命などまったく無視されたのである。

『スケッチ・ブック』中の秀作『リップ・ヴァン・ウィンクル』において、主人公は丘の上で一夜眠りこみ、二〇年の歳月をひとまたぎするのだが、そのひとまたぎされた二〇年はアメリカ独立革命の歳月だった。村に戻った彼の耳には、人民の権利だの、選挙だの、自由だのといった村人の話が唐人の寝言のように聞えた。自分がいまやジョージ三世の臣民ではなく、合衆国の自由な市民であることなど、彼にはどうでもよかった。女房が死んでしまっていて、もはや嬶天下《かかあでんか》に苦しまずにすむことのほうが本質的な重要事だった。

これこそアーヴィングの同時代からずっこけた独特のまなざしであって、『アルハンブラ物語』がたんに豪華絢爛たる紀行文に終らなかったのもおなじまなざしの功徳だったのである。

1991年)
——、『スペイン内戦』(渡利三郎訳、晶文社、2008年)
マクルーハン、ハーバート・マーシャル『メディア論——人間の拡張の諸相』(栗原裕・河本仲聖訳、みすず書房、1987年)
マダーチ、イムレ『人間の悲劇』(今岡十一郎訳、審美社、1965年)
マン、トーマス『選ばれし人』(現代世界文学全集27、佐藤晃一訳、新潮社、1953年)
「ヨハネの黙示録」(聖書)
リップマン、ウォルター『公共の哲学』(Transaction Publishers、1989年)
ロスタン、エドモン『シラノ・ド・ベルジュラック』(辰野隆・鈴木信太郎訳、岩波文庫、1951年)
ロドリーゲス、ジョアン『日本教会史(上)』(佐野泰彦・浜口乃二雄・土井忠生訳、岩波書店、1967年)

ドラブル、マーガレット『海のレディー』(Penguin、2006)
パーカー、ジェフリ『長篠合戦の世界史——ヨーロッパ軍事革命の衝撃　1500-1800 年』(大久保桂子訳、同文館出版、1995 年)
ハイゼンベルグ、ヴェルナー・カール『部分と全体』(山崎和夫訳、みすず書房、新装版 1999 年)
ハンソン、ノーウッド・ラッセル『科学的発見のパターン』(村上陽一郎訳、講談社学術文庫、1986 年)
ピアス、フィリパ『トムは真夜中の庭で』(高杉一郎訳、岩波書店、1967 年)
ピレンヌ、アンリ『ヨーロッパ世界の誕生——マホメットとシャルルマーニュ』(増田四郎監修、中村博・佐々木克巳訳、創文社、1937 年)
ブーアスティン、ダニエル・ジョセフ『幻影(イメジ)の時代——マスコミが製造する事実』(星野郁美・後藤和彦訳、創元社現代社会科学叢書、1964 年)
ブーニン、イワン『暗い並木道』(原卓也訳、国際言語文化振興財団、1998 年)
フランク、アンドレ・グンダー『リオリエント——アジア時代のグローバルエコノミー』(山下範久訳、藤原書店、2000 年)
ブルガーコフ、ミハイル『白衛軍』(中田甫・浅川彰三訳、群像社、1993 年)
ブレジンスキー、ズビグネフ・カジミエシュ『地政学で世界を読む——21 世紀のユーラシア覇権ゲーム』(山岡洋一訳、日経ビジネス人文庫、2003 年)
ヘーロドトス『ヒストリアイ』(紀元前五世紀)
ホブズボーム、エリック『20 世紀の歴史　極端な時代』(上下巻、河合秀和訳、三省堂、1996 年)
ポラニー、マイケル『暗黙知の次元——言語から非言語へ』(佐藤敬三訳、紀伊国屋書店、1980 年)
ボロテン、バーネット『スペイン革命全歴史』(渡利三郎訳、晶文社、

1977年）
ウェイリー、アーサー訳『源氏物語』（1921-33年／Tuttle Publishing、2010年）
ヴェーバー、マックス『プロテスタンティズムの倫理と資本主義の精神』（原書1904-05年／大塚久雄訳、岩波書店、1988年）
オルテガ・イ・ガセット、ホセ『大衆の反逆』（神吉敬三訳、角川文庫、1967年／ちくま学芸文庫、1995年）
ゲーテ、ヨハン・ヴォルフガング・フォン『ファウスト』（1808-32年発表／大山定一訳、人文書院、1960年）
ケストナー、エーリヒ『動物会議』（池田香代子訳、岩波書店、1999年）
ケネディ、ポール『決定版　大国の興亡――1500年から2000年までの経済の変遷と軍事闘争』上・下（鈴木主税訳、草思社、1993年）
サハロフ、アンドレイ『進歩・平和共存および知的自由』（上甲太郎・大塚寿一訳、みすず書房、1969年）
サルトル、ジャン・ポール『弁証法的理性批判　I～III』（『サルトル全集26-8巻』平井啓之他訳、人文書院、1962-73年）
――、『方法の問題』（『サルトル全集25巻』平井啓之他訳、人文書院、1962年）
シューマン、ロベルト・アレクサンダー『音楽と音楽家』（吉田秀和訳／創元社、1942年／岩波書店、1958年）
シュー、ウージェーヌ『さまよえるユダヤ人』（小林龍雄訳、角川文庫、再版1989年）
スミス、アダム『道徳情操論』（上下巻、米林富男訳、未來社、1970年）
トインビー、アーノルド・ジョゼフ『試練に立つ文明』（深瀬基寛訳、教養文庫、1962年）
トクヴィル、アレクシ＝シャルル＝アンリ・クレレル・ド『アメリカのデモクラシー』（松本礼二訳、岩波文庫、2005年）

夏目漱石『虞美人草』(岩波書店、1994年)
『日本書紀』
花田清輝『復興期の精神』(我観社、1946年/角川書店、1951年/講談社文芸文庫、2008年)
『ザ・花田清輝——大活字版 花田清輝二冊全集』(第三書館、2008年)
馬場あき子『鬼の研究』(三一書房、1971年/ちくま文庫、1988年)
羽生善治『挑戦する勇気』(朝日選書、2002年)
林達夫『思想の運命』(岩波書店、1939年)
福澤諭吉『文明論之概略』(松澤弘陽校注、岩波文庫、1995年)
——、『西洋事情』(慶應義塾大学出版会、2002年)
富士川英郎『江戸後期の詩人たち』(麥書房、1966年)
堀まどか『「二重国籍」詩人 野口米次郎』(名古屋大学出版会、2012年)
本田創造『アメリカ黒人の歴史』(岩波新書、1991年)
眞壁仁『詩集 冬の鹿』(潮流社、1983年)
眞壁仁『徳川後期の学問と政治——昌平坂学問所儒者と幕末外交変容』(名古屋大学出版会、2007年)
松元崇『大恐慌を駆け抜けた男 高橋是清』(中央公論新社、2009年)
三木成夫『胎児の世界——人類の生命記憶』(中公新書、1983年)
見田宗介『社会学入門——人間と社会の未来』(岩波新書、2006年)
柳田國男『海南小記』(大岡山書店、1925年)
『蕪村句集講義』全三巻(内藤鳴雪・正岡子規・高浜虚子・河東碧梧桐ほか著、佐藤勝明校注、東洋文庫、2010-11年)
吉野せい『洟をたらした神——吉野せい作品集』(彌生書房、1975年)
魯迅『阿Q正伝』(1921年発表/竹内好訳、岩波文庫、1955年)

アーヴィング、ワシントン『アルハンブラ物語』(平沼孝之訳、岩波文庫、1997年)
アビング、ハンス『金と芸術』(山本和弘訳、grambooks、2007年)
イブン・バットゥータ『三大陸周遊記』(前嶋信次訳、河出書房新社、

『河上肇詩集　旅人』（興風館、1946 年）
川田順『戦国時代和歌集』（甲鳥書林、昭和 18 年）
川村二郎『日本廻国記　一宮巡歴』（河出書房新社、1987 年）
金素雲訳編『朝鮮詩集』（岩波文庫、1954 年）
木村尚三郎『美しい「農」の時代』（ダイヤモンド社、1998 年）
木村敏『時間と自己』（中公新書、1982 年）
小池光『うたの動物記』（日本経済新聞出版社、2011 年）
『古事記』（岩波文庫、1969 年）
佐伯彰一『神道のこころ』（日本教文社、1988 年）
佐佐木信綱編『新訂　新訓 万葉集』上下（岩波文庫、1978 年）
司馬遷『史記』（紀元前 1 世紀）
司馬遼太郎『故郷忘じがたく候』（文春文庫、1976 年）
杉仁『近世の在村文化と書物出版』（吉川弘文館、2009 年）
『鈴木大拙全集』（岩波書店、1968 年）
宋友恵『空と風と星の詩人 尹東柱評伝』（愛沢革訳、藤原書店、2009 年）
高群逸枝『母系制の研究』（『高群逸枝全集』第 1 巻、理論社、1966 年）
『竹山広歌集　とこしへの川――百首抄』（雁書館、1981 年）
多田富雄『免疫の意味論』（青土社、1993 年）
田中美知太郎『ツキュディデスの場合』（筑摩書房、1970 年）
玉城康四郎『宗教と人生』（春秋社、1967 年）
坪井良平『日本の梵鐘』（角川書店、1970 年）
鶴見俊輔『哲学論』（フォルミカ選書、創文社、1953 年）
鶴見俊輔編『アジアが生みだす世界像――竹内好の残したもの』（編集工房 SURE、2009 年）
寺田透『文学 その内面と外界』『繪畫とその周邊』（弘文堂、共に 1959 年）
中川芳子『故地想う心涯なし』（編集工房ノア、2005 年）
中村元『龍樹』（講談社学術文庫、2002 年）

書籍名一覧

（著者名五十音順）

会田雄次『アーロン収容所』（中公新書、1962 年）

有吉佐和子『複合汚染』（上下）（新潮社、1975 年）

井口隆史『安部磯雄の生涯――質素之生活 高遠之理想』（早稲田大学出版部、2011 年）

石田英一郎『河童駒引考――比較民族学的研究』（東京大学出版会、1966 年）

石牟礼道子『苦海浄土』（講談社、1969 年）

泉鏡花『高野聖』（岩波文庫、1992 年）

井上光貞『日本古代国家の研究』（岩波書店、1965 年）

伊波普猷『沖縄歴史物語――日本の縮図』（『伊波普猷全集』第二巻、平凡社、1974 年）

茨木のり子『歳月』（花神社、2007 年）

今西錦司『生物の世界』（講談社学術文庫、1992 年）

内田守人編『明石海人全歌集』（短歌新聞社、1978 年）

大岡信『詩の日本語』（中央公論社、1980 年）

大塚久雄『近代欧州経済史序説』（『大塚久雄著作集』第二巻、岩波書店、1969 年）

大山定一・吉川幸次郎『洛中書問』（筑摩叢書、1974 年）

『日本の名著 39　岡倉天心・志賀重昂』（中央公論社、1970 年）

岡部伊都子『朝鮮母像』（藤原書店、2004 年）

折口信夫『古代研究』（大岡山書店、1929-30 年）

加藤一雄『蘆刈』（人文書院、1976 年）

加藤周一『高原好日――20 世紀の思い出から』（信濃毎日新聞社、2004 年／ちくま文庫、2009 年）

――、『日本文学史序説』（筑摩書房、1975-80 年／ちくま学芸文庫、1999 年）

名著探訪《めいちょたんぼう》 108 ——知《ち》の先達《せんだつ》 29 人《にん》が選《えら》ぶ

2017 年 10 月 10 日　初版第 1 刷発行

著　者　市村真一 ほか

発行者　藤原良雄

発行所　株式会社 藤原書店

〒 162–0041　東京都新宿区早稲田鶴巻町 523
電　話　03（5272）0301
FAX　03（5272）0450
振　替　00160 - 4 - 17013
info@fujiwara-shoten.co.jp

印刷・製本　中央精版印刷

落丁本・乱丁本はお取替えいたします
定価はカバーに表示してあります

Printed in Japan
ISBN978–4–86578–142–7

人類の知の記録をいかに継承するか

別冊『環』⑮ 図書館・アーカイブズとは何か

〈鼎談〉粕谷一希＋菊池光興＋長尾真
（司会）春山明哲・高山正也

I 図書館・アーカイブズとは何か
高山正也／根本彰／大濱徹也／伊藤隆／石井米雄／山崎久道／杉本重雄／山下貞麿／扇谷勉

II 「知の装置」の現在――法と政策
南学／柳与志夫／肥田美代子／山本順一／小林正／竹内比呂也／田村俊作／岡本真

III 歴史の中の書物と資料と人物と
春山明哲／高梨章／和田敦彦／樺山紘一／鷲見洋一／藤野幸雄

IV 図書館・アーカイブズの現場から
アーカイブズ／都道府県立・市町村立・大学・専門図書館等三〇館の報告

〈附〉データで見る日本の図書館とアーカイブズ

菊大並製　二九六頁　**三三〇〇円**
（二〇〇八年一一月刊）
◇978-4-89434-652-9

当代随一のジャーナリスト

範は歴史にあり

橋本五郎

親しみやすい語り口と明快な解説で、テレビ・新聞等で人気の〝ゴローさん〟が、約十年にわたって書き綴ってきた名コラムを初集成。短期的な政治解説に流されず、つねに幅広く歴史と書物に叡智を求めながら、「政治の役割とは何か」を深く、やわらかく問いかける。

四六上製　三四四頁　**二五〇〇円**
（二〇一〇年一月刊）
◇978-4-89434-725-0

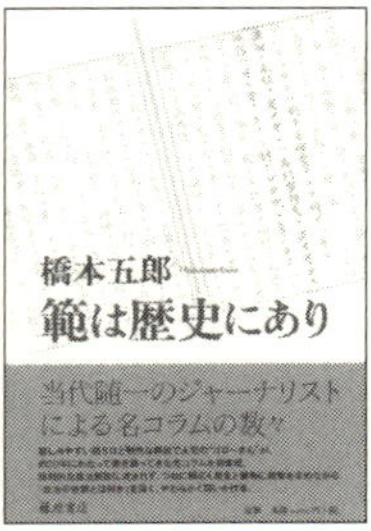

書物と歴史に学ぶ「政治」と「人間」

「二回半」読む 〈書評の仕事 1995-2011〉

橋本五郎

約十五年にわたり『読売新聞』を中心に書き継いできた書評全一七〇余本。第一線の政治記者として、激動する政治の現場に生身をさらしてきた著者が、書物をひもとき歴史に沈潜しながら、「政治とは何か」「生きるとは何か」という根源的な問いに向き合う、清新な書評集。

四六上製　三二八頁　**二八〇〇円**
（二〇一一年六月刊）
◇978-4-89434-808-0

住民主体の〝町おこし〟の稀有な実践例！

廃校が図書館になった！ 〈「橋本五郎文庫」奮戦記〉

北羽新報社編集局報道部編

一二五年の歴史をもちながら、過疎化でついに廃校になった小学校をどうやって有効利用するか。名コラムニスト橋本五郎さんが、故郷の秋田県三種町に二万冊の書籍を寄贈。それを住民たちの力で分類整理し、行政も巻き込んで、廃校を「図書館」に新しく蘇生させた全記録。

四六判　二五六頁　**二〇〇〇円**
（二〇一一年一一月刊）
◇978-4-89434-884-4

「文学」とは何か？

〈座談〉書物への愛

粕谷一希

高橋英夫／宮一穂／新保祐司／平川祐弘／清水徹／森まゆみ／塩野七生／W・ショーン

「人間には、最大多数の幸福を追求すべき九十九匹の世界がある。それは政治の世界の問題。その九十九匹からはずれた一匹を問題にするのが文学である」（福田恆存）。元『中央公論』『東京人』の名編集長が〝知〟の第一線の人々を招き、文学・歴史・思想など、書物を媒介とした知の世界を縦横に語り尽す。

四六上製　三二〇頁　二八〇〇円
（二〇一一年一一月刊）◇978-4-89434-831-8

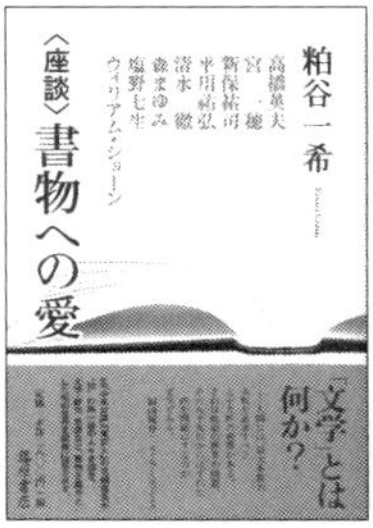

歴史（ヒストリー）は物語（ストーリー）である

歴史をどう見るか

（名編集者が語る日本近現代史）

粕谷一希

明治維新とはいかなる革命だったのか？「東京裁判」を、「戦争責任」を、どう考えるのか？　昭和～平成のジャーナリズムにおいて、一貫してリベラルな論陣を仕掛けてきた著者が、戦後六十余年の「今」を考えるために、独自の視点から日本近現代史を平明に語り下ろす。

四六上製　二五六頁　二〇〇〇円
（二〇一二年一〇月刊）◇978-4-89434-879-0

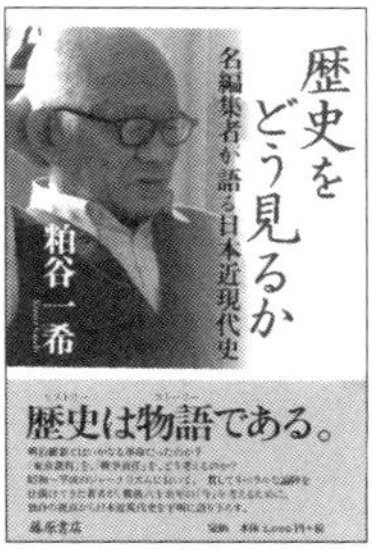

時代と人間の本質を映すことばたち

生きる言葉

（名編集者の書棚から）

粕谷一希

「文章とは、その総体が人間の精神であり、思想なのである」――古今東西の書物の世界を自在に逍遙し、同時代だけでなく通時的な論壇・文壇の見取り図を描いてきた名編集者が、折に触れて書き留めてきた、書物の中の珠玉のことばたち。時代と人間の本質を映すことばを通じて読者を導く、最高の読書案内。

四六変上製　一八四頁　一六〇〇円
（二〇一四年三月刊）◇978-4-89434-961-2

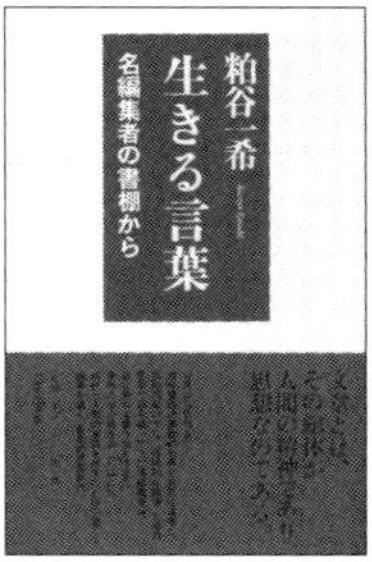

時代と切り結んだ名ジャーナリストの軌跡

名伯楽

（粕谷一希の世界）

藤原書店編集部編

『中央公論』『東京人』などの名編集長として、また高杉晋作、吉田満、唐木順三らの評伝を手がけた評論家として、時代と人物の本質に迫る仕事を残した粕谷一希（一九三〇―二〇一四）。粕谷一希を知る六七名の人々が、その「人」と「仕事」を描く。

口絵二頁

塩野七生／芳賀徹／高橋英夫／澤地久枝／半藤一利／三谷太一郎／森まゆみ／川本三郎／藤森照信／陣内秀信ほか

四六上製　二五六頁　二八〇〇円
（二〇一五年五月刊）◇978-4-86578-027-7